U0511831

当代美学
与
批评理论
丛书

04

主　编：王　杰
　　　　阿列西·艾尔雅维奇

编　委：党圣元　中国社会科学院外国文学研究所
　　　　张政文　中国社会科学院大学
　　　　高建平　深圳大学
　　　　刘方喜　中国社会科学院文学所
　　　　戴维·马格利斯　英国伦敦大学金史密斯学院
　　　　曹　青　英国杜伦大学
　　　　宋　伟　上海交通大学
　　　　王凤才　复旦大学
　　　　傅其林　四川大学
　　　　杨大春　浙江大学
　　　　包大为　浙江大学
　　　　王大桥　兰州大学
　　　　段吉方　华南师范大学
　　　　向　丽　云南大学
　　　　肖　琼　浙江传媒学院

向 丽 著

审美制度与当代美学批评

人民出版社

总　序

我们正进入一个新的时代，审美品味、审美幻象、文化经济、艺术批评、时尚美学、审美教育、美学革命、地方性审美经验等概念正逐渐成为人文学科和社会科学中使用频率越来越高的概念。2013 年，联合国教科文组织发布报告，在全球范围内，人类已经进入文化经济时代。在这样一个新的时代，美学的"当代形态"正在兴起，或者说实现自己的新的发展。

作为一个文明古国，在中华文化的基因中，审美和艺术是十分关键的元素，或者说基本的维度，就像基督教文明重视"理式"和"超越"，伊斯兰文明强调"信仰"与"顺从"，犹太教文化关注"未来"和"拯救"，印度文明尊重"因果"和"必然"，从而有自己的文明特质那样，中华文明也有自己的文化基因。我认为，儒家的"礼乐"与"仁爱"，道家的"天道"与"自然"，佛家的"智慧"与"慈悲"构成了中华文明审美经验的核心密码和结构基因，它们促进了我国文化艺术数千年的繁荣发展，同时也在现代文学艺术和美学理论建构中扮演着至关重要的角色。

当代美学与艺术批评正在成为"改变世界"的强大力量。对于当代中国的美学和艺术批评而言，"理论是灰色的，生命之树常青"这个似乎定论的"常识"正在受到挑战。当代美学与艺术批评正处在整个社会思想的核心位置，包括政治治理、文化治理和经济规划，美学已经是最重要的角色。为了推动中国美学的"当代化"和"批评化"转型，我们与人民出版社合作组织这套"当代美学与批评理论丛书"，为当代中国的文化建设，为21世纪人类命运共同体的建设作出美学方面的学理论证。

马克思恩格斯合作撰写的《共产党宣言》已出版170多年，我们把马克思恩格斯的著名口号改写成：

全世界美学研究者联合起来！

王　杰

中华美学学会副会长、中国艺术人类学学会副会长

教育部长江学者特聘教授

浙江大学当代马克思主义美学研究中心主任

2018 年 7 月 26 日　杭州　紫金港

目　录

"当代美学基本问题研究" 引论

　　在我们生活的时代，"当代"是一个十分模糊的概念，怎样理解"当代"，事实上是与我们对生活现实的认知和理解相联系的。在今天，由于文化的多样性与文化语境的"叠合性"，是否存在当代美学的基本问题似乎变得可疑起来。正如人们戴不同功能的眼镜眼前会呈现不同的景色一样，在当代，"现实"的本质、意义因不同的理解、不同的解释似乎具有了各自独立的合理性。在马克思主义美学传统中，通过对"文化与社会"关系的持续思考，"当代美学的基本问题"具有了关涉未来的重要意义。

　　20世纪80年代的"美学热"在90年代消退之后，中国美学理论出现了空场，被西方各种后现代"美学探索"所填补，并逐渐在中国美学界和艺术批评领域成为主流和显学。一段时间内，作为"上层建筑"的美学研究与社会基础的"对话"是孱弱的。与这样的文化并行发展的中国社会现实却呈现出另一番景象：像工业、农业、科学研究和家庭生活模式，包括在体育运动等领域，一种中国式进步、中国式发展、中国式现代化在"摸着石头过河"的状态下逐渐发展起来，成为需要在理论上认真研究并作出解释的"中国现象"，与此现象相伴随的是中国经验和中国审美经验的出现。值得特别注意的是，中国学者关于中国审美经验的理论研究很快引起了国际美学界的重视，一些学者认为对中国审美经验的理论性解释有可能带动国际美学理论的新发展。

大约从 1994 年开始，我与广西师范大学中文系覃德清、海力波以及文艺学教研室的老师一道，开始用人类学的方法着手研究广西及中国西南地区的审美经验，逐渐形成以研究"中国审美经验"为对象，并在这种研究中将之理论化的学术尝试。种瓜得瓜，种豆得豆。审美人类学研究在中国西南这片多民族文化交融共生的文化沃土中得以生长并逐渐壮大。虽然质疑的声音偶尔出现，但"走自己的路，让别人去说吧"的理论态度，一直勉励着这个从"山沟里走出来"的学术团队一路向前。

2015 年，我们申报的选题"当代美学的基本问题及批评形态研究"（15ZDB023）被国家社科规划办采纳，我们团队在激烈的竞标中获批了这个项目。2015 年 11 月 5 日公布立项，2016 年 1 月 8 日在浙江大学西溪校区举行了开题论证会，随后逐渐展开了项目研究。事实证明，这是一项艰难的理论工作，对于中国学者而言，更是如此。课题组进行了艰苦努力，国家社科规划办也给予了滚动支持。

2021 年 2 月 3 日，由浙江省哲学社会工作办公室组织召开的国家社科基金重大项目"当代美学的基本问题及批评形态研究"鉴定评审会议在浙江大学举行。由东南大学凌继尧教授、中国人民大学张法教授、东北大学宋伟教授、复旦大学陆扬教授、杭州师范大学杜卫教授组成的专家组对项目研究成果进行了认真审议，在听取课题组首席专家王杰教授的工作总结报告并就项目研究的有关问题进行答辩之后，专家组在全面审阅项目全部成果的基础上形成以下意见：

"当代美学的基本问题及批评形态研究"课题组在首席专家的统筹下，组成近 60 人的课题组，分成 6 个子课题和若干项相关研究，发表 290 篇论文，完成译文 39 篇，专著 15 部，译著 13 部，编著 6 部，教材 2 部，论文集 2 部，完成了项目的研究设想，在一些方面还有所拓展，是一项研究难度比较大、研究涉及面广泛，在当代美学的问题域研究方面取得了明显进展的研究成果。课题组以历史唯物主义理论为基础，在"文化经济时代的美学问题""中国审美现代性问题""审美制度与当代美学批评""当代艺术的情感民族志研究""中国悲剧人文主义与社会主义核心价值重建""当代艺术批评形态研究"等问题域中逐渐聚焦，展开不同角度的跨学科研究，在当代美学的基本问题与当代艺术批评的关系这个研究领域，提出了中国当代文化语境中的美学问题以及新的研究方法和研究途径，取得了实质性的研究进展。

当代美学发展的基本方向和前沿问题不断转换，研究难度大。本项目以马克思主义美学的思想基础和理论资源为根据，在当代文化条件下深入研究了当代美学的基本问题。课题组从马克思主义美学的提问方式以及马克思主义美学的基本问题和理论传统的角度，对当代美学基本问题作出研究和理论表述；其次，课题组从对当代艺术现象和艺术批评所提出的美学问题入手，研究和探讨了当代美学困境的实质及其走出困境可能性的出路。项目研究成果有些内容涉及当代美学研究中的重点问题，如本体与存在，形式与历史，本体阐释与日常生活美学研究，通过审美的方式改变世界等等。

评审组对项目研究所做的大量工作给予肯定，对于理论研究中的创新给予积极的评价，总体评价建议等级为优秀（国家规划办最终评审结果为良好)。

作为整个项目成果的其他部分，还有如下成果此前陆续出版："批判美学与当代艺术批评"丛书一套 7 本，于 2023 年底由中国出版集团东方出版中心出齐，并于 2024 年 4 月 13 日在杭州举行了新书发布会；王杰主编的专著"Controversy and Construction in Contemporary Aesthetics"被国际美学会主编的 Trascultural Aesthetics 丛书收入第二辑，于 2024 年初由国际著名出版社 Brill 出版公司出版；学术访谈录"Contemporary Marxist Aesthetics and Criticism Interview with Western Scholars"由外文出版社 2022 年 11 月出版；项目第六子课题的结项成果"Utopit and Modernity in China——Contradictions in Transition"由英国伦敦大学哥德斯密学院戴维·马格利斯教授、杜伦大学曹青教授合作主编并于 2022 年 2 月由英国 Pluto Press 出版社出版。

从 2021 年 2 月至今，课题组在认真吸取专家组意见的基础上，对结项的最终成果进行了深入的修改，主体部分的 4 部专著收入"当代美学与批评理论丛书"，由人民出版社出版。这 4 本专著的出版可以看作中国学者在"当代美学的基本问题与批评形态研究"研究领域的又一个脚印。

放眼世界，当代美学理论形态各异，理论学说和理论派流林立，各种理论关于"当代美学的基本问题"均有自己的界定和分析论证，由此也提出了一个重要的话题：在这个多重文化语境叠合着的当代现实生活中，在文明冲突与文明互鉴并存的社会生活条件下，在审美经验和艺术问题的多义性造成了审美意义滑动性极大增强的当代文化现象中，美学是否还有必要思考诸如人的本质是什么？审美的本质是什么？"美的规律"对于当代碎片化的人群来说是否仍然有必然性的力量？等等问题。事实上，对于这些关系到当代人生意义的重大问题，不同的学者有不同的态度。我们项目组成员的态度是肯定性的。因此，虽然目前我们的工作离问题的真正解决还有很长的路要走，但是，我们仍然会继续前行。

王　杰

谨识于 2024 年 11 月 5 日

于浙江大学当代马克思主义美学研究中心

导　论

美学的当代转向与审美制度的问题域

我们当今所处的时代，是一个社会关系与思维观念及其内在张力发生剧烈变化的时代。正如马克思和恩格斯在《共产党宣言》中指出的，"一切固定的僵化的关系以及与之相适应的素被尊崇的观念和见解都被消除了，一切新形成的关系等不到固定下来就陈旧了。一切等级的和固定的东西都烟消云散了，一切神圣的东西都被亵渎了。人们终于不得不用冷静的眼光来看他们的生活地位、他们的相互关系。"① 这不仅仅是对于资本主义生产关系和资产阶级时代的分析，而且是对于经济基础与上层建筑的空间结构和隐喻随着时代的变迁而发生的变革与重构的揭橥与预见。

作为上层建筑的审美和艺术，无疑地将内嵌于这样的关系与变革之中，从而成为社会生活关系的微妙刻写。尤其是，在今天，美学已成为某种基础性的存在，成为当代社会转型与发展的质料和动力因。恰如阿多诺（Theodor W. Adorno）在《美学理论》一开篇所指出的，"自不待言，今日没有什么与艺术相关的东西是不言而

① 《马克思恩格斯选集》第 1 卷，人民出版社 1995 年版，第 275 页。

1

喻的，更非不思而晓的。所有关涉艺术的东西，诸如艺术的内在生命，艺术与社会的关系，甚至艺术的存在权利等等，均已成了问题。"① 艺术与美学的问题，归根结底是社会的问题，以及美学与社会的关系问题。相应地，社会的转型与变迁正在持续不断地对美学的"当代性"提出新的要求。

何谓"当代"？这是非常难以界定的，它因其具有时间和空间的双重维度而呈现出不同的表现形态，然而，这远不是最为重要的，"当代性"应当成为"当代"本真性的规定。此"当代"必然是最富于包孕性的，它表现为过去与当下的某种缠绕，同时开启未来的某种可能。

阿瑟·丹托（Arthur Danto）指出："'当代'最明显的意义仅仅是现在正发生的事：当代艺术应该是我们同时代的人所创作的艺术。显然，它还没有经过时间的检验。但是对于我们还是有着某种意义，甚至经过了检验的现代艺术也不具备：它是用某种特别亲密的方式向我们呈现的'我们的艺术'。"② "从一种角度讲，当代是信息混乱的时期，是一种绝对的美学熵状态（美学扩散及消失后的状态）。但它也是一个绝对自由的时期。"③ "当代"作为我们对于关系的叠合与再生产，它首先基于在社会生活关系之中的人的身体性经验与情感反应。"我们现今的生活依然面对的这种自相矛盾：矛盾的一方是'进步'，人们认为它代表着人类的精神战胜了肉体、避开了我们的动物性，而矛盾的另一方是这种幸福的结果依

---

① ［德］阿多诺：《美学理论》，王柯平译，四川人民出版社1998年版，第1页。
② ［美］阿瑟·C. 丹托：《艺术的终结之后：当代艺术与历史的界限》，王春辰译，江苏人民出版社2007年版，第12页。
③ ［美］阿瑟·C. 丹托：《艺术的终结之后：当代艺术与历史的界限》，王春辰译，江苏人民出版社2007年版，第12页。

赖于对身体苦难（越发增加的需求）的日益意识。"① 甜蜜与悲哀，这种根植于身体的困厄与解放，在美学中主要表现为审美现代性对于启蒙现代性的审视，但同时又不得不委身于启蒙现代性的矛盾与纠葛，其缠绕与中断之处，正是"当代"歧义丛生的显现之维。

这种矛盾主要源于"就进步思想的最一般意义而言，启蒙的根本目标就是要使人们摆脱恐惧，树立自主。但是，被彻底启蒙的世界却笼罩在一片因胜利而招致的灾难之中"。② 社会在进步的同时，也有可能带来种种走向其对立面的结果，对于这一点，马克思早在《〈政治经济学批判〉导言》中指出，"进步这个概念决不能在通常的抽象意义上去理解"③。尤其是，艺术发展与物质生产的发展的不平衡关系，使得审美和艺术毫无疑义地承担起了对于社会发展的反观与救赎。

然而，正是关于审美和艺术的担当与角色的界定，成为美学自其诞生以来最富于争议性与诱惑性的话题。随着法国哲学家巴托"美的艺术"的概念、鲍姆嘉登对于美学研究对象与任务的界定以及康德的审美无功利理论的提出，审美和艺术作为一种自律性的存在日渐显现其作为社会异质的特性，自律性也日益成为审美现代性的关键性特征和内在规定性，从而能够对启蒙现代性带来的种种后果进行审视与批判。概言之，审美和艺术的反思性、批判性与救赎

---

① ［美］马歇尔·萨林斯：《甜蜜的悲哀》，王铭铭、胡宗泽译，生活·读书·新知三联书店 2000 年版，第 21 页。
② ［德］马克斯·霍克海默、西奥多·阿道尔诺：《启蒙辩证法——哲学断片》，渠敬东、曹卫东译，上海人民出版社 2003 年版，第 1 页。
③ 《马克思恩格斯选集》第 2 卷，人民出版社 1995 年版，第 27 页。

性，使得"美"成为一种蕴藉着独一无二的光晕性的存在，并且具有一种将缝合好的意识形态重新撕开给人看的魔力，审美和艺术甚而在其被膜拜的圣坛中不断地释放招魂术。无疑地，审美和艺术具有自身的形构原则与价值旨向，这也正是"美"在任何一个社会与时代能够散发其如钻石般在其被千般磨砺时所能绽放的璀璨。概言之，正是在自律性的建构中，美学寻找到了自身的合法化依据，但却并非其安身立命之在。这主要源于这样一个基本事实：审美和艺术从其诞生伊始就与政治、经济、文化、社会以及人的一切日常生活基础搅拌在一起，在其经历与这些"基础"必要的分离后，它必须以新的方式重新进入此种曾经的融合。否则，审美和艺术的单向度自律化将演变为一场自我授予的自恋化仪式，甚而在社会的发展和变迁中自我放逐。

美学的当代转向的一个重要标志是跨学科，并且主要在与人类学、经济学、政治学和社会学等学科的研究理念和方法相交叉互渗中呈现其多元的建构基质与机制，从而开启人文实验时代的新气象与巨大的理论和实践增长空间。在政治、经济、文化各领域形成的审美/艺术与社会生活关系的多重编织中，审美制度问题也日益凸显出来，并在建构、批判与重构中汇聚于美学批评的当代场域。

首先，美学与人类学具有天然的内在联系，在当代美学发展过程中，人类学不仅作为一种方法和视野，而且作为一种根本性的精神在美学的当代转向中发挥着重要的作用。美学作为哲学的一门分支学科，素以思辨性、逻辑性见长，在关于"美"和"艺术"等经典的美学范畴的建构和阐释中形成了蔚为可观的学说和思潮。然而，值得反思的是，在美学着意于探究各种概念和范畴的可能性的过程中，它何以能够忽视自身赖以存在的"物质基础"？而人类学也正是以其实证性、语境性、跨文化比较研究范式渐至进入当代学术研究视域中。德国艺术史学家恩斯特·格罗塞（Ernst Grosse）早在 19 世纪末就曾指出："现在可以完全肯定地说，美学研究正在逐渐转向人类学。这不仅由于越来越多的收藏品、书籍以及杂志不允许对人类学的忽视，更重要的是，美学家必须看到，他们大部分的问题只有在人类学的帮助下才能得到解决。"① 而国内学者朱狄先生也在其通过原始文化探讨审美何以能够发生的研究基础上指出："我早就有一种预感：美学的一些基本问题的研究将要在文化人类学的领域中进行。"② 无论是在研究视域还是研究方法方面，美学都需要通过人类学的平台进行纵深探讨，这绝非一种所谓时尚的跨学科花絮或为缓解当代美学研究困境的权宜之计，亦非我们要将人类学拽进美学理论的场域。事实上，从一开始，人类学就在美学那里，甚至成为美学何以能够成其为美学的应有之义。

　　"人类学转向"意味着人类学的在场，这包括人类学的研究理念、方法，尤其是人类学的精神。在美学的人类学转向中，美学的问题域在不断拓展，并表现出一种鲜活的气象。诸如在马克思主义美学传统的延伸与发展历程中，我们可以看到人类学如何介入关于"美"的建构。在晚年马克思的人类学转向中，我们可以清晰地感受到马克思的雄心大略，亦即通过探讨一种制度形态如何被另一种制度形态所取代，从而向资本主义的基本信条发出挑战，划破历史

---

① ［德］恩斯特·格罗塞著，和欢译：《人类学与美学》，《民族艺术》2013 年第 4 期。
② 朱狄：《原始文化研究——对审美发生问题的思考》，生活·读书·新知三联书店 1988 年版，第 805 页。

的幻象，在重新联接过去与未来的现代情境中恢复审美与现实之间的流动性关系，并为后世关于如何创造美的人类学革命提供某种本真性的尺度。普列汉诺夫在《没有地址的信》中通过引证大量的人类学材料探讨艺术的起源与发展、艺术的功能以及原始民族独特的审美现象是如何被一定的社会、民族、阶层所建构的；乔治·卢卡契的《审美特性》大量引用人类学的资料探讨艺术模仿以及艺术的反拜物化使命等问题；巴赫金从人类学视角解读小说的起源，通过对原始神话和原始思维的研究展现出对话批评、狂欢文化批评的新鲜视角，并彰显出民间审美文化的立场；瓦尔特·本雅明运用神话学和人类学的观点对卡夫卡、波德莱尔的现代主义思想进行全新的解读，他力图重新拾掇碎片的寓言，在"灵韵"与"震惊"的延宕中展开对人类存在境遇的深切思索；阿尔都塞指出权力建构机制不仅包括国家机器的自上而下的暴力性运作，而且包括通过意识形态而起作用的，即以宗教、教育、家庭、法律、政治、媒体、文化等形态出现的意识形态国家机器的"温柔"建制，他尤其重视仪式对于意识形态形塑的重要性；雷蒙·威廉斯探讨文化与社会结构之间的复杂关系，强调文化的经验性、整体性，并且在此基础上以"情感结构"（Structure of Feeling）作为社会变革的一种表征。此外，弗雷德里克·杰姆逊借鉴列维-斯特劳斯的结构主义、符号学分析方法阐释意识形态与文化文本之间的微妙联系，在此基础上提出的"民族寓言"理论为后殖民主义批评提供了多元化的阐释维度，为人们在全球化语境中如何思考后殖民或第三世界作品的特殊性和寓言性展现了有益的探讨视角；特里·伊格尔顿探析神话再生的条件及其表现，揭橥现代神话作为一种新的宰制机制的诞生对于人们从身体到意识的双重建构的重要影响，并指出，"美学是作为有关身体的话语而诞生的。"① 身体于此成为意识形态批评的重要场域，等等。以上关于"美"的被建构性与能建构性的解读都受到了哲学人类学和文化人类学的深刻影响，并且显示出了美学与人类学相结合的有益尝试。

如果说，上述以马克思主义美学为例展现的仅是人类学在美学研究中的潜隐性转向，那么，以人类学的研究理念和方法介入美学研究则可谓"人类学转向"的显性表现。恩斯特·格罗塞在1891年发表的一篇名为《人类学和美学》② 的文章中提出，早在1719年，法国艺术批评家阿贝·迪博（Abbé Dubos）就在他的研究中持续地使用人类学的比较研究方法，诸如，他在《诗与画的批判反思》一书中提出了美学研究中一个重要的却非常难以回答的问题："为什么艺术会在某些民族产生，并在某几个世纪开出如此绚烂的花朵，而在其他情况下却举步维艰呢?"③ 这一问题将艺术的建构性与比较研究的重要性凸显出来。不仅如此，格罗塞指出，事实上，早在18世纪末，比较研究在各国艺术比较尤其是诗歌比较中也被广泛使用，诸如，浪漫主义运动的先驱，德国哲学家赫尔德以其饱满的热情和活力掌握了这一重要方法，他强调从人类学和社会学的角度来考察文学史，并在其相关著作中讨论到气候、风暴、种族、习俗以及雅典民主政治制度等条件对于文学生产的影响。在其研究中，他吸收其他民族的积极成果，对于那些关于"他者"

---

① ［英］特里·伊格尔顿：《美学意识形态》（修订版），王杰、付德根、麦永雄译，中央编译出版社2013年版，第1页。

② 参见［德］恩斯特·格罗塞著，和欢译：《人类学与美学》，《民族艺术》2013年第4期。

③ 转引自［德］恩斯特·格罗塞著，和欢译：《人类学与美学》，《民族艺术》2013年第4期。

的傲慢与无知表现出强烈的斥责。而法国史学家丹纳则在此基础上运用并拓宽了人类学的比较研究法，指出理解艺术的法则在于："要了解一件艺术品，一个艺术家，一群艺术家，必须正确地设想他们所属的时代的精神和风俗概况。这是艺术品最后的解释，也是决定一切的基本原因。"① 在丹纳看来，种族、时代、制度/环境是我们理解艺术的复杂性和特殊性的三个重要的维度，他借此比较分析了日耳曼民族的艺术与拉丁民族的艺术在审美风格上的差异性，前者雄浑，后者精致；古希腊人何以能够创造出高贵静穆的伟大作品而现代人只能创造出混乱、病态的作品；意大利绘画和尼德兰绘画在选题上和表现风格的差异性，前者热情而精彩，后者冷静而真实。于此，人类学的比较研究法的介入无疑使美学的研究视域得以拓展，并且展现出"美"的多元建构与批评维度。尽管如此，格罗塞仍然指出了丹纳艺术法则的孱弱性，即一种建立在一些或多或少的模糊的"相似性"之上的联系是无法成就一门真正的艺术科学的，研究需要沉入实证的关系之中，尤其是要关照到艺术的奢侈性与不平衡性规律。诸如，我们何以能够解释，为何一个奇思妙想会来自最贫穷、最"无知"的"野蛮人"手中。事实上，格罗塞早已提醒人们，比较研究是一种基于意识形态辨析之上的比较，而绝非一种单纯的方法意义上的比较。

尽管在传统人类学研究中，"美"和艺术尚未能够成为重要的研究对象受到充分的考察与研究，但人类学对于美学的研究已然在众多的维度上显现出来。英国人类学家罗伯特·莱顿（Robert H. Layton）特别提及尼可拉斯·廷伯根（Nikolaas Tinbergen 1963）关于社会人类学对于阐释美学及其学科语境方面所做的贡献的阐释，

---

① ［法］丹纳：《艺术哲学》，傅雷译，安徽文艺出版社 1998 年版，第 46 页。

廷伯根提出了功能性以及历史性的解释可以被细分为四个方面的问题：习俗的作用是什么，例如其实践者的功能性结果；实践活动如何经由时间发展变化（演进）；是什么促成或促进了习俗的形成；社会实践是如何在个体中发展的。在此基础上，莱顿概括了人类学对于美学研究的贡献主要在于对美学研究的社会功能、美学进化论、习俗形成因素与机制以及社会性实践如何影响个体四个方面。此外，马林诺夫斯基关于特罗布里恩群岛传统贸易中交换中介物的美学力量的比较和隐喻式研究；弗朗兹·博厄斯（Franz Boas）的《原始艺术》对于小型社会中的对称性、规律性美学原则的例证性研究；安东尼·福格（Anthony Forge 1967）对新几内亚的爱伯兰姆人（Abelam）的田野考察发现，尽管爱伯兰姆人缺乏美学词汇，但他们更多地将美视为一种力量；罗伯特·汤普森（Robert Thompson 1973）对于尼日利亚约鲁巴人雕塑的美学特征及其标准的考察与阐释；阿尔弗雷德·盖尔（Alfred Gell 1998）基于西方美学观的通用效力，从能动性的角度对艺术的社会功用做出了系列性的个案研究与论证。在美学进化论方面，莱顿列举了吉弗里·米勒（Geoffrey Miller 2000）、西利托（Sillitoe 1988）、桑希尔（Thornhill 1999）、丹尼尔·比耶比克（Daniel Biebuyck 1973）等人类学家对于审美和艺术在身体装饰、性别塑造、生殖健康、交换体系、社会治理等方面所发挥的隐秘而重要的作用。在习俗的形成原因与机制研究方面，莱顿主要以马歇尔·萨林斯（Marshall Shlins 1974）对美拉尼西亚的平等政治制度与波利尼西亚的社会等级制度的对比研究，以及约格·赫尔布林（Jorg Helbling 1999）对于新几内亚高地居民如何通过交换庆典及其庆典美学结盟或联姻，探讨和阐释了仪式和审美经验的激活在习俗和社会秩序的建构与强化中所具有的特殊作用；在

"社会性实践如何影响个体"这个问题上，莱顿主要通过引证阿兰（Alland 1983）关于来自六个不同文化环境中的儿童艺术中所呈现的绘画偏好与艺术审美观，玛格丽特·安·哈丁（Margaret Ann Hardin 1983）对墨西哥村庄审美标准趋同性的研究以及哈里·西尔弗（Harry Silver 1981）对于西非传统阿散蒂帝国（Asante）的现代木雕中所形成的三层风格体系及其形成机制，从购买者的喜好、社会经济市场需求以及不同经济实体和阶层对于艺术品的生产能力和心理等方面，对复杂而多元的社会性实践对于个体创作与生产的影响做了展现与阐释。① 这些研究表明，西方传统美学中的"美"和"艺术"所被设定的形而上边界在不断地被打破，审美和艺术在社会演化过程中所未被充分发掘的角色与功能，对于我们重新思考与阐释美的制度性力量具有重要的开启意义。

在格罗塞关于"美学研究正在逐渐转向人类学"的大胆判断之后，许多关于非西方美学的实证研究给予了这一判断以愈来愈充分的田野"数据"。荷兰学者怀尔弗里德·范·丹姆（Wilfried Van Damme）曾悉心收集和整理过 20 世纪 30 年代以来西方学者关于非洲、亚洲、美洲、美拉尼西亚以及大洋洲等地的审美观念和审美标准的相关研究，这些研究展现出了关于艺术表现、审美力量、美学指涉用语、技术与美学、审美偏好等美学问题的探讨，展现出了鲜活而灵动的"奢侈的艺术"，无疑给那些认为"非西方社会缺乏可用语言表达的审美观，甚至于此假定非西方民族根本不具备审美感知力"② 的强暴逻辑以一记最响亮的耳光。

---

① 参见［英］罗伯特·莱顿：《论美学：从社会人类学的视角》，关祎、邢书宇译，《内蒙古大学艺术学院学报》2014 年第 1 期。
② 参见［荷兰］范丹姆：《审美人类学导论》，向丽译，《民族艺术》2013 年第 3 期。

这些研究无疑是鲜活而重要的，正是人类学的介入，才使得那些曾经无人所知或长期被遮蔽的非西方民族特殊的审美表达方式及其价值显现出来，这也正是我们在当代呼吁的建构美学多元化叙事的一个必要条件。视野与方法共在，是一个学科得以发展的两个重要维度，因此，对于如何运用人类学方法探讨美学问题就成为人类学转向的一个重要标志。

比利时裔美国学者贾克·玛奎（Jacques Maquet）的《审美人类学导论》一书的出版，可谓美学的人类学转向的聚集，它标志着审美人类学作为一门新兴的复合型交叉性学科的诞生。此书由两部分构成：第一部分主要描述人类学视野中的美学研究领域；第二部分提供一些关于审美现象的人类学研究方法。在玛奎看来："人类学，作为一种原则，它不再被一种学科所界定，而是作为一种原初的视野，能够对我们关于艺术的理解作出其贡献。无论如何，关于这种可能性的研究是非常值得的。"① 他于此探讨了如何运用人类学的跨文化比较方法和意识形态批评方法重新阐释基于"变形"基础之上的西方艺术授予事实和西方传统美学惯例；艺术网络/框架对于艺术品价值波动的影响；内容—形式两分法在理解艺术功能性形式方面的限度以及审美的普遍性、审美场域、艺术的设计与风格等问题。在研究方法上，玛奎强调将审美和艺术作为一种文化现象来看待，并且在物质基础、制度化社会网络以及观念三个维度上研究审美和艺术，在文化力量的相互影响下理解和阐释审美与权力的关系；审美和艺术的象征意义与价值；艺术的被建构性与能建构性等问题。这些都在很大程度上拓展了传统美学的研究视域，并且

---

① Jacques Maquet, *Introduction to Aesthetic Anthropology*, Malibu: Undena Publications, 1979, p. 3.

提出了当代美学的一些关键性问题。但在如何系统地运用人类学方法介入具体的美学问题研究方面，此书更多只是一种提纲挈领式的"导论"，留下了巨大的理论和实践增长空间。

在此之后，西方学术界关于美学的人类学探讨就从美学和人类学如何相关以及如何运用人类学介入美学研究两个方面展开了诸多有益的探讨。其中一些值得关注的重要著述有：玛奎的《美感经验——一位人类学者眼中的视觉艺术》①，在此书中，玛奎强调，美感经验不是分析的，它需要人们开启对经验的意识。他主张首先从日常生活事实来考虑艺术，他借此探讨了审美偏好、美感眼光、美感形式的基础及其建构机制，于此，玛奎力图通过人类学的介入，重新探讨视觉美感的生成方式及其价值，以增强西方艺术制度的包容性和阐释力度；范·丹姆的《语境中的美：迈向一种关于美学的人类学探讨》② 在对人类学的经验性研究、跨文化比较研究和语境性研究三个重要研究路径和取向进行再度阐释的基础上，力图以人类学的视野重新理解"美学"这一概念自身所包蕴的丰富内涵，对于美学中的普遍主义、相对主义以及关于审美偏好研究的认识论和方法论等问题均做了较好阐释，并以波利人（the Baule）、芳人（the Fang）、伊博人（the Igbo）以及阿散蒂人（Asante）四个非洲民族的审美文化现象为个案，较好地展现出了人类学介入美

① Jacques Maquet, *The Aesthetic Experience*：*An Anthropologist Looks at the Visual Art*, New Haven：Yale University Press, 1986。中译本：［美］贾克·玛奎：《美感经验——一位人类学者眼中的视觉艺术》，伍珊珊、王慧姬译，台湾雄狮图书股份有限公司 2003 年版。

② Wilfried Van Damme, *Beauty in Context*：*Towards an Anthropological Approach to Aesthetics*, Leiden, New York&Köln：Brill, 1996. 此外，范·丹姆关于审美人类学的研究理念与方法的相关论述可参见［荷兰］范丹姆：《审美人类学：视野与方法》，李修建、向丽译，中国文联出版社 2015 年版。

学研究的必要性及其价值意义；德国哲学家克里斯托弗·门克（Christoph Menke）的《力：一个审美人类学的基本概念》① 提出，"力"（Force）是一种隐秘性的无意识的存在，而关于"力"的美学是关于人类天性的科学，此天性指的是那些与人类通过实践获悉的文化相区分的审美天性。在转向康德理论时，本书提出，关于"力"的美学无法在哲学与审美经验之争中获得解决，它需要诉诸人类学的考量。于此，克里斯托弗·门克更多的是在哲学人类学的维度阐释"力"如何成为"美"的某种规定性；美国艺术史学家埃伦·迪萨纳亚克（Ellen Dissanayake）的《审美的人：艺术来自何处及原因何在》② 探索人天生就是审美的和艺术性的动物的种种方式，解析了前现代、现代和后现代社会中的艺术是如何被建构的，并结合具体的审美艺术个案对身体、仪式、制度、习俗、他者等人类学经典问题进行了新的诠释与延伸。此外，她的另外两部作品：《艺术为了什么?》③ 以及《艺术与亲密：艺术如何发端?》④ 也都是从人与艺术之间天然的亲密关系阐释艺术如何是人生活中最自然最严肃的一个组成部分，从而凸显审美和艺术本身所具有的人类学属性；当代法国哲学家吕克·费里（Luc Ferry）的《审美的人：民主时代品味的发明》⑤ 通过对品味如何被建构的分析指出，

---

① Christoph Menke, *Force：A Fundamental Concept of Aesthetic Anthropology*，New York：Fordham University Press，2013.

② Ellen Dissanayake, *Homo Aestheticus：Where Art Comes from and Why*，Seattle：University of Washington Press，1992. 中译本：［美］埃伦·迪萨纳亚克：《审美的人：艺术来自何处及原因何在》，户晓辉译，商务印书馆 2004 年版。

③ Ellen Dissanayake, *What is Art For*? Seattle：University of Washington Press，1988.

④ Ellen Dissanayake, *Art and Intimacy：How the Arts Began*，Seattle：University of Washington Press，2012.

⑤ Luc Ferry, *Homo Aestheticus：The Invention of Taste in the Democratic Age*，Chicago：University of Chicago Press，1993.

美学问题从根本上关系到个人的民主政治问题，美学与人类学、政治学、伦理学之间存在着密不可分的联系，并提倡一种拒绝被给予的传统，继承质疑传统权威的民主精神。法国学者鲍里斯·怀斯曼（Boris Wiseman）的《列维－斯特劳斯：人类学与美学》① 探讨了列维－斯特劳斯如何结合人类学、哲学、美学理论对美洲印第安人的面具、装饰、图腾崇拜、神话、分类系统的建构等审美文化现象进行研究，从而展现出一个令传统人类学所无法企及的，丰富而奇谲的研究领域。英国学者布雷恩·莫伦（Brain Moeran）的《日本陶艺师：超越审美人类学》② 主要对生活在日本南部的一个小社区中的陶艺工作者在关于陶艺的生产、销售、审美评价中所遇到的问题进行调研，该研究已超出了关于一个孤立社区"民间艺术"的起源和历史的一般性探讨。莫伦本人也是一位陶艺人，他以其深入实地的工作经验和调研实践提出了关于知识分子、批评家、陶艺人、经销商以及客户应有的角色，从而对学术研究如何真实介入现实提供了一种可能；杰里米·库特（Jeremy Coote）和安索尼·谢尔顿（Anthony Shelton）合编的论文集《人类学、艺术与美学》③ 旨在提供关于艺术和美学的人类学研究方法，以反映当今研究的丰富性和多样性。该集子分为两部分：艺术人类学和审美人类学，收录了雷蒙德·弗思（Raymond Firth）、阿尔弗雷德·盖尔、罗斯·鲍登（Ross Bowden）、罗伯特·莱顿、霍华德·莫菲（Howard

---

① Boris Wiseman, *Lévi-Strauss, Anthropology and Aesthetics*, Cambridge：Cambridge University Press，2009.
② Brain Moeran, *Folk Art Potters of Japan：beyond and Anthropology of Aesthetics*, London：Routledge Press，1997.
③ Jeremy Coote, Anthony Shelton, *Anthropology, Art and Aesthetics*, Oxford：Clarendon Press，1992.

Morphy)、安索尼·谢尔顿、杰里米·库特、露丝·巴恩斯（Ruth Barnes）等艺术学家、人类学家基于丰富的个案之上关于人类学与艺术、美学的关系的纵深探讨。理查德·L. 安德森（Richard L. Anderson）的《美国缪斯：艺术和美学的人类学之旅行》① 运用文化人类学的方法，通过深入访谈，辨析"本土"报告人提供的信息与资料，对于美国"原生性"的仪式进行实地调研，探析当地人的艺术是如何生产和消费的。作者探讨的不仅是高雅艺术，而且包括大众通俗艺术，诸如婚礼蛋糕、摇滚、汽车等，其研究旨在探析艺术在美国人的生活中究竟起怎样的作用？这是一种通过人类学方法回归本土文化研究的有益尝试。以上相关著述对于如何以人类学理念和方法介入美学研究均作出了多元化的有益探讨与实践。自20 世纪 70 年以来，此类研究持续推进，研究成果之丰硕不胜枚举，在此不胜赘述。

特别值得一提的是，艺术人类学的兴起与发展同样是美学研究中"人类学转向"的一个重要标志。罗伯特·莱顿的《艺术人类学》②，美国人类学家、艺术批评家乔治·E. 马尔库斯（George E. Marcus）和弗雷德·R. 迈尔斯（Fred R. Myers）主编的《艺术与文化的交流：走向一种批判性的艺术民族志》③、伊夫林·佩恩·

---

① Richard L. Anderson, *American Muse：Anthropological Excursions into Art and Aesthetics*, New Jersey：Prentice Hall, 2000.

② Robert Layton, *The Anthropology of Art*, Cambridge：Cambridge University Press, 1991. 中译本：［英］罗伯特·莱顿：《艺术人类学》，李东晔、王红译，广西师范大学出版社 2009 年版。

③ George E. Marcus and Fred R. Myers, *The Traffic in Art and Culture：Towards a Critical Ethnography of Art*, Berkeley：the University of California Press, 1995. 中译本：［美］乔治·E. 马尔库斯、弗雷德·R. 迈尔斯主编：《文化交流：重塑艺术和人类学》，阿嘎佐诗、梁永佳译，王建民校，广西师范大学出版社 2010 年版。

哈彻（Evelyn Payne Hatcher）的《作为文化的艺术：艺术人类导论》①、阿诺德·施奈德（Arnd Schneider）和克里斯托弗·赖特（Christopher Wright）主编的《当代艺术与人类学》②、霍华德·墨菲（Howard Morphy）和摩根·珀金斯（Morgan Perkins）主编的《艺术人类学读本》③以及阿尔弗雷德·盖尔的《艺术与能动性：一种人类学理论》④等著述基于一定的田野调查和翔实的经验性资料，以跨文化比较研究方法对于原始艺术、非西方艺术的独特表现方式及其价值意义；艺术品制作者的世界观、审美观及其表达方式；艺术品的风格、功能与力量；艺术与经济、市场、政治的关系；艺术的本真性、流动性、杂糅性、多元性；艺术如何介入生活等问题进行了深入探讨和分析，无疑有益于人们更深入地理解和阐释审美和艺术的复杂性、特殊性以及嬗变性等现象及其深层社会原因及微妙的建构机制等问题。

在国内，美学和文艺学中的"人类学转向"主要体现于审美人类学、艺术人类学、文学人类学等研究群体关于审美和艺术的"物质基础"及其表现形态和价值意义的探讨实践之中，这三个复合型交叉性学科都力图通过人类学的平台开拓新的探讨审美和艺术的方向与路径，都基于对"美"和"艺术"是什么的形而上学问题的某种悬置，通过运用人类学的研究理念和方法发掘审美和艺术

① Evelyn Payne Hatcher, *Art as Culture*：*An Introduction to the Anthropology of Art*, London：Bergin & Garvey, 1991.

② Arnd Schneider and Christopher Wright, *Contemporary Art and Anthropology*, New York：Berg publishers, 2005.

③ Howard Morphy and Morgan Perkins, *The Anthropology of Art*：*A Reader*, Blachwell Publishing Ltd, 2006.

④ Alfred Gell, *Art and Agency*：*An Anthropological Theory*, New York：Oxford University Press, 1998.

赖以存在的"土壤"以及基于此土壤之上而生长的"构型"及其嬗变，从而对于审美和艺术的产生、发展规律及其复杂性进行纵深的活态探讨，为美学、文艺学、文学的发展开拓出更为深广的理论增长空间和实践基础。

近二三十年以来，这三门分支学科在学科的学理基础和实践方面取得了较为丰硕的研究成果。其中，国内审美人类学方面的主要研究成果（主要列专著、编著和译著）如下：《审美幻象与审美人类学》（王杰 2002）、《现代审美问题：人类学的反思》（王杰 2013）、《原始文化研究——对审美发生问题的思考》（朱狄 1988）、《图腾美学现代人类》（郑元者 1992）、《当代人类学美学论丛》（郑元者主编）、《审美人类学的理论与实践》（覃德清 2002）、《中国人审美心理的发生学研究》（户晓辉 2003）、《审美意识形态的人类学阐释——二十世纪国外马克思主义审美人类学文艺理论研究》（傅其林 2008）、《审美制度问题研究——关于"美"的审美人类学阐释》（向丽 2010）、《中国审美文化民族性的现代人类学研究》（仪平策 2012）、王杰、覃德清主编的"审美人类学丛书"（第一辑）：《寻找母亲的仪式——南宁国际民歌艺术节的审美人类学考察》（王杰主编 2004）、《神圣朴素的美——黑衣壮审美文化与审美制度研究》（王杰主编 2005）、《席勒的审美人类学思想》（张玉能 2005）（《审美人格的批判与重构：康德审美人类学思想研究》（王朝元 2006）；张利群和覃德清主编的"审美人类学丛书"（第二辑）：《书斋里的田野——作为知识生产的人类学和美学》（聂春华 2013）、《八桂民族文化论丛：审美人类学与广西民族文化研究》（张利群 2014）、《审美人类学的西方理论视野》（莫其逊主编 2014）、《审美人类学视阈下的民歌文化》（廖国伟主编2014)、《艺术形态的审美人类学阐释》（王朝元2014）、《美之文化与文化之美》（海力波2014）、《审美人类学与区域文化建设》（覃德清2014）、《黑衣壮文化的审美人类学研究》（陈雪军主编2014）、《电影审美人类学的理论研究》（唐迎欣主编2014）等；《黑衣壮民歌的审美人类学研究》（范秀娟2013）、《中国早期艺术的文化释读：审美人类学微观研究》（萧兵2014）、《从行为到意义：仪式的审美人类学阐释》（张良丛2015）、《审美的人：艺术来自何处及原因何在》（埃伦·迪萨纳亚克著，户晓辉译，2004）、《人类学的哲学之根》（威廉·亚当斯著，黄剑波、李文建译，2006）、《审美人类学：视野与方法》（范·丹姆著，李修建、向丽译，2015）、《审美人类学：理论与视野》（向丽2020）、《审美治理与当代社会》（向丽主编，2020）、《审美人类学》（王杰主编，向丽、尹庆红副主编，2021）、《审美人类学：理论与实践》（向丽、赵威编，2022）、《审美人类学》（范·丹姆著，李修建、向丽译，2022）、《审美人类学前沿问题》（王杰等著，2023）、《本土美学》（史蒂文·莱乌托尔德著，向丽、赵威译，2024）等。

这些研究较为充分地显现出了当代美学、文艺学研究中的"人类学转向"，这些跨学科的构想和建构既有其深厚的学理基础，同时也是现实提出的要求。英国人类学家大卫·帕金（David Parkin）在论及身处当代世界的人类学的发展现状与趋势时指出，当今的人类学是走向层级的人类学，尽管人类学对于小群体有着特别的关注，人类学小群体的方法论在新的社会情境中仍然扮演着关键性的角色，但"这些群体会被视为在社会链条中与其他类似节点相关的节点。世界由一层层的人群网络组成，人们在重叠行动的基础上互动"。① 人类学在其发展过程中也渐至体现其当代性，其重要的标志之一在于，人类学不再局囿于边缘少数群体的文化及其行为研究，尽管这是人类学从其产生之初就标识的重要特征。当代人类学已越来越多地研究关于人类群体的关系网络，随着这些关系网络在不同时间和空间的叠合性编织，人类学对于其所衍生的沟通性、创造性、碎片性、整合性、多层级性等文化事项及其新质进行系列性的考察与阐释，从而突破了传统人类学关于他文化的表象性呈现，体现出人类学的哲学转向以及发掘语境中的关系性聚集的研究向度。概言之，正是人类学的实证性、反思性的介入以及对于审美和艺术的"物质基础"和制度性建构因素与机制的考察，使当代美学获得了全新的研究视野和多元化发展的可能性。

其次，当"美"不仅作为上层建筑，同时也作为"基础"时，美学与经济学之间的联结也变得愈发显见。美学界关于文化产业、日常生活审美化和审美的日常生活化，以及艺术创意等问题的讨论，都日益将美学与经济学之间的关系相融合，尤其是近年关于审美资本以及审美资本主义的探讨与争论，更是在美学与经济学的边界之处，将审美与资本之间的博弈与融合关系提了出来，并在新的语境中将浮沉于美学中的一些议题重新带引出来。

关于审美与资本之间的关系，马克思在《1844 年经济学哲学手稿》中以对于异化劳动的深度探讨加以揭示，并奠定了马克思经济学与美学的历史性地位。在该著述中，马克思通过对工资、资本、地租、货币等的考察，揭橥了审美在此种经济链的编织与运动中所处的境遇：在资本主义生产关系之中，由于工人成了商品，或

---

① ［英］大卫·帕金：《身处当代世界的人类学》，王铭铭编，北京大学出版社 2017 年版，第 45 页。

被贬抑为机器和抽象的活动与胃，工人被归于绝对的贫困，亦即不仅仅是一种物质上的贫困，而且从根本上也是一种精神上的绝对贫困。人的需要被降到最低限度，并且为着维持基本的生存活动，工人甚至会将能够把自己出卖为商品，亦即成为被剥夺者当作一种幸运。这是马克思在谈论异化劳动的诸种形态时所蕴藉的悲剧性形式，正是异化劳动将人的本真存在以及人与动物的关系加以遮蔽与颠倒，而资本家对于资本利润的疯狂追逐正是该价值颠倒的渊薮。换言之，在资本主义生产关系中，正是资本的自我追逐与膨胀，将人的审美活动和审美经验压缩到最小空间，甚至成为最大的"剩余物"，被资本的不稳定能指所抢占与挪用。尽管马克思并未专题谈论美学问题，但他通过对资本冰冷本质的揭示，触及了人类最大的美学和人类学问题：人必然要通过意识到这种绝对的贫困，才能够从自身产生出内在丰富性，从而实现"人的一切感觉和特性的彻底解放"，并使"感觉在自己的实践中直接成为理论家"①。"感觉"是判断人的贫困与富足的隐在而重要的维度，在某种意义上可以说，这正是马克思将经济学与美学相联结的最富于智慧的做法，它很早就预示了资本主义的内在耗损与必然走向灾难和灭亡的命运。同时，马克思也清晰地意识到，资本的统治及其逻辑以及审美意识形态的巧妙植入也正是资本主义腐而不朽的秘密所在。

　　然而，随着资本多元形态的当代呈现，审美和资本之间的关系呈现出新的更富于歧义和生产性的意义。正如皮埃尔·布迪厄指出的："除非人们引进资本的一切形式，而不只是考虑经济理

---

① ［德］马克思：《1844 年经济学哲学手稿》，人民出版社 2000 年版，第 85、86 页。

论所认可的那种形式，否则是不可能对社会界的结构和作用加以解释的。"① 在主要基于金钱与资产的经济资本之外，布迪厄指出了文化资本（主要基于知识形式、品味、趣味等）、社会资本（主要基于家庭、社交、宗教和文化遗产等方面的资本）和符号资本（其他所有资本的符号形式，或作为资本交换与流通的中介，诸如文凭）的特征及其存在范畴，并指出，后三种非物质形态的资本在场域的运作中，在特定的条件下都可以转化为经济资本，这使得资本的累积与转换成为我们探讨审美趣味、品味、偏好等审美制度诸种表达形态形构机制及其效果的重要基础。而随着"审美资本"作为一种特殊的资本形态被提出来并加以研究时，资本的精妙化以及美学和经济学的隐秘关系将成为最为瞩目的当代问题之一。

　　较其他资本而言，审美资本究竟是一种怎样特殊的资本，并且在当代社会转型和变迁中将发挥怎样的作用？审美资本的运作机制及其后果是怎样的？对于这一系列的问题，目前学界还缺乏充分的探讨与阐释。在资本主义的自创新与自延续中，审美资本居于此种生活和文化制度的内核，既游移不定又熠熠生辉。正如澳大利亚学者彼得・墨菲（Peter Murphy）和爱德华多・德・拉・富恩特（Eduardo de la Fuente）同意卡拉里斯（Vrasidas Karalis）所指出的，构成资本主义最明显特征的是，当某物被出售的时候，所被售出的并不仅仅是物本身或商品，而是暗示着参与购买此物的一系列活动的人们对于它所持的集体想象。这种想象无法脱开对于资本激增的想象，而创新则成为当代资本主义的重要特征和生产力，但也有可能在一种伪创新的膨胀中将自身内耗殆尽，或者在每一次开始

① ［法］皮埃尔・布迪厄：《资本的诸形式》，武锡申译，见薛晓源、曹荣湘主编：《全球化与文化资本》，社会科学文献出版社 2005 年版，第 4 页。

时又旧病复发。①

格诺特·波默（Gernot Böhme）在《审美资本主义批判》一书中指出，实现经济增长的冲动是资本主义经济的一个重要特征，马克思早已证明了这一点。在以劳动与资本的对立为前提的资本主义经济活动中，如果出于生态的考虑，为了克服增长的压力，争取经济的非资本主义形式则是一种必然的趋势。② 波默认为，当代经济领域发生了急剧变化，其根本标志在于，审美因素不仅仅是工业生产的对象，而是直接介入社会的转型和发展之中。商品的交换价值不再成为唯一的衡量准则，它渐至让位于商品的展示价值。波默将这种发展描述为从文化工业向审美经济的转变。③ 在马克思主义关于资本主义的逻辑在于对欲望的诱导与激增的思考中，商品的交换价值逐渐获致其独立的美学价值，这既是资本主义进入新阶段的重要转折，同时也是我们观照美学与经济学深层的和新型的关系的不可逾越的部分。

在资本主义由稀缺性经济（economy of scarcity）转向奢侈性经济（economy of affluence and extravagance）④ 的过程中，需要与欲

---

① See Peter Murphy, Eduardo de la Fuente. （eds.）*Aesthetic Capitalism*, Leiden：Brill, 2014, p. 2.

② See Gernot Böhme, *Critique of Aesthetic Capitalism*, translation by Edmund Jephcott, Berlin：Suhrkamp Verlag, 2016, p. 42.

③ See Gernot Böhme, *Critique of Aesthetic Capitalism*, translation by Edmund Jephcott, Berlin：Suhrkamp Verlag, 2016, p. 67.

④ 波默指出，斯密、黑格尔、马克思将资本主义界定为一种致力于满足需求的稀缺性经济，而熊彼特（Joseph Schumpeter）、凡勃伦（Thorstein B. Veblen）和巴塔耶（Georges Bataille）则认为，资本主义极有可能在其本质上就是一种奢侈性的经济，而维尔纳·桑巴特在《奢侈与资本主义》一书中则直接指出，奢侈是资本主义经济形式的起源。尤其是，奢侈品与奢侈消费与审美价值相关。See Gernot Böhme, *Critique of Aesthetic Capitalism*, translation by Edmund Jephcott, Suhrkamp Verlag Berlin, 2016, p. 68；［德］维尔纳·桑巴特：《奢侈与资本主义》，王燕平、侯小河、刘北成译，上海人民出版社 2000 年版。

望的多元化与极致化居于资本主义转型的中心，尤其是奢侈性经济所由建构的需要，已然指向商品的符号性消费与美学价值。审美价值渐至灌注于商品之中，这成为当代资本增长的重要方式。正如奥利维耶·阿苏利（Oliver Assouly）在《审美资本主义：品味的工业化》中通过探讨当代消费制度的转变，阐释了品味与资本主义生产方式的复杂关系，指出品味并非个人的感知与鉴赏能力的问题，"品味的问题涉及整个工业文明的前途和命运。"① 那么，基于人的审美经验与鉴赏判断的品味如何能够成为经济发展的动因？又如何能够释放改变世界的力量？这本身就是一个美学经济与经济美学聚集的问题，也是对于马克思关于经济基础与上层建筑关系的空间隐喻的重新思考。

再次，政治是语境中关于一切社会关系的制度性表达，"美"在此意义上与政治相关。即使就美学与政治学的关系而言，正如尼古拉斯·康普雷迪斯（Nikolas Kompridis）在其所编的《政治思想中的审美转向》中所指出的，自 18 世纪晚期以来，美学与政治已经完全相互缠绕在一块。人们可以在从卢梭到席勒，再到耶拿浪漫派的欧洲浪漫主义著述中，在有关法国大革命的意义的讨论框架中把捉到政治思想中的这种审美转向。因此，当我们谈论这种转向时，其实也是一种回归。② 判断是转向抑或回归，固然重要，但其叠合性恰恰是让我们更自觉地回顾和考察美学与政治学，包括人类学、经济学、社会学等学科之间的天然联系，尤其是它们在当代语

---

① ［法］奥利维耶·阿苏利：《审美资本主义：品味的工业化》，黄琰译，华东师范大学出版社 2013 年版，第 9 页。

② Nikolas Kompridis，（ed.）*The Aesthetic turn in Political Thought*，London：Bloomsbury，2014，Introduction.

境中所显现出的新特征与新建构。特里·伊格尔顿在《审美意识形态》导言中也曾明确地指出，他写此书的其中一个目的就是要驳斥这样一些批评家，他们认为，美学与政治意识形态的任何联系都必定是令人厌恶反感或是让人无所适从的。他从社会历史、政治经济、伦理规范等方面探讨了现代欧洲的主要美学概念和理论，是如何不动声色地在主流意识形态的结构中起着非同寻常的内部核心作用，就是对这种纯粹美学幻象的有力驳斥。① 在此，"政治"不能被简单地界定为党派政治，它并不狭隘地局限于政党之间的争权夺利以及围绕这种斗争产生的一系列自上而下的政策法规。只有对于那些将政治直接等同于外在于主体需要的暴力的激进主义者而言，政治与美学的关联才必然地暗含着被谴责。

马克思主义的伟大贡献之一，就是已经揭示出审美和艺术怎样在深层次上也是政治性的，因此积极探索审美话语背后隐藏着的政治意蕴和文化"暴力"，揭示意识形态通过审美的方式实施其潜移默化的同化功能的具体运作机制及其实质，从而对这种遗忘提出了质疑和挑战。自20世纪60年代以来，西方马克思主义美学在审美和政治的关系问题上研究著述颇丰，例如齐泽克、朗西埃、巴迪欧、阿甘本等学者的思想日益受到关注与讨论。在《政治思想中的审美转向》中，10位美学研究者从不同的视角和理念探究了当代美学中审美与政治问题的联结以及当代美学话语形态及其变革。其中，雅克·朗西埃（Jacques Rancière）直接将政治直接视为美学，尤其是其所蕴藉的感性及其分配——政治在根本上是审美的，因为，政治的首要问题并不是法则或宪法，而是共同体之感性构造的配置

---

① 参见［英］特里·伊格尔顿：《审美意识形态》，王杰等译，广西师范大学出版社2001年版，"导言"。

问题，并且在持续提供一种审美配方。其中，歧感在这种重新配置中所发挥的角色，不是在不同的被建构的异质性的存在者之间制造冲突，而是对于可感性分配的给予。在此意义上，朗西埃将政治命题与伦理命题相区分，前者为一种审美的增补而非对于政治的增补，审美的增补在于使那些不曾被视听的主体或无分者变得可看可听见，为的是恢复审美经验的流动从而重新配置主体的感性存在，并最终实践社会的革命。于此，审美革命先于社会的革命。这种分配不必是被某种先验的存在或最高的存在所主导，诸如他指出，柏拉图在《斐德罗篇》中将神圣驭手与所谓工匠之流进行区分，但恰是在这种执拗的分配中，柏拉图却实践了对于真正分配的最根本性的否定。①这种对于重新分配的理解与实践，正是政治的当代内涵的显现。

与此相应，审美的自治与他治的关系抑或辩证法，是美学与政治关系不可逾越的问题。而一直以来让阿多诺陷入困境和在即将期盼的瞬间又保持沉默的是，他意识到，在与社会的关联中艺术所处的两难困境，"如果艺术抛弃自律性，它就会屈就于既定的秩序；但如果艺术想要固守在其自律性的范围之内，它同样会被同化过去，在其被指定的位置上无所事事，无所作为"。②据此，在审美制度批判问题上，阿多诺显示出了出奇的清醒和睿智，他指出，"现代主义拒绝交流沟通是艺术摆脱意识形态③的一个必要的、但并非充足的条件。"④然而，在此，阿多诺一方面要与传统美学的

① See Nikolas Kompridis, （ed.）*The Aesthetic turn in Political Thought*, London：Bloomsbury, 2014, pp. 263-280.
② ［德］阿多诺：《美学理论》，王柯平译，四川人民出版社1998年版，第406页。
③ 需要说明的是，"意识形态"这一术语在阿多诺的思想中是富含贬义的，因而他特别强调真正的艺术与意识形态的对立。
④ ［德］阿多诺：《美学理论》，王柯平译，四川人民出版社1998年版，第406页。

僵化规范相决裂；另一方面，对于艺术在现代社会中的境遇，他仍然抱有深深的忧虑，这主要源于他对现代科技和大众文化的质疑甚至敌视，于此，他仍然陷入一种救赎的悲哀之中。这实则上仍是关于审美革命的问题。朗西埃将政治界定为从根本上是审美的，并以对感性的重新分配撬动社会秩序。其关键在于，他所理解的自治不是艺术作品本身的自治，而是审美经验的自治。朗西埃在把握自治性与他治性在席勒美学中原初的联结方式时所总结的，关于经验的自治而非艺术作品的自治的区分以及审美经验的异质多样性的阐释，在很大程度上深入探讨了审美和艺术的能动性及其与社会建构之间的深层关系，并且尝试通过"可感性的分配"和"歧感"建构新的审美制度，从而构建艺术与政治、生活之间的并非切断各自联系的共同体的"自足"。① 正是这种流动着的对于被等级和暴力所建构的秩序的审视与增补，使得艺术能够从根本上融入于社会的转型和变迁之中。

丹托曾在接受关于"艺术终结之后"的艺术当代状态的访谈中指出，"变形（Transfiguration）的定义，恰恰诉诸——艺术已呈现的一种意义"。在此意义上，当他谈及艺术与政治的关联时进而指出，基于9·11事件而展演的抗议艺术（protest art）就其本质而言，还未能激起他的兴趣，因为"它们不过是将悲剧视为悲剧而反映的艺术"②。审美和艺术是一种被建构的存在，但在此被建构中，它们自身也蕴藉着对于自上而下的暴力的反凝视。悲剧的意

---

① 参见［法］雅克·朗西埃的《歧义：政治与哲学》（西北大学出版社 2015 年版）、《美感论：艺术审美体制的世纪场景》（商务印书馆 2016 年版）、《美学中的不满》（南京大学出版社 2019 年版）等著述。
② 刘悦笛主编：《美学国际：当代国际美学家访谈录》，中国社会科学出版社 2010 年版，第 15 页。

义不在于悲剧内容的陈设与蔓延，而是以审美变形的方式让人们重新看见什么，亦即以对感性的重新分配重构社会秩序。

政治与解放息息相关，抑或更多地作为一种关于解放的宏大叙事。尽管这种宏大叙事有共通的旨向，但究其根本仍然在于对作为人的感觉的回归。马克思和恩格斯在《共产党宣言》中指出："资产者唯恐失去的那种教育，对绝大多数人来说是把人训练成机器"①。马克思指出，"对私有财产的扬弃，是人的一切感觉和特性的彻底解放；但这种扬弃之所以是这种解放，正是因为这些感觉和特性无论在主体上还是客体上都成为人的……感觉在自己的实践中直接成为理论家。"② 在马克思的视野中，政治的核心问题是"人的解放"，这种解放是首先基于人的感觉的解放和对于人之为人的全部丰富感觉的重新占有与生产。也正是在此意义上，马克思的政治经济学批判、哲学批判和人类学批判成为一个不可分割的有机整体。此种解放既涵盖生产方式和社会关系的根本变革，是经由经济基础引发上层建筑的变革，同时也包括审美和艺术作为一种特殊的意识形态所能够发挥的"再建构"和基础性的地位与作用。

在当代，美学与社会学之间的联结也更为紧密，审美和艺术不仅仅作为社会关系的一种微妙表征，而且美学从根本上成为社会治理的一种方式与策略，从而将美学与人类学、政治学、经济学之间的三重关系进行再次糅合与实践。在当代世界，权力（power）已然成为政治的核心，人们对于社会机构、法律、权利、政府、正义、秩序等的思考都不可避免地最终导向对于权力的考察，而治理

---

① 《马克思恩格斯选集》第 1 卷，人民出版社 1995 年版，第 289 页。
② ［德］马克思：《1844 年经济学哲学手稿》，人民出版社 2000 年版，第 85—86 页。

则聚集为权力的某种合法化形式，它试图以各种知识形式勾勒着最佳的政府和社会的理想形态，因而成为渗透于当代政治、经济、教育、文化等领域的有效联结方式及日益精密的社会网络。那么，随之而来的问题是，治理如何可能？它通过怎样的方式进入社会的各个环节？治理的具体运作机制是怎样的？它的合法化基础何在？它又是如何被重新建构的？我们如何考证滥用权力的不同方式①？自由治理中的"自由"维度如何显现？等等，这一系列的问题早已越出了政治学的范畴，成为美学、人类学、社会学等学科聚集的话题。

令人惊异的是，在漫长的历史演进过程中，审美和艺术在治理实践中发挥着一种特殊的功能。或者可以说，治理是一门巧妙地斡旋于审美和政治之间的艺术。审美介入社会，这本身就是一种微妙的治理术。然而，审美和艺术并不能单独倚靠自身来实践此种功能，而是在与各种制度性因素和机构的互渗与共谋中作为一种特殊的制度形态而起作用，这种特殊的制度形态即审美制度。不可否认的是，在很大程度上，探讨审美制度如何作为一种特殊的制度形态对社会进行规范与治理，从而将其所治理的对象及治理本身引向自由，是在当代社会中推进治理的一种不可逾越的研究路径。

"治理"（Government）是法国哲学家米歇尔·福柯（Michel Foucault）在法兰西学院授课中重点讨论的概念，是关于权力形态的纵深发掘和阐释。自此以后，对于治理问题的讨论在西方学界形成了广泛的风潮，并逐渐渗入到政治学、经济学、法学、教育学等多学科的领域。对于治理思想的深入研究，不仅有助于我们理解福柯的政治哲学思想及其发展脉络，而且从其所滋养的社会土壤中有

① 参见［英］布劳尼斯娄·马林诺夫斯基：《自由与文明》，张帆译，世界图书出版公司 2009 年版，第 162 页。

可能伸展出社会文化发展的新维度。

福柯首先追溯了作为近代国家治理术来源的基督教牧领权力，此种管理制度形态源自前基督时期以及基督时期的东方。在福柯看来，在这种牧领权力的治理逻辑中，政治犹如牧羊，国王、上帝、首领对于普通人而言是牧羊人，而普通人则类似于羊，治理术就诞生于羊圈之中。此外，牧领权力基本上是一种善意的权力，然而，恰恰是在这种善意的逻辑中，牧羊人必定会遇到其不可逾越的悖论：为了全体牺牲一个，为了一个牺牲全体。在福柯看来，其原因就在于，牧领权力其实是一种个人化的权力。不仅如此，"谁是牧羊人？"这在福柯看来本身就是一个值得存疑的问题，当诸神退隐，人们不得不互相带领，而不再把全部希望寄寓于一个占据了绝对超越位置之上的神。因此，在某种意义上，福柯同意柏拉图所提出的以纺织的模式来取代牧人的模式的建议①。福柯指出，政治的本质其实是联系，诸如纺织工人把经线和纬线联系起来。政治把不同的要素相互联系起来，把通过教育形成的好的要素联系起来，亦即通过一种特殊的艺术，把国家、奴隶、自由人全都装入这个神奇的织物中，从而将人民引向至高的幸福。② 于此，福柯实则指出了治理术的核心机制是"联系"和"编织"，亦即，治理是一种将诸多要素运用到权力运作机制中的实践。那么，随之而来的问题便是，在具体的治理中，用之于联系与编织的质料有哪些？此种联系与编织又将如何可能？它们又将带来怎样的治理效果？不难发现，

————————

① 尽管柏拉图在《政治家篇》中提出了对牧人主题的彻底反驳，但福柯指出，这绝非认为，对于柏拉图而言，要彻底取消牧人主题，而只是说这些主题并非绝对必需的和最重要的。

② 参见［法］米歇尔·福柯：《安全、领土与人口——法兰西学院演讲系列：1977—1978》，钱翰、陈晓径译，上海人民出版社2010年版，第126—127页。

此类问题仍然最终指向一种治理的艺术。尽管探讨西方治理史和治理技艺是福柯后期政治哲学的重要学术使命，但对于这些问题的解答仍然是一个漫长的革命。

在这个漫长的历程中，当代英国文化研究著名代表人物托尼·本尼特（Tony Bennett）所做的工作是值得关注的。福柯对于本尼特的影响主要是其微观权力说以及治理理论，而本尼特的重要贡献在于，一方面，他把福柯关于主体性的研究，关于治理复杂性的研究运用于文学、艺术的有关问题的研究中来①；另一方面，本尼特明确提出了文化和审美活动作为治理的工具或机制的重要性，并且结合具体的文化政策和研究个案证明了这一点，这对于治理思想的开拓无疑具有建设性的意义。

在《文化与社会》一书中，本尼特指出："我想提出，如果把文化看作一系列历史特定的制度地形成的治理关系，目标是转变广大人口的思想行为，这部分地是通过审美智性文化的形式、技术和规则的社会体系实现的，文化就会更加让人信服地构想。"② 在此，本尼特强调了审美和艺术智性活动得以最后被刻写成治理手段的必然性，以及它如何能够以一种积极建设性的方式，通过改造人的意识最终达到改造和构建理想性的社会。在这一点上，本尼特与马克思的美学理想不谋而合。

将审美和艺术作为治理的手段或工具，乍看起来，这似乎是对美学和艺术的某种中伤和玷污。在传统美学象牙塔的建制中，审美

---

① 参见［英］托尼·本尼特：《文化与社会》，王杰、强东红等译，广西师范大学出版社 2007 年版，"中译文序"。

② ［英］托尼·本尼特：《文化与社会》，王杰、强东红等译，广西师范大学出版社 2007 年版，第 163 页。

和艺术的自律性是其得以真实存在的边界和保障。"美"是通过各种祝圣仪式建构起来的纯粹的、仅供尊崇的对象，它甚至正因其高高地悬于社会和生活之上才有可能成为人类未来生活的先导和某种预演。然而，这毕竟只是一种虚假的想象。本尼特在对乔纳森·罗斯（Jonathan Rose）关于英国工人阶级的自我解放如何与文化相关的考察以及约翰·凯瑞（John Carey）关于艺术有可能作为减少社会弊端的有效方式的提法的分析中指出："我们就有必要考虑，构成审美的原初决定性特质的无用性特质是如何被重新界定的，以便它能够被用作治理的一件工具。"① 如下，我们将关心的问题则是，审美如何成为一种社会可用之物？审美的他律性维度是如何体现出来的？它们都将表明，审美介入社会，这本身就是一种微妙的治理术。

　　审美和艺术与政治、经济和文化之间的关系不仅是繁复的，而且呈现出动态的发展过程。诸如，从历史上看，现代艺术②的发展和演变大致经历了五个主要的社会—历史时期③：（1）文艺复兴时期标志着艺术开始从他治的宗教和贵族统治的秩序中解脱出来并进入资本主义市场，艺术品于此成为消费的对象。与现代性中人类经验的区分化、碎片化以及特化相应的是，艺术成为一个独立的价值领域，而"美"的概念则被认为必然享有一种特征。（2）在18世纪，艺术生产在博物馆、剧院、音乐厅以及文学杂志等领域中被逐

① ［英］托尼·本尼特：《审美、治理与自由》，姚建彬译，载向丽主编：《审美治理与当代社会》，上海人民出版社2020年版，第20页。
② 在此，"现代艺术"不是特指一种艺术风格，而是指在现代社会中具有自身发展演变逻辑和规律的艺术形态，它延伸至后现代社会中，因此，对于艺术的这种发展历程进行研究也是反观现代美学意识形态的重要视角。
③ See Ales Debeljak, *Reluctant Modernity: The Institution of Art and Its Historical Forms*, Lanham: Rowman &Littlefield Publishers, 1998, "introduction".

渐公开地制度化，并且通过被专家信奉和支持的专业化审美话语进一步地合法化（作为体制的艺术已完全形成）。（3）到了 19 世纪中期，浪漫主义为唯美主义意识形态即 "艺术为自身缘故" 的产生创造了条件，审美领域的自主化成为一种精心设计的启蒙规划，并进而生产出艺术的概念以作为资本主义市场的否定性和批判性的 "反形象"，以此促使自治的艺术与受制于市场需要的他治性艺术之间发生彻底的分离。这直接导致了艺术表达中形式的复杂化，主题的艰涩难懂以及相伴而生的艺术从社会中孤立出来。（4）历史上发生于 20 世纪 20 年代的先锋派运动（例如超现实主义、达达主义、未来主义、构成主义等）挑战的不仅仅是在艺术的自治制度之内的艺术风格的连续性，还包括艺术自治本身的合法性。它们强烈地质疑艺术与日常生活的分离，并提倡以关于美的乌托邦理想，正义和真理的名义实践一种革命性的社会转变。（5）出现于 20 世纪中期的后现代艺术，在某种程度上是对于仅仅半数的先锋派方案实际地成为现实这一事实的某种回应。在这一时期，将自治的艺术转变为日常生活并织入其繁复的结构之中确实发生了。与此同时，对艺术的生产、分配和接受的联合控制几乎完全地根除了公共领域与私人空间的分离，这使得博物馆、出版社、美术馆、大学等制度性机构逐渐转变为政治控制的精妙的工具。

随着审美和艺术的演变与发展，审美和艺术在改变世界的过程中正在发挥越来越重要的作用。审美和艺术已无法尘封于象牙塔的纯粹建制，因为它们早已卷入并参与了繁复而精密的关系网络的编织之中。当代美学正是在诸种 "终结" 与 "转向" 中开启了自身研究的新向度，并且，由于当代社会具有叠合性、杂糅性、多样性、流动性、新质性等特征，从而在当代审美和艺术的形构与嬗变中以象征和隐喻的方式获得表征，而这些都与"美"如何被建构与能建构这一问题息息相关，从而迈向当代性的内核。

关于何为当代，罗兰·巴特在法兰西学院的演讲中给出的答案是："当代是不合时宜的。"尼采则将"当代性"理解为一种脱节的状态。但也正因为与所处时代的脱节与不合时宜，使当代人比其他人更能感知和把握自己的时代。① 乔治·阿甘本（Giorgio Agamben）在此基础上指出："当代性是指与自己所处时代之间的一种特殊的关系，它既依附于自己的时代，同时又与该时代保持一定的距离。那些与时代相吻合的人，那些在各个方面都完美地附着于时代的人，并非当代人，这恰是因为他们无法真正看到他们所处的时代；他们无法坚定地凝视着它。"② 通过对奥西普·曼德尔斯塔姆（Osip Mandelstam）写于 1923 年的一首题为"世纪"的诗中所蕴藉的诗人与他所处时代之间关系反思的再品嚼，阿甘本提出了关于当代人的第二种定义："当代人就是坚定地凝视着自己的时代的人，但这种凝视不是为了感知时代的光明，而是察觉其黑暗。对于那些经历了当代性的人来说，所有时代都是晦暗的。当代人恰恰是知道如何看待这种晦暗的人，他并且能够通过将笔浸入当下的晦暗而进行书写。"③ 于此，"当代"绝非现时的，而恰恰是对于那些

---

① See Giorgio Agamben, What Is the Contemporary, *What Is An Apparatus*, translated by David Kishik and Stefan Pedatella, Stanford: Stanford University Press, 2009. p. 40.

② Giorgio Agamben, What Is the Contemporary, *What Is An Apparatus*, translated by David Kishik and Stefan Pedatella, Stanford: Stanford University Press, 2009. p. 41.

③ Giorgio Agamben, What Is the Contemporary, *What Is An Apparatus*, translated by David Kishik and Stefan Pedatella, Stanford: Stanford University Press, 2009. p. 44.

被缝合好的与现时的完美附着与贴合的审慎与反观，亦即，"当代"是对于现时与当下的自觉疏离与超越。就审美制度问题研究而言，它恰恰是对于那些被制度编织甚或裹挟的美学图景的重新拆解与重组。如同我们所意指的黑暗与光明是需要解释的一般，这注定是一项危险而又令人着迷的工作。

审美和艺术是一种被建构的存在，同时也以审美经验的某种自足性成为一种能建构的存在。"美"不再是一种纯粹的被凝视的他者，或者悬置于社会土壤之上的自为性存在，而是作为一种特殊的制度形态游弋于弥漫着政治、经济与文化共同编织的社会生活之中。本书主要从人类学批评、审美资本主义批判、审美革命与审美治理四个方面接衍审美制度的被建构与能建构之维，力图在当代多重文化叠合的语境中，基于"美"的叠合性、杂糅性、流动性、嬗变性和再生性等特征，从制度性的层面发掘"美"的物质基础以及美学介入社会的力量。

第一章

审美制度问题研究：理论与视野

在美学作为一门学科自演变和发展过程中，"美是什么"始终是一个最为常识性却难以解答的斯芬克斯之谜。无论是传统美学还是后现代美学研究，都由于偏向于审美特性和审美的意识形态性双重属性中的其中一极而无法使"美"自由地显现。因此，寻找审美和艺术既受制于意识形态又与它保持距离的原则①，就成为当代审美意识形态理论的核心命题之一。就目前研究现状而言，审美意识形态理论仍然大多局囿于从意识和观念的层面探讨审美和艺术与意识形态的性质及其区分，对审美意识形态的"物质基础"② 以及

---

① 参见［英］特里·伊格尔顿：《马克思主义与文学批评》，文宝译，人民文学出版社 1980 年版，第 23 页。

② 路易·阿尔都塞关于意识形态有一个重要命题："意识形态拥有一种物质的存在。"即，个体与其真实存在条件的想象性关系本身被赋予了一种物质的存在，强调每一个被赋予某种"意识"的主体，只要他相信那些"观念"，那么，他必须"按照其观念行事"，因而必须将他自己作为一个自由主体的观念，刻写在他的物质实践的行动中。参见［法］阿尔都塞：《意识形态和意识形态国家机器》，见［斯洛文尼亚］斯拉沃热·齐泽克、泰奥德·阿多尔诺等：《图绘意识形态》，方杰译，南京大学出版社 2002 年版。在此，提出研究"审美意识形态的物质基础"的重要性意即提示这样一个基本事实：任何审美和艺术现象都存在于某种既定的文化语法之中，因此必定诉诸特定的仪式、话语、行为等表达方式以显现自身。当然，就审美和艺术的最终的物质基础而言，仍然要回溯到人类的物质生产实践之中。

审美意识形态的反建构研究的相对匮乏，不仅是审美意识形态理论长期处于争论和僵持状态的重要原因之一，而且因此无法真正解答美学话语自身萎缩和混乱的问题。

作为书写与叙事，抑或展演，一部美学史就是关于"美"的显现与遮蔽的历史。而现在的问题是，我们将如何"看见"这种显现与遮蔽？当理论的繁盛与误读以极为特殊的方式纠缠在一起，它召唤着我们以一种独特的视角重新进入事情本身。"审美制度"①问题正以其对于审美和艺术形构和嬗变的物质基础和内在机制，审美制度的建构与解构之维及其影响等一系列问题的聚集与纵深探讨，成为当代美学与人类学、政治学、经济学、社会学等相连接，从而真正介入社会生活关系的不可逾越的关键问题。

第一节　审美制度问题研究的理论基础

审美制度范畴的提出有其深厚的学理基础。关于制度与审美/艺术之间关系的探讨主要有阿瑟·丹托的"艺术界"理论、乔治·迪基（George Dickie）的艺术体制论或惯例论、皮埃尔·布迪厄（Pierre Bourdieu）的场域、习性论、霍华德·S. 贝克尔（Be-

---

① 尽管国内外关于制度与审美、艺术、文学的关系之研究和讨论相对而言并不多见，但国内关于这方面理论的引介在译法上却十分繁杂，例如有"艺术制度""艺术习俗""艺术惯例""文学制度""文学体制""文学建制"等等。从总体上看，它们的研究理念有相通甚至重合之处，只是因为研究者和译者从自身理解和研究的视角和侧重点取"制度"（institution）中的一种表现形态来命名，如习惯、习俗、惯例等，因此需要从学理上对此加以厘清和发掘其更深层的理论基础，在译法上不宜过多地纠缠于具体称谓，关键仍然在于对"制度"本身的理解。就"制度"本身的丰富内涵而言，采用"审美制度"的提法能够在更深广的层面涵盖该类研究中的不同视角和侧重点。

cher，H. S.）的艺术界理论，彼得·比格尔（Peter Bürger）的艺术/文学制度论，朗西埃的审美体制论，国内关于文学制度的阐释以及当代美学关于"审美意识形态"问题的讨论等。"审美制度"作为在美学与人类学跨学科视野中被提炼出来并加以研究有其独特的理论和实践意义，并且很大程度上正是建构于对这些相关研究成果的分析和反思的基础上。

一、尽管各种艺术制度论之间有其差异性，但都主要围绕具体社会语境中各种制度性因素和机构①对艺术的生产、交换、传播和消费等过程的影响进行考察和理论阐释，从而揭示具体的艺术观念和艺术实践是某种被建构和规范的存在之事实。

阿瑟·丹托强调艺术史和艺术理论对于艺术认识的重要性，他指出："把某物视为艺术必须具有某种肉眼不能看到的东西——艺术理论的氛围、艺术史的知识，即一种艺术界。"② 他多次提及他对于艺术界的提出主要源自对于普通的布里洛包装盒和安迪·沃霍尔的"布里洛盒子"的区别的思考：两件在外观上看起来几乎一模一样或无法分辨的东西，为何一件是艺术品，另一件不是？艺术与实物之间究竟区别何在？艺术有无边界？这边界又是什么？丹托坦言，艺术品与非艺术品之间的界限是什么，仍然停留在哲学的晦

---

① 各种制度性因素和机构主要包括国家及社会制度（政治制度、经济制度、文化制度等），艺术品的展出场所（博物馆、剧院、音乐厅、美术馆、画廊等），神圣化或认可机构（学院、出版社、沙龙等），生产者和消费者的再生产领域（艺术学院、书店、各种传媒、广告公司等）、专业化的各种代理人（经纪人、批评家、艺术史学家、收藏家等），文化习俗或惯例（传统节庆、仪式、禁忌、日常生活习惯等）等，对审美和艺术的生产、交换、传播和消费等具有重要的中介作用。

② Arthur Danto，"The Artworld"，*The Journal of Philosophy*，Vol. 61，No. 19，October，1964，p. 580.

暗之处，但恰是这些问题构成了他的艺术哲学的基础。他在《艺术的终结》一书序言中指出："存在着与最普通的日用品十分相似的艺术品，这种情况造成的哲学后果就是它们的不同并非基于任何假想的美学差异。"① 尽管这一判断并没有直接回答这一系列的问题，但至少打破了传统美学关于"美"的视觉主义假设与想象，这是一个重要的开端。

丹托的贡献主要在于，他将历史氛围和理论对于艺术品历史地位的重要性，"阐释"在某物嬗变/变形②为艺术品中的作用，以及分类的权力在艺术与非艺术的评判中所承担的隐秘而危险的角色等问题以新的视角提了出来，从而打破了长期以来人们对于美的概念的固恋，并将当代美学研究的视点转向了艺术的身份以及美在"关系"中被巧妙掩盖的逻辑：

> 就备受瞩目的艺术轶事而言，我建议大家首先关注一下杜尚，因为正是他，作为艺术史的先驱，首次将来自生活世界的寻常事物微妙、奇迹般地转化为艺术品：一把用于梳妆的梳子，一个瓶架，一只自行车轮，一个小便池。人们（或许）可以如此来欣赏他的行为，他将那些毫无启迪意义的物品置于特定的审美距离上，使它们成为审美愉悦出人意料的候选

---

① ［美］阿瑟·丹托：《艺术的终结》，欧阳英译，江苏人民出版社 2005 年版，"序言"第 2 页。

② "Transfiguration"是阿瑟·丹托《寻常物的嬗变——一种关于艺术的哲学》的重要概念，原初指形态或样貌上的显著变化，在宗教中特指耶稣由人变为神，在瞬间通体发光。丹托运用此词主要指寻常之物转变为艺术品，甚至发生突然性的、整体性的转变。参见［美］阿瑟·丹托：《寻常物的嬗变——一种关于艺术的哲学》，陈岸瑛译，江苏人民出版社 2012 年版，"前言"注释。这在艺术识别与艺术批评中是一个非常重要但研究不够充分的议题。本书将在第三章结合原始艺术与现代艺术的比较研究，在对于变形的两种形态进行区分与阐释的基础上对该问题进行深入探讨。

人——从而实践地证明了，即使最无可能的地方也可以发现平凡的美。①

寻常之物被提升到艺术的领域，其逻辑的杠杆被我临时命名为艺术识别行为（act of artistic identification）；其语言学上的表现，是在进行特定的识别时使用"是"这一系词，我打算将这一系词专门称为艺术识别之"是"……在具有自我意识的情况下，这一用法暗示了对艺术世界的参与，以及对字面错误（literal falsehood）的默许。

这个"是"与巫术识别、神话识别、宗教识别或隐喻识别有着一种改头换面的亲属关系。某人用针扎一个木偶，以报复其仇人，这是巫术识别。某人说太阳是阿波罗的战车（不是玩弄辞藻，而是在谈论某个并非显而易见的事实），这是神话识别。某人说圣饼和酒是血和肉，这是宗教识别。某人说朱丽叶是太阳（但这并不是说她是阿波罗的战车，因为即便是在隐喻的意义上，把朱丽叶和轮子联系到一起也是不恰当的），这是隐喻识别。②

杜尚的《泉》无疑是一个重要的美学事件，丹托将其视为美学变形，并认为正是此种"变形"使人们有可能在最日常的生活领域发见"美"的存在轨迹，这是对西方传统美学宏大叙事的一种反拨与警觉。不仅如此，在对艺术的界定中，丹托强调了"是"所具备的识别与命名功用。在他看来，当我们将某物认定为艺术品

① ［美］阿瑟·丹托：《寻常物的嬗变——一种关于艺术的哲学》，陈岸瑛译，江苏人民出版社 2012 年版，"前言"第 2—3 页。
② ［美］阿瑟·丹托：《寻常物的嬗变——一种关于艺术的哲学》，陈岸瑛译，江苏人民出版社 2012 年版，第 155—156 页。

时，事实上源于不易察觉的识别机制及其结果，并且指出，识别主要具有巫术识别、神话识别、宗教识别或隐喻识别几种形态，它们都基于某种字面上的错误，但这种错误实则又是不可避免的，它们在物及其被赋予的意义形象之间乃是一种必要的中介。恰如在能指与所指之间，其隐喻的丰富性恰在既定的和正在建构的约定俗成的制度中被欣赏、承认、质询抑或阉割，但无疑地，都掩饰不了令人神往的艺术性。对于这种识别性的知识框架，丹托承认，尽管识别和解释具有其限度，但"在某种意义上，想象的边界同时就是知识的边界，与此类似，解释的边界同时就是知识的边界。"① 在某物被认可为"是"艺术品时，想象与阐释无疑正是美学变形的两种催产剂，单向度地以"美"和"艺术"概念界定和评判艺术的权威与幻象于此被解构，碎片四散。

在"美"和"艺术"的概念从其内部被耗尽或废黜之时，亦即，作为一种概念性的训练的艺术走向终结，古典美学理论已无法解释当代艺术现象时，"美"和"艺术"以及"关系"之熵将"社会之在"以一种更为剧烈的方式搅拌起来，给予当代美学无限轻快与深重的思考。诸如丹托指出："'美的滥用'成为艺术家脱离他们所轻蔑的社会的手段。"② 尽管在丹托看来，今日的艺术制度有其糟糕的一面，但对美的某种"背叛"也正因其政治性而可能使人们发出尖叫，从而形构一种新的美学拯救秩序。所以，丹托似乎不合时宜地表明："我们很容易承认《世界王子》——甚至达

① ［美］阿瑟·丹托：《寻常物的嬗变——一种关于艺术的哲学》，陈岸瑛译，江苏人民出版社 2012 年版，第 157 页。
② ［美］阿瑟·丹托：《美的滥用：美学与艺术的概念》，王春辰译，江苏人民出版社 2007 年版，第 31 页。

明·赫斯特的《生满蛆的牛头》——是艺术，这表明我们如今早已远离18世纪的美学观念，也表明'难以驾驭的前卫艺术'已经取得了多么全面的胜利。"① 对于这种"恶心"趣味美学如何可能成为一种事实甚至艺术制度，丹托认为并非难以描述，但"恶心"如何创造新生的美，他表达了某种意味深长的沉默。

这种意味深长在于，丹托认为，"美"和"艺术美"是有质的区分的，他指出："倘若美被消灭了，留给我们的将是一个令人不堪忍受的世界，就像倘若善不存在了，一个完全人性的生活就是不可能的。但是，如果消灭的是艺术美，我们也许损失不算很大，无论那意味着什么，因为艺术具有大量其他补偿价值，而且艺术美在世界上大多数艺术文化中，只是一个偶然特质。那么，较为紧要的哲学问题是艺术与美之间适当的关系是什么。"② 作为终极性存在的"美"与偶然性的"艺术美"之间的关系类似于"美"与"美感所在"之间的关系，在"美"的物质基础与载体的诸种变形性相中，"美"得以显现或遮蔽，这恰是我们观照审美制度的机制及其后果的必要性所在。

丹托强调"美"的政治性，指出"美"首先属于意义，因此，艺术尽管尽极其形式之丑，但若是能够表达其所想表达的激发欲望或憎恶或其他情感的目标，它就是合适和恰当的，其根本旨要在于改变人们看待世界的方式，然后在其被触动的感知结构中，尝试去

---

① ［美］阿瑟·丹托：《美的滥用：美学与艺术的概念》，王春辰译，江苏人民出版社2007年版，第35页。
② ［美］阿瑟·丹托：《美的滥用：美学与艺术的概念》，王春辰译，江苏人民出版社2007年版，第44页。

改变这个世界。① 具体而言，在丹托看来，"美"的意义在于能够与人的内在情绪建立某种内在的联系，并且具有艺术正确性。他以观看马瑟韦尔的《挽歌》为例，在感同身受格林伯格所强调的那未受污染的"第一眼"与康德论美的思想具有内在联系的基础上，指出这第一眼之所以能够感受到艺术的卓越性，不仅在于其形式，而是在于其思想本身的显现与释放。而这种意义与思想也正是我们反观制度的内在法则。

在当今这个多元主义情境的世界，艺术世界的体制正在急剧地发生变化。在丹托看来，作为概念的"美"和"艺术"已然走向终结，但恰恰是在其终结处，生活才真正开始："艺术世界——已经走向终结，而另一个世界则开始了。"② 丹托概括了艺术世界体制的三种基本叙事模式：瓦萨里叙事、格林伯格叙事和后叙事，并指出，瓦萨里叙事所包裹的审美意识形态认为，艺术是再现性的，艺术家强调艺术是对事物的逼真模仿与复制，但随着摄影和电影的出现，机械复制时代使此种叙事所持的"逼真"信条受到了极大的挑战；格林伯格叙事强调艺术欣赏和批评不经由概念和既往观念的先在影响与束缚，那能够打动人的视觉的东西，才是真正检验一幅画的卓越性的标准。这种识别条件与机制非常深奥，但随着波普艺术的出现也走向终结。对于波普艺术，格林伯格除了表示不解和蔑视之外似乎永远无法评论；后叙事阶段则提供了多元主义的无限丰富的可供选择的菜单，艺术家想选择多少就选择多少，一切事物

---

① 参见［美］阿瑟·丹托：《美的滥用：美学与艺术的概念》，王春辰译，江苏人民出版社 2007 年版，第 92 页。
② ［美］阿瑟·C. 丹托：《艺术的终结之后：当代艺术与历史的界限》，王春辰译，江苏人民出版社 2007 年版，第 47 页。

和行为皆有可能成为艺术。艺术的多元创作同时呼吁一种多元的艺术批评，并要求更充分地考量每一件作品如何通过物质化体现出来，又如何被理解与阐释。① 这三种叙事或叙事阶段，揭橥了艺术制度和审美制度在建构和规范"艺术"与"美"方面所经历的从"凝神观照"到"光晕"到多元意义的过程，这对于我们理解美与物的关系以及美的嬗变具有重要的启发意义。

在丹托的艺术哲学中，艺术的终结，是概念的终结，也是趣味专制的终结，同时也是精神解放的象征。事实上，丹托并未放弃经训练而致的"眼光"与良好的艺术感觉对于艺术界的意义，并且强调了美学研究的重心由艺术转向艺术哲学的必要性，从而能够面对多元主义的艺术现实。尽管丹托提出了"艺术界"理论，揭示了理论氛围、阐释和变形等对于界定艺术的重要性，并且承认体制论在他的艺术思想中曾经起到过相当的作用，但他本人并不同意自己是体制论者，"体制论者（如迪基）和我之间的哲学差异不在于我是本质主义者，而他不是，反而在于我感觉到艺术世界在构建某物为一件艺术品的决定中，需要一组理由来保证这种决定不仅仅是任意的意志的命令"。② 在迪基的艺术体制论中，这种"命令"的确在某种意义上成为艺术授予资格的代名词，也成为迪基遭遇争议的最为关键的地方。

在丹托的艺术界理论的基础上，迪基更为强调艺术界的制度性框架对于审美和艺术的建构之事实，从而构建了艺术体制——

---

① 参见［美］阿瑟·C. 丹托：《艺术的终结之后：当代艺术与历史的界限》，王春辰译，江苏人民出版社 2007 年版，第 136—163 页。
② ［美］阿瑟·C. 丹托：《艺术的终结之后：当代艺术与历史的界限》，王春辰译，江苏人民出版社 2007 年版，第 212 页。

"我将用丹托的术语'艺术界'来指艺术品赖以存在的庞大的社会制度。"① 并肯定了丹托指出特定的艺术品所赖以存在的复杂的制度性结构的重要性。在迪基看来，传统美学通过指明艺术的必要条件和充分条件来为它下定义，这种观点过于封闭和陈旧。他在对传统美学中影响最大的美学理论即艺术模仿说和表现论进行批评的基础上，企图找到界定艺术的第三条道路："既避开传统定义的困难，又吸收近来分析研究的深刻见解。"② 第三条道路的核心在迪基看来就是寻找艺术品的第三种关系属性，即艺术品与社会生活之间的关系。迪基认为只要改变为艺术下定义的逻辑起点和思路，从被传统美学忽略的艺术品的隐性的非外观方面，并且把作品放到它们的制度性背景中进行考察，是可以发现艺术品之间的共性的，也因此可以将艺术与非艺术相区分。在此意义上，迪基批评了莫里斯·韦兹认为艺术是不可定义的观点。他在《什么是艺术：一种制度性分析》一文中进一步规定：

> 类别意义上的艺术品③是：1. 人工制品；2. 代表某种社会制度（即艺术世界）的一个人或一些人授予它具有欣赏对象资格的地位。④

迪基指出，在第二个定义中，有四个互相联系的概念："代表

---

① George Dickie, *Art and the Aesthetic：An Institutional Analysis*, Ithaca&London：Cornell University Press, 1974, p. 29.

② George Dickie, *Art and the Aesthetic：An Institutional Analysis*, Ithaca&London：Cornell University Press, 1974, p. 20.

③ 迪基认为艺术的种概念诸如小说、悲剧、雕刻、绘画等全部或部分是开放的，可能缺少必要的和充分的条件，因此是不能定义的，而艺术的类概念仍然可能是确定的，有界限的，因而是可以定义的。

④ George Dickie, *Art and the Aesthetic：An Institutional Analysis*, Ithaca&London：Cornell University Press, 1974, p. 34.

某种社会制度""授予地位""推荐欣赏对象""欣赏"，其中，前两者属于认可、授予机制，它们并不一定需要肉眼所能识别的仪式，"艺术界在惯常的意义上运作和实践，这种实践实则规定了社会制度"。① 这种社会制度不一定是正式制定的章程，正是艺术界的中坚力量，诸如艺术家（画家、作家、作曲家等等）、博物馆馆长，经常出入博物馆和剧院的观众、报纸记者、各种刊物上的批评家、艺术史学家、文艺理论家、美学家等等，正是这些人，使艺术界能够不停地运转，并且在不同程度上具有艺术品授予资格。② 于此，迪基将艺术作为制度性概念的存在基础进行了具体的阐释，打破了传统美学局囿于艺术品与题材、艺术品与艺术家之间的两重关系，在艺术品与社会生活之间发掘了更为复杂和缜密的关系。在该定义中，迪基在指出艺术本身就是一种制度性存在的基础上，强调了人为性与授予性在某物成为艺术品的重要性，尽管这种关于艺术的界定其调和性及由此造成的对现代派艺术的过分宽容，以及有可能陷入一种循环论的窠臼，使其遭致诸多批评，也使得他对该界定相继进行了多次修改③，但在针对"艺术授予说"有可能滑入还原主义和经验主义的极端形态从而提出批判的同时，从这一不完备的艺术定义包含的问题框架中去重新思考艺术却是非常必要的。

　　相较而言，丹托的艺术界强调艺术理论对于艺术建构和评判的重要性，或是一个观念上的艺术界，那么迪基的艺术体制则是由艺

① George Dickie, *Art and the Aesthetic: An Institutional Analysis*, Ithaca&London: Cornell University Press, 1974, p. 35.
② See George Dickie, *Art and the Aesthetic: An Institutional Analysis*, Ithaca&London: Cornell University Press, 1974, p. 35-36.
③ See George Dickie, *Art and Value*, Mass: Blackwell Publishers, 2001, pp. 52-73.

术家和公众构成的，他们的理论都将人们对于艺术的观念引向了艺术的非显性方面，并且都强调了艺术的"制度性"，但两者之间仍然有重要的区分。诸如丹托指出，迪基的这种只要认为某物质对象（或人工制品）是艺术品，那么它就是艺术品，这样的艺术体制论是难以成立的，即使它能够解释类似杜尚的《泉》为何可以由一种纯然之物升格为艺术品，也无法解释为何在外形上与其一模一样的其他小便池无法享受此殊荣。艺术体制的外在授予仍然无法阐释艺术品的本质属性和内在规定性。① 迪基也承认，他很快认识到他早期关于艺术的定义，"把社会或某些社会的亚组织说成是授予了被欣赏的候选品资格的功能，这提供了一个错误的印象，即艺术品是由社会或某个社会的亚组织作为一个整体所创造，这是我并不打算提供的一种印象。"② 随后迪基对于此定义进行了三次修改，重点强调了代表社会制度/艺术界的艺术家对于艺术资格的授予，并在《艺术圈》一文中从五个方面界说了授予说中的关键词：

　　艺术家是在创作艺术品过程中参与理解的人。

　　艺术品是某种为了向艺术界公众呈现的被创作出来的人工制品。

　　公众是这样一批人：其成员对向他们呈现的某对象已经有了一定的理解准备。

　　艺术界是所有艺术界系统的总和。

① 参见［美］阿瑟·丹托：《寻常物的嬗变——一种关于艺术的哲学》，陈岸瑛译，江苏人民出版社 2012 年版，第 7—8 页。

② ［美］乔治·迪基：《艺术的体制理论》，见［美］诺埃尔·卡罗尔编著：《今日艺术理论》，殷曼楟、郑从容译，南京大学出版社 2010 年版，第 115 页。

艺术界系统是艺术家得以向艺术界公众呈现艺术品的一个框架。①

迪基坦言他多次尝试构想一种体制性的"艺术"定义，而在这五个定义合构的关于艺术的界定在他看来是比较全面的，但他早期的定义所遭致的争议与艺术批评家因无法观照到他后期多次的修改所造成的误解已是难以消除，但他仍然自信这是对于丹托所主张的非显性观念和语境的具体阐释和延伸，这的确是迪基的贡献。在这五个合构的定义中，艺术家、艺术品、公众、艺术界、框架之间相互联结，并且因制度性因素和机制而互相形构，迪基将其称为"循环性"，并指出这种循环性是传统理论并不具备的一种特征。但这遭到诺埃尔·卡罗尔（Noël Carroll）的抨击，认为此种循环性没有就艺术的自身规定性和特殊性说出任何明确的东西，而只是往复缠缚。对于此，迪基有两点声辩：第一，"传统理论家所使用的展示特征作为定义的特征是无望的。"第二，"这种循环性正是体制理论的定义不同于线性定义的标志。"② 亦即，艺术无法独立于艺术体制之外；体制本身就是纵横联结的，并非线性的。事实上，艺术资格如何被授予，这种授予的权威又将如何被质疑，这种在关系编织中所引发的问题，是艺术授予说必然面临的质询，但如果再将这些争议进行厘清：艺术授予说并非是对于艺术本质的定义，而是对于艺术建构事实的描述与揭橥，那么，迪基的艺术体制论的意义恰恰在于，它揭开了艺术是被某种制度授予的事实，同时，在艺

① ［美］乔治·迪基：《艺术的体制理论》，载［美］诺埃尔·卡罗尔编著：《今日艺术理论》，殷曼楟、郑从容译，南京大学出版社 2010 年版，第 119 页。
② ［美］乔治·迪基：《艺术的体制理论》，载［美］诺埃尔·卡罗尔编著：《今日艺术理论》，殷曼楟、郑从容译，南京大学出版社 2010 年版，第 128 页。

术批评实践中又将批评的重心转向对于制度及其"权威"的反观与重构，这正是在当代艺术变革与拓展的实践中对于艺术授予仪式的警觉与对于艺术的尊重。

布迪厄主要从社会学的视角研究习性、资本和场域三者之间的绞合关系及其如何与反思社会学和美学相关。他以一种开放式的研究探讨了形形色色的场域，并将这一重要的概念运用于对教育、文化、影视、文学、科学、官僚体制等领域的讨论之中，这些场域既具有同源性，同时也有其"区隔"，亦即具有其自身的边界、阶层性，同时置身于某种游戏的博弈中。布迪厄指出，根据场域概念进行的思考实则是从关系的角度进行的思考，"场域可以被定义为在各种位置之间存在的客观关系的一个网络（network），或一个构型（configuration）"。① 在他看来，场域同时是一个争夺的空间，这个空间交叠着特定的利益形式与幻象，同时也在场域的边界内获得维持与强化。在《纯美学的历史起源》一文中，布迪厄指出，艺术产生于特定的艺术场域中，这种场域通过引入差异、分工和区分来生产与再生产出场域合法化的神圣原则，"正是在场域向自主性的运动中，纯粹的凝视应运而生"。② 可见，布迪厄解构了"纯美学"的神话，同时也指出场域的多元构型将为美和艺术的重新建构提供了诸多资源与空间。也正是在此基础上，布迪厄指出，艺术场域在自主化的过程中逐渐制度化，艺术品的生产"主体"，亦即艺术品价值和意义的授予者和阐释者，是一系列介入这一场域的行

---

① ［法］皮埃尔·布尔迪厄、［美］华康德：《实践与反思——反思社会学导引》，李猛、李康译，中央编译出版社 1998 年版，第 133—134 页。
② ［法］皮埃尔·布尔迪厄：《纯美学的历史起源》，见［法］福柯等：《激进的美学锋芒》，周宪译，中国人民大学出版社 2003 年版，第 57 页。

动者，他们通过文化资本和社会资本的美学运作，具有了阐释与变形的如巫师般的神力。因此，艺术自身的规定性既不存在于它的特殊性之中，也不诉诸审美主体所谓的审美态度，而是必须从制度本身寻找艺术品与日常生活物品之间的区分和差异的原理。①

在布迪厄的理论视域中，这种制度性关系的承载者主要是习性②，一种已经完形的或正处于建构之中的某种结构，它并且与身体、信仰、感知、实践等紧密相关，或者可以说，习性是个体的身体性经验与感知与社会实践相互渗透而形成的一种现实性存在。布迪厄经常性使用的关于习性的定义是：

> 可持续的、可转换的倾向系统，倾向于使被结构的结构（structured structures）发挥具有结构能力的结构（structuring structures）的功能，也就是说，发挥产生与组织实践与表述的原理的作用，这些实践与表述在客观上能够与其结果相适应，但同时又不以有意识的目标谋划为前提，也不以掌握达到这些目标所必需操作手段为前提。③

布迪厄借鉴结构主义的方法，同时又将习性视为一个开放性的概念，它首先是一种"被结构/建构"的存在，并且又以此种被建构的存在发挥"能建构"的功能，这是一种对于习性的关系性和动态性的理解与阐释。在此基础上，布迪厄做过如下描述：

---

① See Pierre Bourdieu, "The Historical Genesis of a Pure Aesthetic", *The Journal of Aesthetics and Art Criticism*, Vol. 46, 1987, p. 201.

② 布迪厄特别强调习性（habitus），不同于习惯（habit），它是深刻地存在于性情倾向系统中的，从实践操持的意义上生成性的创造性的能力。参见［法］皮埃尔·布尔迪厄、［美］华康德：《实践与反思——反思社会学导引》，李猛、李康译，中央编译出版社1998年版，第165页。

③ 转引自［美］戴维·斯沃茨：《文化与权力：布尔迪厄的社会学》，陶东风译，上海译文出版社2006年版，第116—117页。

习性能使行为人生活于制度之中，在实践中占有制度，从而使制度保持活力、生机和效力，不断地使它们摆脱无效和衰竭状态，通过方法是使得被弃于其中的意义复活，方法是对制度加以修正和改变，因为修正和改变是重新活化之补偿和条件。习性更是制度借以得到充分实现的东西：身体化能发挥身体的本领，认真对待以言行事的社会魔法，其功效能使国王、银行家和教士成为人格化的世袭君主政体、金融资本主义或教会。①

与此相应的，布迪厄同时意识到，习性是一种间性关系的存在，它既来自社会制度，又寄居在身体之中。亦即，它既是一种制度建构的存在，同时其存在又具有身体性与情感性。他并且指出，习性与场域之间具有两种内在关联方式：一方面，场域形塑着习性，习性是场域的身体性产物，另一方面，习性有助于将场域建构为一个充满感觉与意义的感知世界。② 正是在制度与身体双向建构与某种制衡中，审美制度显现其流动的差异性与复杂性，叠合着审美与政治和权力的纷争与博弈，这是我们在打破纯美学纯粹凝视的浪漫与暴力所应当重新看到的。

习性沉浸于场域之中，而场域作为一种争夺或游戏的空间又倚赖于资本的积累。正是对于资本诸形式及其内在关系的考察，使得布迪厄在将场域、习性与资本三者关系进行叠合中，以其关系性的实践极大地调节和拓展了马克思的经济基础与上层建筑之间的中间

① ［法］皮埃尔·布尔迪厄：《实践感》，蒋梓骅译，译林出版社 2012 年版，第 81 页。
② 参见［法］皮埃尔·布尔迪厄、［美］华康德：《实践与反思——反思社会学导引》，李猛、李康译，中央编译出版社 1998 年版，第 171—172 页。

地带。不仅如此，对于美学的重构而言，布迪厄在《艺术的法则：文学场的生成和结构》和《区分：判断力的社会批判》等文本中对于文学场的生成与结构的分析与阐释，以及通过社会统计调查和时尚采样等方法的运用，揭橥了趣味、品味、"眼光"等都不是自然、纯粹的存在，而是习性、资本和场域三者相互作用的产物，审美配置也正是此种历史关系的产物。正是在对人们习焉不察的审美常识的中断与质询中，布迪厄将社会平等与审美平等这一问题凸显出来，这无疑是审美制度批判的较好注脚。

> 只有当社会学面对类似趣味这样的对象时，才出现了少有的它与社会精神分析如此相似的状况，趣味是某些斗争的最重要赌注之一，统治阶级的场和文化生产场是这些斗争的地点。①

> 趣味是这些象征斗争的根源，这些象征斗争每时每刻都使统治阶级的各阶层互相对立，而且如果这些斗争不依靠将每个行动者与其生活风格相联系的这种原始赞同和基本信仰，就不会这么彻底、这么全面：唯物主义将偏好还原为偏好产生的经济和社会条件以及表面上最无关利害的实践完成的社会功能。这种还原不应该使我们忘记，在文化方面，投入并不仅仅是经济的，还是心理的。关于艺术或生活艺术的冲突的真正赌注是在统治阶级内部这个或那个更特定的场内部推行占统治地位的统治原则。②

① ［法］皮埃尔·布尔迪厄：《区分：判断力的社会批判》，刘晖译，商务印书馆2015年版，第15页。

② ［法］皮埃尔·布尔迪厄：《区分：判断力的社会批判》，刘晖译，商务印书馆2015年版，第489页。

美国社会学家戴维·斯沃茨（David Swartz）以文化和权力的关系为轴，在对布迪厄社会学的贡献的考察与评价中指出，布迪厄对于文化如何掩盖社会权力，如何以其微妙的方式提供社会区分的工具，形构并再生产这种社会秩序从而实践其统治的研究，是他对于当代文化社会学最重要的贡献。斯沃茨并且进一步指出："处于布尔迪厄社会学研究核心的是这样的问题：为什么各种形式的社会不平等没有遭到强有力的抵制而继续存在着？"① 而美国学者托尼·弗洛里斯（Toni Flores）提出了审美人类学研究的一个难题，即，"弱势群体为何以及如何接受，并且再生产出强势者的意识形态，因而从内部强化了压迫？尤其是，审美快感与创造性如何被融入这样的体制之中？"② 这其实是一个非常尖锐的问题，它向审美权力何以能够畅行无阻发出了最强烈的叩问。无疑地，布迪厄对于文化与权力关系的考察与解析，尤其是对于趣味如何并非一种自然性的存在，而是作为制度化审美配置、社会区分、统治逻辑等的产物和再生产者这一隐秘事实的揭橥，成为对于这个难题的当代回应。

对于这个问题的追问仍在继续，贝克尔提出的艺术界理论，则展现出了与布迪厄的某种联系与疏离。他在与阿兰·佩森（Alain Pessin）关于"界"与"场"的对话中指出，场是一种被各种各样权力与力量建构和包裹的特殊空间，但它更多地被作为一种关于被划界和规制的存在而加以讨论，因此场在很大程度上受制于一种

---

① ［美］戴维·斯沃茨：《文化与权力：布尔迪厄的社会学》，陶东风译，上海译文出版社 2006 年版，第 320 页。
② Toni Flores, "The Anthropology of Aesthetics", *Dialectical Anthropology*, vol. 10, July 1985, p. 33.

被筛选和缝合的总体结构。这种受制于总体性规制的场在贝克尔看来，是不可能对艺术的行为与活动以及审美和艺术的嬗变做出合宜的解释。贝克尔指出，相较而言，"界"不是一个密闭的单位，而是一个更具有经验性的基础。因为，"界""所讨论的不是'力量'、'轨迹'、习性'（如果你是从物理学给予这些术语的专业意义上来理解它们的话，这在社会生活中是不能观察到的），而是我们可以观察到的事情——人们在做事情"。① 贝克尔指出，艺术社会学是一个尚待开垦的领域，其鲜活的生长空间在于，就在人与人、人与艺术的制度性关系网络中重新理解和阐释艺术的产生与演变。

　　艺术不是一个特别有天赋的个体的作品。与之相反，艺术是一种集体活动的产物，是很多人一起行动的产物。这些人拥有不同的技能和才华，来自不同的背景，属于不同的职业群体。尽管他们的训练和背景有所不同，但他们却找到了一种合作方式，制作了他们那种艺术典型的最终成品：一幅画、一场音乐或一出戏剧表演，一幅摄影作品或一部电影，一部文学作品，或者艺术家制作的任何其他物品或事件。为了制作这些艺术品中的任何一种，必须得让很多人合作起来。②

在贝克尔看来，正是这种合作网络和活动才是研究艺术的大有可为之路。贝克尔特别重视艺术形构的过程与变化，艺术绝非一种自主性的存在，它受到形形色色的组织和群体或亚群体活动及惯例的影响，其美学价值也只能在这种动态建构所形成的共识中获得确

① ［美］霍华德·S. 贝克尔：《艺术界》，卢文超译，译林出版社 2014 年版，第344 页。
② ［美］霍华德·S. 贝克尔：《艺术界》，卢文超译，译林出版社 2014 年版，"中文版前言"第 1 页。

立与再评价。在美学评价方面，贝克尔一方面理解丹托和迪基等人的体制理论所揭示的，制度性框架和"授予"话语权对于某物何以能够成为艺术品的至关重要性，但同时又不同意这种体制理论的封闭性及其蕴藉的两分法。

> 体制理论并不能产生美学家想去做出的非此即彼的判断：作品是否是艺术。因为在关于谁可以决定艺术是什么的问题上，共识程度随着情况变化而变化，一种现实主义的观点承认艺术性——一个物品是否是艺术——是一种持续的变量，而不是一种非此即彼的两分法。①

尽管贝克尔承认体制和规范对于区分和分类秩序形构的重要性，诸如他在关于越轨的社会学研究中所指出的，越轨看似是个体性的行为，但究其根本它是被社会创造出来的，"社会群体通过制定规范使那些不符合此规范的行为成为'越轨'，并通过对规范的实施和执行将'违规者'标签为局外人"。② 在其社会标签理论中，局外人是一种被既定的制度和规范所区分和拒绝的人，而越轨者及其所谓越轨行为也都是由于偏离了制度性轨道而被命名和标签的，但也正是在对这种标签社会学的考察中，贝克尔首先将这种体制作为了质询的对象，并且从更具建设性的意义上对于被常识性理解的"共识"进行了重新阐释。在贝克尔看来，尽管共识是一种相对稳定地建构于一定意识形态基础之上的群体观念，但它同时也是持续变化的，这从观念层面上打破了对于制度的静态化理解。贝

---

① ［美］霍华德·S. 贝克尔：《艺术界》，卢文超译，译林出版社 2014 年版，第 139 页。

② ［美］霍华德·S. 贝克尔：《局外人：越轨的社会学研究》，南京大学出版社 2011 年版，第 8 页。

克尔进而强调，艺术界由群体/亚群体构成，它同时也是可以重新组织的，在这种重新组织和分配中，共识以及基于共识而形成的美学评价、包含/排斥逻辑和分类原则等都会发生变化，原初不被认可为艺术的物品也完全有可能被授予成为艺术品，并获得新的观众。于此，艺术界的更新与重构，正是审美制度的一种活态显现，同时也是审美革命持续实践的明证。对于艺术界形构的考察，将是艺术社会学给当代美学研究注入新鲜活力的重要进路，因为它提供了我们重新看待事物的眼光和方式。

　　贝克尔坦言，这样的观点主要得益于美国社会学家、符号互动论的主要倡导者赫伯特·布鲁默（Herbert Blumer）关于"社会学研究的是人们如何一起做事"的观念的影响。他十分重视细读和个人经验在研究中的重要性，特别关注艺术活动的进程，也尤其重视艺术界在打破界限从而形成创新的可能性与具体机制。这与托尼·本尼特对于布迪厄所坚持的习性的"统一性"的批评在精神旨趣上是相通的。① 在群体性协作的活动网络中探讨审美和艺术的叠合性建构与流动性，这在很大程度上打开了审美制度问题研究的

① 本尼特肯定布迪厄的著作开启了围绕文化资本、教育系统、阶级形成和分化等问题展开的诸多问题，对于布迪厄所强调的经济、社会地位确实可以影响阶级（层）成员的审美品味以及对于文化资本的获得能力，从而影响不同阶级（层）成员作用于社会的方式，也是不予否认的，但本尼特对于将阶级（层）之间的区隔绝对化以及视工人阶级的政治能力具有天生的"贫弱性"的简单法则却深表质疑。他甚至认为，就连布迪厄本人最后也不得不承认，习性并非一种恒定不变的统一体，而是一种个性化的、流动性的变体。参见［英］托尼·本尼特：《分裂的惯习：皮埃尔·布尔迪厄著作中的美学与政治》，付德根、王琨涵译，《马克思主义美学研究》第12卷第2期，中央编译出版社2009年版；郑从容：《一种"自下而上"的位移——论本尼特实现左派知识分子文化目标的现实途径》，《马克思主义美学研究》第12卷第2期，中央编译出版社2009年版。

经验性维度，同时也为在一种更具开放性的情境中发掘与阐释审美制度批判的可能性提供了灵动的空间，包裹于场域与习性之中的博弈性力量也得到了某种释放。

在关于艺术制度和审美制度的讨论中，被建构的审美和艺术往往是我们面对的直接文化事实，比格尔也同样肯定，是艺术体制①本身而非艺术和美的先验概念才能显现艺术的复杂性和本质，他从马尔库塞关于资产阶级社会中文化功能的定义模式中获得重要的理论启示：

> 艺术作品不再被看作单个的实体，而要在常常决定了作品功能的体制性框架和状况之中来考察。当人们说某单个作品的功能时，他常常是在比喻的意义上说的；因为如果这样的话，人们所观察或推断的主要不是它的特殊性质，而是在一个特定社会或社会的某些阶级或阶层中规范它与同类作品交流的方式。我选择"艺术体制"这个术语来表示这种提供框架的条件。②

> "艺术体制"的概念既指生产性和分配性的机制，也指流行于一定时期、决定着作品接受的关于艺术的思想。③

在比格尔看来，人们关于艺术的评价、接受与区分，艺术的意识形态化是发生于一定的体制之中的，因此了解艺术的体制结构是

---

① 比格尔所谓的艺术体制是一种典型的欧洲的和资产阶级的现象，主要指从 18 世纪至 20 世纪形成的艺术的构成原则，艺术自治/自律性居于该原则的核心。参见〔德〕彼得·比格尔：《先锋派理论》，高建平译，商务印书馆 2002 年版，"英译本序言"第 45 页。

② 〔德〕彼得·比格尔：《先锋派理论》，高建平译，商务印书馆 2002 年版，第 76 页。

③ 〔德〕彼得·比格尔：《先锋派理论》，高建平译，商务印书馆 2002 年版，第 88 页。

理解艺术复杂性和特殊性的必由之路。比格尔并且认为，这种体制具有隐秘性和遮蔽性，先锋派对于这种生产和分配机制及其所决定和影响的艺术观念是持反对态度的。尤其是，19世纪唯美主义思潮影响下的艺术作品自律性的标举，使艺术与实践严重相脱离，这是先锋派批判和抗议的主要方面。比格尔一方面肯定艺术自律性的意义，但同时更为强调艺术的介入性以及与现实生活相结合，从而形成一种新的实践，"（先锋主义者）赞同唯美主义者对世界及其手段—目的理性的反对态度。与唯美主义者的不同之处在于，他们试图在艺术的基础上组织一种新的生活实践。"① 这种实践力图将唯美主义的反抗姿态转变为一种现实的生活关系，也正是对于姿态的短暂性与实践持续性的区别，使得比格尔对于审美制度批判的困难有了足够的意识与自觉。

　　具体而言，制度往往是一种被缝合好的存在，因此，它需要重新被打开和审视。比格尔在承认艺术被制度化和意识形态化的事实之基础上，特别重视从艺术自身的特殊性和必须干预现实生活的观点出发，力图揭示各种制度性因素和机构及其运作机制对于现实生活关系的遮蔽以及对艺术的挪用的动机和秘密所在，并高度重视先锋派对艺术制度批判②的价值和意义。然而，他同时也为先锋派

① ［德］彼得·比格尔：《先锋派理论》，高建平译，商务印书馆2002年版，第121页。

② 彼得·比格尔提出了艺术制度批判的重要性及其困境问题，布达佩斯学派则提出了另一种艺术制度批判模式，以阿格勒丝·赫勒（Agnes Heller）为代表，她主要通过区分人类世界的三个领域，指出作为自为对象化的艺术与审美领域不具备制度化的可能性条件，艺术制度论也因此丧失合法化的学理基础（参见傅其林：《论布达佩斯学派对艺术制度理论的批判》，载《中南大学学报》（社会科学版）2005年第3期，第324—325页）。与彼得·比格尔侧重于就艺术在其被制度化中沉沦甚至成为主流意识形态的共谋者提出艺术制度批判相

的反制度化运动的重新被制度化命运保持一种警觉。

　　既然历史上的先锋派对作为体制的艺术的抗议本身已经被接受为艺术,新先锋派的抗议姿态就不再显得真实。①

　　震惊的美学有着一种它与生俱来的困难,即它不可能使这种效果永久化。没有什么比震惊效果的消失更快的了;这种效果从本性上讲,是一种独特的经验。作为重复的结果,它从根本上改变了:有一种预期的震惊。公众对达达主义者出现的猛烈反对,是一个例子:报纸的报道为公众对震惊的反应做了准备;也就是说,报道期待着震惊。这种近乎体制化的震惊至少在接受者的生活实践中起着反作用。这种震惊被"消费了"。所剩下的只有高深莫测的形式的性质,它们抵制从中挤出意义的努力。②

姿态及其所被期待的震惊效果,一度是引发人们从新的视角对于既定的艺术制度和社会秩序固化结构及其蕴藉的裂隙,进行重新感知与觉察的潜源性介质和力量,但当这种姿态被反复运作,当"震惊"已被预期,这种介质和力量就已经在"被消费"乃至被消化了,甚至成为其原初所反抗和批判的对象本身。尽管如此,比格尔仍然对于先锋派运动的意义高度肯定和期待,"尽管先锋运动的

比较,布达佩斯学派从学理方面首先对艺术被建构和制度化的可能性提出了质疑和否定,并对艺术制度化现象持强烈拒斥态度。该学派强调在为艺术与制度之间划界的基础上探讨艺术的独特性和超越性,对于艺术制度论中的调和主义确实起到了重要的反拨作用。但,它倾向于将艺术和审美视为某种纯粹非功利性的存在,其精英主义立场使其无法更深刻地理解和阐释美的复杂性、特殊性、矛盾性等特征以及艺术作为意识形态形式的特殊性问题。

① [德]彼得·比格尔:《先锋派理论》,高建平译,商务印书馆2002年版,第124页。

② [德]彼得·比格尔:《先锋派理论》,高建平译,商务印书馆2002年版,第159页。

政治意图（通过艺术重新组织生活实践）从来就没有实现过，它们在艺术领域的影响是怎么估计也不过分的。在这里，先锋派确实具有一种革命的效果，尤其是由于它摧毁了传统的有机艺术作品的概念，而代之以另一个我们现在必须寻求理解的概念。"① 这种革命的效果主要在于，先锋派仍然给人们带来了一种新的感受和接受艺术的方式，并且正是在艺术自律与他律的辩证法中持续地探索艺术介入的可能性和力量。只是对于艺术制度的批判不再是以绝对他者的取代为其结果，而是要求一种更为"耐心的、辩证的批判"②。这表明，审美革命从来就是一个漫长的历程，它不能在震惊中驻足，也无法满足于以艺术作品的更迭为其战果。它首先是一种观念性的变革，并且依托一定的"物质基础"产生系列性的实践活动，最终成为类似于德国哲学家沃尔夫冈·韦尔施（Wolfgang Welsch）所言的，新的具有再生性的"物质基础"。

　　同样地，朗西埃对于审美制度批判的持久性和辩证性也有足够的觉察，"由异质性元素的震撼所产生的争论，一旦它们变成了合法化的作品、装置和展览，也沦为了日常秩序"。③ 朗西埃对于既定制度和艺术庸常性的批判，主要基于其致力于将审美经验从艺术作品的困围中释放出来的美学逻辑。概言之，在关于艺术制度/审美制度如何可能及其效果的"展览"和批判理论中，朗西埃的"艺术的审美体制"论显得有些特殊，它不仅仅谈论审美和艺术如何被建构，而且

---

① ［德］彼得·比格尔：《先锋派理论》，高建平译，商务印书馆 2002 年版，第 131 页。
② 参见［德］彼得·比格尔：《先锋派理论》，高建平译，商务印书馆 2002 年版，第 182 页。
③ ［法］雅克·朗西埃：《美学中的不满》，蓝江、李三达译，南京大学出版社 2019 年版，第 57 页。

探讨如何通过"可感性的分配"和"歧感"建构审美制度，从而将美学与政治联结起来，这也正是朗西埃美学思想中惹人注目的地方。朗西埃对于审美制度/审美体制作了如下基本规定和阐释。

> 一座缺损的雕像，如何成为一件完美的作品；一幅贫民孩子的画像，如何达成一种理想的呈现；一群杂耍艺人的翻腾，如何飞入诗意的天空；一件家具，如何被尊为一座神庙；一道台阶，如何被塑为一个人物；一件补丁累累的工装，如何像是王子的羽衣；一张轻纱的旋回，如何暗示宇宙的源起；一段加速的蒙太奇，如何表达共产主义的可感现实。这种种转型，并非来自一些个人的凭空幻想，它们的逻辑，从属于一个认知、情感、思考的体制，这个体制，我便称其作"艺术的审美体制"（régime esthétique de l'art）。①

这里所言及的"转型"既是授予机制所产生的"变形"，诸如残损的抑或日常俗物能够通过激活新感性的审美体制获得新生的身体和感性的礼赞，同时也是由于可感性的分配而形成的特殊美学效果。这种在审美体制下形成的变形，正是艺术与生活的联通和创新，也是对于艺术边界的松动性与新生性的较好注解。因为在朗西埃看来，这种转型将抹去艺术与日常生活之间，艺术之间的边界，并通过这种转型形成新的审美范式及其所滋养的新感性和新的共同体，从而因这种审美革命而带来新的社会革命。于此，朗西埃所言的审美体制，恰是对于之前所谈及的侧重于探讨美和艺术如何被建构和命名的审美制度本身的重新审视与重构，亦即一种新的识别艺术的体制，或为审美制度批判的过程及其结果。

---

① ［法］雅克·朗西埃：《美感论：艺术审美体制的世纪场景》，赵子龙译，商务印书馆2016年版，第4页。

恰如朗西埃在力图恢复美学作为一门感性学的基础上所进而指出的，"美学不是关于艺术或者美的哲学或科学。'美学'是可感性经验的重构。"① 这种重构本身蕴藉着革命的动力与可能性，亦即"当统治的自然秩序被无分者之分的出现而打断时，政治便存在了"。② 在此，革命如何可能发生？这与我们如何重新理解政治息息相关。朗西埃在《歧义：政治与哲学》与《政治的边缘》等书中重点论及了政治③的内涵和主题④。

> 政治并非权力之行使。就其本身而言，政治应当被界定为行动的一个具体模式，这一模式被具体主体所制定，同时具有它特有的理性。只有政治关系才能使对这一政治主体的构想成为可能，舍此无他。⑤

> 政治是对那种统治逻辑的一种明确的断裂。政治的前提不仅是与在行使权力和服从权力两类人之间进行"规范的"位置分裂相断裂。它还需要与这样一种观念决裂：存在一些支配

---

① ［法］雅克·朗西埃：《美学异托邦》，蒋洪生译，见汪民安、郭晓彦主编：《生产》第 8 辑，江苏人民出版社 2013 年版，第 196 页。
② ［法］雅克·朗西埃：《歧义：政治与哲学》，刘纪蕙等译，西北大学出版社 2015 年版，第 25 页。
③ 在朗西埃的理论视域里，政治有阴性政治（la politique）和阳性政治（le politique）之分，对于朗西埃而言，阴性政治才是他所说的与歧感的显现和审美革命的发生相关的真正的政治，亦即一种从无分者出发的政治；而阳性的政治则是大写的，可以清晰表达的，可视可听的政治。前者宜译为政治，后者宜译为政制，以作区分。参见［法］雅克·朗西埃：《美学中的不满》，蓝江、李三达译，南京大学出版社 2019 年版，第 24 页注释。
④ 收录于《生产》第 8 辑的《关于政治的十个论点》的译文是在借鉴《歧义：政治与哲学》和《政治的边缘》中相关篇章的基础上进行的再译版，本文在部分引用时选择此译法。
⑤ ［法］雅克·朗西埃：《关于政治的十个论点》，苏仲乐译，见汪民安、郭晓彦主编：《生产》第 8 辑，江苏人民出版社 2013 年版，第 171 页。

权，它们"专属"于这些位置。①

政治的本质乃是歧见②。歧见并非利益或意见之间的冲
突。它是对可感事物本身内部存在的裂隙的展现（manifesta-
tion）。政治的这种展现使没有理由被看见的东西变得可见；
它将一个世界放置到另一个世界当中。③

在朗西埃的思想空间中，美学和政治是叠合在一起的：对于源
自专属位置的统治逻辑的质询，并凭借展现"裂隙"的歧感，使
原来不可见的、不能听见的变得可以被重新看见和听见。这种美学
不是对于审美特性的凝神观照，而是对于共识及其所建构的感性结
构的撬动、搅拌甚至终结，从而重新配置感性。概言之，在朗西埃
看来，美学是一种新的辨识和思考艺术的体制，同时也是一场持续
进行的审美革命——"作为艺术的识别体制，美学在自身身上是
如何承载一种政治或者元政治的"。④ 于此，美学所要通达的正是
审美平等与政治平等。

"无分者"是一种处于特定社会框架和秩序之中的"被剥夺
者"，因此，无分者对于所谓统治的"自然秩序"的"打断"，本
身就是一种对所谓不证自明的统治"自然秩序"的质询与反抗。
不仅如此，在朗西埃看来，源于体制和现实区分所带来的不平等问

---

① ［法］雅克·朗西埃：《关于政治的十个论点》，苏仲乐译，见汪民安、郭晓彦
主编：《生产》第 8 辑，江苏人民出版社 2013 年版，第 174 页。
② 在朗西埃的美学讨论中，"dissensus"这个词的中文译介有诸种形式，诸如歧
感/歧感、歧见/异见等，在谈论政治时，一般可译为歧见/异见，但多可译为
歧感，强调其在不同的感知空间形构的不同的感知经验及其碰撞和美学效果。
③ ［法］雅克·朗西埃：《关于政治的十个论点》，苏仲乐译，见汪民安、郭晓彦
主编：《生产》第 8 辑，江苏人民出版社 2013 年版，第 179 页。
④ ［法］雅克·朗西埃：《美学中的不满》，蓝江、李三达译，南京大学出版社
2019 年版，第 16 页。

题，从根本上说也是关于感知的问题。感性的分享同时也是感性的区分，而"解放"这个永恒的话题也远不止于诉诸国家机器的革命行动，它更根本的在于对此种区分的警惕与反观，使感知的重新分配能够持续性地变得可能，从而激活与实现政治的潜能。朗西埃对于五月风暴的反思，与自己老师阿尔都塞尴尬地决裂，为"来自下层历史"和"不可见的"书写与发声，对传统精英启蒙者权威的挑衅等，都是在对审美感知的重新塑造中提出了平等和解放的问题。同样地，朗西埃也对于布迪厄各安其位的区隔论和解放叙事提出了自己的质询，从而以一种打破封闭边界的方式将制度、感知、革命、政治等搅拌与再生产，这也正是审美制度问题研究的张力所在。

具体而言，朗西埃是在共通的维度上讨论和阐释"审美革命""政治"和"美学"的，这也正是其美学弥散当代性力量的重要原因。在他看来，审美革命先于现实生活的变革，它的内核是，以一种新的审美配方重新配置和塑造感性，从而生成新的审美经验和范式，唯如此，政治才会真实发生。相较而言，朗西埃所提供的审美革命或审美制度批判的原理与方案的新质性，主要体现在他对于审美革命基质和机制的重新理解上。

在审美革命基质或潜源性力量的探寻上，朗西埃一方面肯定"艺术自治"与"生活变革"之间的隐秘关系，但他同时更富于意味地强调指出，"自治性乃是经验的自治性，而非艺术作品的自治性。换言之，艺术作品只有当其不是一件艺术作品时才能进入这一感知机制当中。"[1] 阿多诺将艺术作品视为经验生活的余象，因为

---

[1] ［法］雅克·朗西埃：《审美革命及其后果》，赵文、郑冬梅译，见汪民安、郭晓彦主编：《生产》第 8 辑，江苏人民出版社 2013 年版，第 215 页。

这种余象提供了一种不同于外在世界的特殊存在，在他看来，这种余象主要依凭艺术的自治性/自律性而形构。阿多诺同样陷入这种艺术自主性的两难困境，"如果艺术抛弃自律性，它就会屈就于既定的秩序；但如果艺术想要固守在其自律性的范围之内，它同样会被同化过去，在其被指定的位置上无所事事，无所作为。"① 艺术作品的自治/自律性并非能够撬动社会结构与秩序的最终力量，它更多的仍然是社会建构的某种结果，甚至由这种艺术自治性所蕴藉的余象最终也可能成为松散的幻象。朗西埃将"经验的自治性"与"艺术作品的自治性"相区分，这在很大程度上可以解答阿多诺所面临的两难困境：经验的自治性并非固化的存在，而是始终流动的、形构的、在运动中展开的关系性存在，它才是一种新的能建构的结构性存在。关于为何这种经验的自治性是能动性的，朗西埃又特别强调，因为它与人的新的异质多元的感知经验和感知机制息息相关，亦即，经验的自治性是为了让新生的审美经验如其所是地显现，而不是保守于固化的自治性，甚而是对于这种自治性的取消，这实质上也是审美革命重要的组成部分。

在关于审美革命何以可能发生这个问题上，朗西埃对于感知经验的潜源性存在力量抱有宏大的愿景，即使这种感知经验是基于某种"审美幻象"，它也可能带来新的感性分配。诸如，朗西埃从1848 年法国革命期间的一份工人报纸上，挑选了一篇关于一位为豪宅铺地板的木匠描述自己作为零工的日常工作的文章，其中描述了这位工人在铺地板的过程中，会想象这个宅子是自己的家，他也因此会比周遭房产的拥有者更加享受到透过窗户所能眺望的如画美

---

① ［德］阿多诺：《美学理论》，王柯平译，四川人民出版社 1998 年版，第406 页。

景和自由想象所带来的审美快感。朗西埃指出，这个文本所描述的，其实是布迪厄所谴责的美学幻觉，或是美学批评中所指认的某种被掩盖的和具有欺骗性的审美幻象，但在他看来，这种谴责和批评其实并不真正具有"能产性"，这种所谓被批判的审美幻象实质蕴藉着审美革命的可能。① 其可能性主要在于，这种感知经验是一种能够跳出既定社会秩序和框架的新的感知经验，是一种具有超然性的新的观看方式，从而是一种居于美学经验核心的东西。朗西埃称之为"异托邦"（heterotopia），并指出他对于这一术语的用法与福柯不同，"'异托邦'意味着想象'异'（'heteron'）或者'他者'（'other'）的一种特定方式，这是作为位置、身份、能力分配之重构效果的他者"。②

　　"异"或者"他者"是一种逸出原初感知空间和经验之外的特殊存在，对于"异"或者"他者"的想象或经验，则会在原初可感知的秩序中制造裂隙，撬动既定的感知结构，从而带来感知与感知之间的冲突。但同时，朗西埃指出，这种"异"或"他者"与用于界定他律性的绝对他者是有所区分的③，它更多地指向感性的重新分配与流动，打破再现体制④在区分与等级逻辑之下营造的

① 参见［法］雅克·朗西埃：《美学异托邦》，蒋洪生译，见汪民安、郭晓彦主编：《生产》第 8 辑，江苏人民出版社 2013 年版，第 204、213 页。

② ［法］雅克·朗西埃：《美学异托邦》，蒋洪生译，见汪民安、郭晓彦主编：《生产》第 8 辑，江苏人民出版社 2013 年版，第 206 页。

③ 参见［法］雅克·朗西埃：《美学异托邦》，蒋洪生译，见汪民安、郭晓彦主编：《生产》第 8 辑，江苏人民出版社 2013 年版，第 207 页。

④ 朗西埃区分了艺术的三种认同体制：影像的伦理体制、艺术的诗学/再现体制和艺术的美学体制，其中，美学体制是一种新的辨识体制，它恰是在对于前两种体制所蕴藉的等级性、自为权威性等批判的基础上所形成的更具民主性与平等性思想的艺术体制，正是这种体制使得"何者可见，何者不可见；何者是艺术，何者不是艺术"的分类逻辑被重新质询，并有可能带来新的美学图景。

"感知与感知的和谐一致"，制造一种混乱与无序又归于平衡态的熵。相应地，朗西埃对于歧感的理解也是以一种语境性、关系性和运动性的方式进行。歧感并非单质的，稳固的，而是恰在无序、对抗、转换、移动中形成系统的结构，形构一种不断再生成的平衡，政治的本质在于展现歧感，同时，这个过程也正是审美革命和政治的发生。

在审美革命的机制方面，朗西埃并不寻求对于原有秩序的剧烈性的摧毁，而是致力于"增补"（supplement）以改变原有的感性分配方式。他在"政治的十个主题"中通过区别政治与管制，描述了这种增补的革命性意义。

> 管制的本质在于对可感事物——虚空和补充的增补乃是此可感事物之原则——的划分。管制下的社会是由一些群体组成的，这些群体各自同一定的活动模式、从事一定职业的一定地点、以及与这些职业和地点相应的存在方式相联系。在职能、地点和存在方式的这种匹配中，是没有给任何虚空留有余地的。正是对"无"的这种排除构成了国家主义实践的管制原则。政治的本质就在于通过补充无成分的成分——等同于共同体之全部的无成分的成分——来扰乱这种安排。[1]

"增补"是对于原有体制中隐藏的裂隙的展现，是对于被驱逐的"无"的增补，从而扰乱和干预那些安排好的由可见、可说的事物构成的结构与秩序。这种增补亦即政治的发生，"政治就在于对界定共同体之公共事务的可感物进行重新布局和分配，引入新的主体和客体，让未被看到的东西变得可见，让那些被视为说废话的

---

[1] ［法］雅克·朗西埃：《关于政治的十个论点》，苏仲乐译，见汪民安、郭晓彦主编：《生产》第 8 辑，江苏人民出版社 2013 年版，第 178 页。

动物的那些人作为言说者被人们所听到"。① 这些重新变得可见和可听的事物将持续不断地带来可感性的分配，从而使僵化的体制变得富于活力和新生性，审美制度批判的意义也正在于此。

综合以上艺术制度论以及两种艺术制度批判模式来看，"艺术制度"与"艺术制度问题研究"是两个需要严格区分的概念和事实。前者展现艺术如何被建构，后者则是对这种建构关系的反思和批判，两者共同探讨了艺术如何在被建构与能建构的关系中生成的问题，缺少其中任何一个环节，对艺术的理解都将是不完备的。审美制度问题研究也正是在此意义上提出了研究思路的两个层面："美"如何作为一种被建构的存在？（审美制度问题如何显现？）以及"美"如何作为一种能建构的存在？（审美制度批判如何可能？）

二、文学的制度化问题近年在国内外学界逐步得到了关注和重视。比格尔指出，文学制度在作为总体性的社会体系中服务于特定的目标，它通过审美的符号建构特定的边界发挥其反对其他文学实践的功能。它宣称一种无限的有效性，正是这种制度决定着在特定时期什么才被视为文学。而这种规范正是制度的核心内涵，它在生产者和接受者的行为模式方面都产生了重要的影响。② 国内关于文学制度问题的研究，主要将文学制度视为文学生产、流通和消费过程中形成的社会机制和文学空间，是文学在其不断发展过程中形成的一套制度形式，是政治、经济等外在因素对文学的渗透及文学自身的发展以适应这些外在因素而发展的结果，对文学产生制约和引导作用。该研究强调，文学不再是纯粹的意识观念和语言形式，其

① ［法］雅克·朗西埃：《美学中的不满》，蓝江、李三达译，南京大学出版社2019年版，第25—26页。
② See Peter Bürger, *The Decline of Modernism*, Cambridge：Polity Press，1992，p. 6.

背后隐含着知识、结构、欲望与权力之间的多重矛盾与纠葛，并指出了文学与制度之间的矛盾性：一方面，文学制度为文学提供了生存空间和生产与接受的场所；而另一方面，文学制度又限制着文学的自由与个性，体现了文学自主性与文化社会化之间的张力，并由此引发了文学制度的当代转型问题。这对于深入探究审美制度诸问题具有重要的借鉴意义，但审美制度与文学制度之间在具体的生产机制、作用机制以及功能等方面都有着细微而重要的区分，这些都需要做纵深性的比较研究。另，无论是艺术制度还是文学制度研究，除了强调文学和艺术自身的特性之外，从观念到实践层面，它们都不可能逾越对审美现象的复杂性和特殊性问题的探讨。鉴于此，审美制度研究将"美"的历史性生产与再生产凝练为主题应运而生。

三、审美意识形态理论研究自苏联美学家阿·布罗夫（А. И. Буров）初步阐释意识形态的复杂性，并提出审美/艺术作为意识形态形式的特殊性问题[1]以来，对该问题的探讨就从未间断过。从马克思主义美学传统来看，其思考的出发点是：在异化的社会条件下，审美启蒙意识如何产生？对于该问题的解答，它的高明和深刻之处在于，就在人们习焉不察的日常生活中寻找审美启蒙的真正力量，从而实践其从对日常生活批判到重新占有日常生活的伟大变革。而这一切都来源于对马克思关于经济基础与上层建筑划分思想的深入发掘，在此表现为对审美意识形态的"物质基础"的追问。然而，由于特殊的政治、历史文化原因，在西方马克思主义美学研

---

① 阿·布罗夫指出，审美是意识形态的一种变体，艺术是与政治、宗教、哲学、道德等并列的一种审美意识形态。在马克思的思想里，只有具体的意识形态，没有绝对抽象的意识形态。艺术作为意识形态现象，其特殊实质就在于"审美方面"。参见［苏］阿·布罗夫：《美学：问题和争论》，凌继尧译，上海译文出版社 1987 年版，第 41—42 页。

究视域中，这个根本性的问题在总体上并没有得到充分的重视和研究。① 中国马克思主义美学则十分重视审美意识形态的现代作用问题，强调审美活动的最终目的是把握可以实现的未来，并且在将审美意识形态理论放在实践的层面加以探讨的基础上形成了新的理论模式。② 在国内，自 80 年代以来，"审美意识形态"在作为对文艺"政治工具论"的反拨之意义上被提出，随即围绕该理论范畴的合法性问题展开了激烈的争论。争论的焦点集中在对"意识形态"的理解以及审美和艺术与意识形态之间的关系问题上。意识形态本身的复杂性、含混性、庞杂性、诡异性，审美与意识形态之间若即若离的关系，以及论者主要从观念层面上对此加以讨论是争论长期处于僵持状态的重要原因之一。在此意义上，对审美意识形态的物质基础的探讨就有可能成为解决问题的突破口，而以"审美制度"为核心范畴的审美人类学研究将使这种探讨成为可能。

审美制度概念的提出和研究是在审美人类学这个新的生长点上对审美意识形态问题研究的进一步探索，是"审美人类学实现人类学与美学尤其是马克思主义美学深层整合的标志和重要成果"③。它以经典马克思主义美学、西方马克思主义美学、中国马克思主义美学以及当代社会审美经验为思想资源，并在美学与人类学的契合与边界之处提出问题。然而，"审美制度"的丰富性和矛盾性均来自对"制度"内涵的理解，因此，有必要首先对"制度"这一范畴做出一定的阐释。

---

① 亦有例外，例如阿尔都塞强调将讨论的重心从意识形态的观念层面转移到意识形态的"实践"方面，伊格尔顿的文化政治美学思想等都值得深入发掘和借鉴。

② 参见王杰：《当代中国语境中的审美意识形态理论》，《文艺研究》2006 年第 8 期，第 13—21 页。

③ 王杰：《审美幻象与审美人类学》，广西师范大学出版社 2002 年版，第 156 页。

第二节 审美制度的基本内涵

制度（institution）是一种基本的文化存在形态，它具有十分丰富的内涵和外延，而不仅仅局限于被条文规定的规章制度。20世纪中后期，新制度主义研究开始将其探讨的重心从规则转向了观念、资本与规制等制度的隐性存在样态。制度不仅包括正式规则、程序和规范，而且还包括为人的行为提供"意义框架"的象征系统、认知模式和道德模块。从制度的产生和作用机制看，制度主要分化为从人类经验中演化出来的非正式制度和被自上而下强加执行的正式制度。其中，非正式制度是指人们在长期的社会生活中逐渐形成的惯例习俗、伦理道德、文化传统、价值观念及意识形态等对人们行为产生的非正式约束和规范。这种界定打破了制度与文化概念之间的界限，倾向于将文化本身也界定为制度。①

制度的产生和演变是人类社会发展历程的某种缩影和社会表象的深层结构表征，从根本上而言，制度是保障和规范人们的各种行为方式和活动的基础和条件。英国社会人类学家马林诺夫斯基指出："如果我们要对自己的文明或任何其他文明中个体的存在做一描述，就得将个体的活动与组织化生活的社会配置，即与盛行于该文化中的制度系统联系起来。另外，依据具体现实对任何文化的最佳描述都在于列举和分析该文化的所有制度。"② 随着人类社会历

----

① 参见薛晓源、陈家刚主编：《全球化与新制度主义》，社会科学文献出版社2004年版，"前言"。

② ［英］B. 马林诺夫斯基：《科学的文化理论》，黄剑波译，中央民族大学出版社1999年版，第61页。

史发展的日益复杂化，尤其是 20 世纪后半期以来文化研究的日渐拓展和深入，制度的内涵和外延变得愈来愈难以界定，但我们仍然可以把握其基本的理论内涵。

一、制度首先是一种文化现象。文化哲学和人类学研究一般将文化区分为物质文化、制度文化和精神文化三个层面。其中，制度文化以物质文化为基础，是人们为反映和确定一定的社会关系并对这些关系进行整合和调控而建立的一整套规范体系，也因此成为精神文化的外显，而文化则是制度起源和发展的基础。关于"文化"，泰勒曾经给出了一个经典的定义："文化，或文明，就其广泛的民族学意义来说，是包含全部的知识、信仰、艺术、道德、法律、风俗以及作为社会成员的人所掌握和接受的任何其他的才能和习惯的复合体。"[1] 在此，制度作为一种特殊的文化形态，它涉及人类社会生活的方方面面，也因此区分于现代汉语中意识形态化了的一般社会制度和政治制度。

二、制度本身是一个历史范畴和关系范畴。马克思把制度、制度变迁纳入社会、历史、现实生活关系以及人的存在与发展的历程中加以考察，通过生产力和生产关系的相互作用，阐释人类社会发展的经济制度和社会制度的基本特征和发展趋势。于此，制度是一个在具体历史语境中具有中介作用和整合功能的关系范畴。正是制度使相关对象之间真正联系起来，并发生相互作用。简言之，社会关系中所蕴含的规范性的内容体现出来就生发、形构为特定的制度形态。

三、制度是一种动态的建构过程及其产物。英国著名的马克思主义批评家雷蒙·威廉斯在他的《关键词：文化与社会的词汇》

---

① ［英］爱德华·泰勒：《原始文化：神话、哲学、宗教、语言、艺术和习俗发展之研究》，连树声译，广西师范大学出版社 2005 年版，第 1 页。

中对制度的含义和演化历程做了一个大致的梳理：

> Institution 是一个表示行动或过程的名词。这个词在某一个阶段，变成一个普遍抽象的名词，用来描述某个明显的、客观的与有系统的事物。实际上，用现代的意涵来说，就是一种被制定、订立的事物……在早期的用法中，它有一个明显的意涵，指的是一种创造的行动——在某个特殊的时刻被制定、订立的某种事物——但是到了 16 世纪中叶，演变出一种普遍的意涵，指的是用某种方法确立的惯例（practices）……从 18 世纪中叶起，institution 与后来的 institute 开始被用在特别的机构组织的名称里，例如慈善机构、机构学会、英国皇家建筑师学会、国家学会等等……同时，在 19 世纪中叶，这个普遍意涵——指涉一种特别的或抽象的社会组织——在 institutional（制度化的）与 institutionalize（使制度化）的词义演变中得到确认。在 20 世纪，institution 已经成为一个普通的词，用来表示一个社会中任何有组织的机制。[①]

总体而言，制度即一种在长期的社会发展中被建构和规定的组织方式、实践、惯例、习俗和法律，[②] 它是从个人的习惯（个人行动的常规性）到群体的习俗（一种自发的社会秩序）、从习俗到惯例（一种非正式约束）、从惯例到正式制度（正式规则约束）这样一个内在于社会过程中的动态逻辑发展着的整体。[③] 在新制度主义

---

① ［英］雷蒙·威廉斯：《关键词：文化与社会的词汇》，刘建基译，生活·读书·新知三联书店 2005 年版，第 242—243 页。

② *The Oxford Compact English Dictionary*，New York：Oxford University Press，1996，p. 354.

③ 参见韦森：《经济学与哲学：制度分析的哲学基础》，上海人民出版社 2005 年版，第 195 页。

研究中，制度分为正式制度和非正式制度。其中，非正式制度一般是不成文的或无形的，是人们在长期的交往关系中无意识形成的，它是正式制度的延伸、阐释或修正。把意识形态作为制度的一种形态，是道格拉斯·诺斯（Douglass C. North）的发明，在此之后，很多学者把意识形态归于非正式制度，并且认为在非正式制度中，意识形态处于其核心地位。① 尽管正式制度具有很大的强制性，但它只是制约和影响社会观念和行为的规范性因素中的一小部分，而非正式制度作为直接从人们的日常生活经验中产生的文化形态，则有可能通过更为缜密的方式内化于人们具体的社会实践之中，甚至在某种程度上成为正式制度的预成模式。

四、在人类社会漫长的发展历程中，制度主要发挥着两种基本功能②：

1. 确定界限。确定界限是制度最为基本的功能，制度通过一系列的规则为人的活动划定了界限。"制"给予了边界，"度"又留下了空间。边界标志社会共同体认可的行为准则，在界线以内行为，得到社会认可、赞赏、鼓励，超越界限的行为，则受到社会排斥、舆论谴责和权威部门的裁治。制度于此成为行为的框架，它规范与协调着人在社会中的行为，规定着人的活动空间及其创新的可能性。

2. 形成秩序。人类社会秩序是有意识而为的，与社会等级的分类和体系化相关，在这一点上，人与动物相区分。

---

① 参见辛鸣：《制度论——关于制度哲学的理论建构》，人民出版社 2005 年版，第 108 页。

② 参见辛鸣：《制度论——关于制度哲学的理论建构》，人民出版社 2005 年版，第 115—119 页。

据此，在具体的社会历史语境中，"动态地建构和规范"以及在此过程中形成的特定秩序和模式，是"制度"的深层内涵，意识形态处于其核心地位。"审美制度"即对"什么是美?"以及"如何审美"的某种建构和规范，是将各种制度性因素和机构对审美和艺术活动的渗透和影响，以及审美作为一种特殊的制度如何在此生成的问题作为主题加以集中表述和提升而形成的范畴。简言之，审美制度是对审美和艺术与其他领域之间边界的划分原则、划分的机制及其合法性进行生产、维持和解释的制度性框架，而对这种边界的划分和话语解释权力的争夺，正是审美意识形态斗争的委婉形式。审美制度问题研究的中心议题指向"美如何作为一种被建构与能建构的存在?"该研究将重心由对"美"的先天规定和抽象玄思转向对审美与社会相关联方式的具体研究，无疑是理解审美现象的复杂性和特殊性问题的较好切入视角。

具体而言，"审美制度是文化体系中隐在的一套规则和禁忌，它包括了文化对成员的审美需要所体现的具体形式也即社会文化对审美对象的选择和限定;包括了成员的审美能力在不同文化中和文化的不同语境中所表现出的发展方向和实质，当然还包括了受不同的审美需要和审美能力限制所产生的特定文化的审美交流机制。此外，审美制度也体现在物质和环境的范畴上，包括了文化所给予的艺术创造的技术手段和历史形成的社会对艺术所持的接受态度和审美氛围"。① 可见，无论是关于"某物何以成为审美的对象?"还是"人们如何给予此对象以特定的审美判断"，审美制度都是一种隐在的规定性力量。

---

① 王杰:《审美幻象与审美人类学》，广西师范大学出版社 2002 年版，第 159 页。

首先，从制度的类型来看，审美制度属于非正式制度形态，即，它是指人们在长期的社会生活中逐渐形成的习惯习俗、伦理道德、文化传统、价值观念及意识形态等对人们的审美观念和审美活动产生的非正式建构和规范。特里·伊格尔顿指出，在《社会契约论》的经典片段中，卢梭论述了最有意义的法律，即一种不是铭刻在大理石碑或铜表上，而是铭刻在公民的内心里的以风尚、风俗，而尤其是舆论的方式不知不觉地用习惯的力量代替权威的力量，与主体的快乐幸福相统一的法律。他并且指出，在这种"不是权威的权威"与康德的向主体回归的"无法之法"两种话语中，一种普遍的法律完全存在于自由、个体的化身中，不管这些化身是政治主体还是审美的艺术品的各种因素。法律只是在自发的相互和谐中起作用的、自律的、自我控制的各种特性的集合体。① 而这种普遍的法律在审美领域则表现为审美制度的运行机制，其不同于一般社会制度的突出特点就在于它不是依靠理性推演，通过政治、法律等手段形成后相对固定下来的制度，而是随着社会的发展变化自然地形成，它进入日常生活经验领域，并且以习俗的方式内化为一种主体性的力量。

其次，审美制度以"接纳"和"排斥"逻辑为潜在的神圣化原则，"美"于此被历史地生产与再生产出来。这种神圣化原则表现在对审美和艺术与其他社会领域之间划界，并通过各种制度性因素和机构，授予这种边界以合法性地位的一系列物质和话语实践之中。在该原则的情感性话语支配下，审美制度决定着在特定时期什么才被看作为是"美"的，以及通过怎样的方式才能接近、认可甚至获取这种"美"，它也因此渗透于制约着审美活动生产者和接

---

① 参见［英］特里·伊格尔顿：《美学意识形态》（修订版），王杰、付德根、麦永雄译，中央编译出版社 2013 年版，第 8—9 页。

受者的观念和行为模式的社会分类框架之中。因为，它同时意味着什么是应当生产并被授予合法性的，哪些是应当排斥和压制的，从而俨然成为审美等级秩序的制造者和阐释者。于此，审美制度从其诞生伊始就潜在地包含两种互相矛盾的功能：一方面审美制度保证欲望在其划定的边界内部获得充分的表达和满足，因此，"认定规范永远会带来限制是一种错误的想法。事实上，这只是一种愚蠢的浪漫主义妄想"。① 另一方面，审美制度通过模糊和置换欲望表达的对象，将人的某些真实的需要更深地压制于无意识层面并日益将其逐出到边界的外围，从而使之成为一种不可表达的虚无的存在。正是这两种功能使审美制度成为一个极富争议性却具有内在张力和自我调适性的范畴。审美制度赖以建构的神圣化原则往往通过特定的主体，例如民众、利益集团、政府、精英及其特殊的作用机制获得其生产与再生产的现实基础。事实上，审美和艺术从来就不可能是一个绝对的纯粹自律性的领域，即使在现代社会体制中，美学在与宗教、科学、政治学、经济学、社会学、法律、医学等领域区分开来，表现为理论化、专门化的知识形态时，它也仍然是某种权力的隐秘表征。因为，"在看似单纯的艺术和审美活动的背后总是存在着社会权力的制约和多种话语的交锋，通过象征和隐喻的手段来表达着社会生活的变化和实质"。② 而审美制度和艺术生产方式等概念有助于揭示和研究审美和艺术背后的"power"。③ 布迪厄将

---

① 〔英〕泰瑞·伊格顿：《理论之后——文化理论的当下与未来》，李尚远译，台湾商周出版社 2005 年版，第 28 页。

② 王杰等：《审美人类学视野中的"南宁国际民歌节"》，载《民族艺术》2002年第 3 期。

③ 王杰：《略论民族艺术在当代文明冲突下的作用》，载《山东大学学报》（哲学社会科学版）2003 年第 6 期。

"场"描述为由各种位置关系构成的一个空间，它与其他领域的"场"之间又形成一定的相互关系，尤其是和"权力场"相对的位置和关系。审美制度作为生产和维持特定审美话语和审美活动的体制性力量，它在审美场域与其他场域之间，艺术与社会、艺术与权力、想象与规则等因素之间建立起联系，从而使美学不再是单纯的文本书写，而是通过对审美和艺术产生的历史背景，审美话语的生成、维持、流通和传播背后的制度运作机制等的深入考察真正进入美学的文化书写之中。

再次，审美制度的产生、发展和变化总是在一定的语境和审美关系中发生，从而体现出不同的审美价值和意义。审美和艺术的建构只能是历史性地生成，因此，审美制度为它们设定的边界并非坚不可摧，审美制度也因此不断遭到质疑和挑战，从而在不同的历史阶段中生产出新的美学思潮、模式和理论。与此相伴而生的是，"美"在历史、现实与意识形态的多重关系中显现出来。问题仅仅在于，我们如何把握这些多重关系，把握审美和艺术与其他意识形态之间的边界，从而深入探讨审美制度如何作为一种特殊的制度形态。

最后，审美制度是审美意识形态的"物质"显现，它与其他制度文化的最大区别在于，它是通过诉诸艺术形态及其蕴藉的情感/情感结构而发生作用的。并且，这种情感结构形成于并体现出特定的社会秩序及其区隔。中国传统社会所形成的至今仍在当下民间社会中以民间礼俗的方式得以承继的礼乐观念、形态及礼乐制度可谓此种审美制度的集中体现。诸如以中国先民将乐分为仪式用乐和非仪式用乐为例，项阳在其系列性的音乐人类学考察和研究的基础上指出，"说乐与礼相需，即是乐在礼的仪式诉求中为用。中国为礼乐文明、礼乐文化，从国家意义上将礼与乐有机结合，成为国家统治的有效手段，社会上各阶层级的人们通过仪式诉求及其用乐感知敬畏、庄严、肃穆、欢快、热烈、威武、豪迈、雄壮、哀恸、慰缅等多种仪式性情感，总体讲来以庄以谐，德与和为核心，人们参与其中体味亲、敬、顺、睦，使得心灵净化。没有怒戾、没有怨怼，亦无阴柔缠绵，这是礼制仪式用乐的意义，并与非仪式用乐——俗乐以为区隔"。① 从礼到礼俗，再到礼制、礼制仪式诉求、仪式用乐等，最后形成礼乐体系，在这一漫长的演化历程中，"礼乐相需"构成了富于中国经验的审美制度，它一方面为礼制所形塑，同时又以承载着人类丰富而流动的情感的乐，使其内化为"愿意如此"的制度化的情感诉求，同时又以其柔性调和着森严的规范与边界。审美与制度之间的关系，审美制度如何作为一种特殊的制度形态形构、解构与重构，始终是审美制度研究最困难也最富于魅力之所在。

第三节　审美制度问题研究理路

审美制度是关于"什么是美"以及"如何审美"的某种建构和规范，审美制度问题研究则是对这种建构和规范如何形成、变化及其影响和实质等一系列问题的探讨、反思和批判。因此，"审美制度"不等同于"美"本身，而只是对"美"的显现与遮蔽的方式，"审美制度"也因此并且仅仅在此意义上与"美"相关。关于

---

① 罗伯特·莱顿、项阳、罗易扉：《历史人类学视野观照下的艺术研究——"中国艺术人类学前沿话题三人谈"之六》，《民族艺术》2015 年第 6 期。可参考 Xiang Yang, "Folk Rites and Customs: Nurturing the Cultral Space of Traditional Music Artistry", in Robert Layton and Luo Yifei (eds.), *Contemporary Anthropologies of the Arts in China*, Newcastle: Cambridge Scholars Publishing, 2019, pp. 124-152.

该问题的研究主要通过对审美制度问题如何显现，以及审美制度批判如何可能的具体探讨，从而通达对"美"如何作为一种被建构与能建构的存在的追问。

一、审美制度问题如何显现

审美制度问题如何显现？从根本上讲，是关于各种制度性因素和机构对审美和艺术的渗透，以及审美如何作为一种特殊的制度形态在此生成的问题，前者属于审美制度的外部研究，后者属于审美制度的内部研究，两者共同指向对"美"如何作为一种被建构的存在的探讨。审美现象从来就不是一种单纯的、孤立的文化现象。人们对"美"的看法，对艺术与非艺术的区分以及关于具体审美和艺术现象的评价，都不可避免地受到社会中存在的各种制度性因素和机构的作用和影响。在很大程度上，特定的审美观和审美活动是由社会建构的各种区分制度和神圣化原则的运作机制与社会成员以自身的认知方式和行为方式对这些制度的认同、贯彻和审视两方面的合力造成的。"根据后现代主义的圣经，我们从来不可能抵达或到达一个没有经过中介的现实。在我们与我们对不用言词而占有意义的向往之间存在着无法改变的、不可逾越的间隙、裂缝和断裂。结合永远被延迟了，一种无可挽回的延异存在于我们和其他一切之间"。① 极富反讽意味的是，意识形态往往神秘性地充当着弥合这种断裂的中介。然而，个体试图与现实相结合中所必须经历的延异于此只是被虚假地扬弃了。因为，在这种结合中，中介已经从过程转变成现实内容本身，我们最终所能到达的现实只能在变形中

---

① ［美］埃伦·迪萨纳亚克：《审美的人：艺术来自何处及原因何在》，户晓辉译，商务印书馆 2004 年版，第 291 页。

获得表征。任何一种话语和实践都不可能是纯粹自足的存在，而是叠合着多重权力关系的制约和交锋，审美话语和活动亦如此。

文化研究表明，审美与意识形态之间并非简单的对抗关系，而是具有巨大的互渗性和包容性。事实上，在我们对"美"百思不得其解的同时，审美自律性神话已自行解构。然而，那些无视或否定审美和艺术存在于一定制度性框架和氛围中之事实的批评家，依然沉醉于这种神话之中而不自觉。这一方面与传统美学理论家对具体的美学和艺术问题缺少关注，根源于他们有一种避免不确定性和争议性的普遍的惯例化倾向，不愿使美学暴露自己，进入无处隐藏或遮蔽的开阔之地，即不愿放弃从科学那里搬来的安全感有关;① 另一重要的原因在于，审美和艺术本身具有形象性、情感性、想象性、生活性、弥散性甚至无意识性，在此意义上，审美与意识形态的内在联系和张力使审美制度成为意识形态的基本形态之一，它往往以"自然化""合法化""纯粹化"的面目出现，并且意识形态的种种策略和运作机制隐匿其中，已无法完全从繁盛的审美活动中剥离出来。与此相应的是，人们在享受审美话语的许诺和抚慰的同时，往往有意或无意地将提供这种服务的主体遗忘。近来马克思主义的伟大贡献之一，就是已经揭示出审美和艺术怎样在深层次上也是政治性的，因此积极探索审美话语背后隐藏着的政治意蕴和文化"暴力"，揭示意识形态通过审美的方式实施其潜移默化的同化功能的具体运作机制及其实质，从而对这种遗忘提出了质疑和挑战。

"许多世纪以来，主宰美学讨论的就是美的概念，这是一种固恋，让哲学家对这种语言的丰富多彩视而不见，并向他们掩盖了它

---

① 参见［德］阿多诺:《美学理论》，王柯平译，四川人民出版社 1998 年版，第559、594 页。

的逻辑"。① 因此，只有当"文本形态的审美制度"被置入复杂的现实语境中并作为对象被审视时，审美制度的全部内涵和价值才得以显现出来。"文本形态的审美制度"在此主要指以理论、主义、学说、思想等形态建构和规范关于"美"的概念的方式及其产物。其生产的主体时常光顾博物馆，长期接受正规的美学史、艺术史教育，从文本中习得特定的审美经验和审美话语，也因此授予该审美制度以不容置疑的权威性和安全感。然而，这种美学安全感却往往来自哲学对审美和艺术的剥夺。

审美和艺术与社会必须以某种方式相关联，并且，"在所有时代都存在着从历史上看是具体的审美实践的体制化。"② 从人们的审美意识诞生伊始，审美和艺术就以一种体制化的形式被生产和再生产出来。文化人类学研究表明，在以神性和自然共同体为基本结构的前现代社会中，并不存在我们在现在意义上所使用的"美"和"艺术"概念，我们现在所谈的绘画、音乐、雕塑、舞蹈、诗歌等艺术门类，在当时往往被应用于表达宗教祭祀、祈求丰收以及表征人与自然，人与人之间特定关系的仪式之中，起到体现和强化宗教意味和各种社会关系的功用。前现代社会中的审美制度的存在是他律性的，换言之，仅处于萌芽状态的审美意识由于从属于认知、宗教和伦理等价值而无法成为相对独立的领域。自启蒙运动以来的现代化历程中，出现了美学和艺术领域中的"立法者"，他们规范着美学话语的生产。审美和艺术作为社会区分的产物，逐渐与

---

① ［美］阿瑟·丹托：《艺术的终结》，欧阳英译，江苏人民出版社 2005 年版，第 25 页。

② ［德］彼得·比格尔：《先锋派理论》，高建平译，商务印书馆 2002 年版，"英译本序言"第 40 页。

政治、经济、宗教等价值领域区分开来，并不断从自身内部寻求其存在的合法性依据。审美场域在自主化过程中逐渐制度化，纯粹的凝视应运而生。① 它通过在审美和艺术与社会生活之间引入差异和区分来生产关于审美权力的神圣性原则，然而，审美和艺术却在这种宏大叙事中进入冬眠状态，美学话语表面的繁盛已无法掩饰其由于拒绝经受现实生活的洗礼而造成的萎缩和表征危机。这只能证明，审美和艺术若只为自身缘故而存在，那么它将无法以此存在。在后现代社会中，审美和艺术的立法权和阐释权下放给普通公众。科技和商品作为新的意识形态以一种更隐蔽的方式对日常生活进行全面渗透，造成了触目惊心的"全面审美化"想象奇观。审美和艺术在传统艺术界僵硬的边界崩溃的同时释放出应有的生命力，但相伴而生的是审美和艺术被其他意识形态巧妙地挪用、整合和同化，艺术的审美启蒙功能甚至于此堕落为一种虚假的诺言和富余的谈资。据此，在商品已成为美的社会，审美和艺术必须重新要求在与其他事物的区分中获得自身的规定性，但这绝不意味着审美制度历史形态的简单回归。审美制度在它的每一个历史阶段的产生和变迁，都是针对前一阶段中审美的特定制度化形态提出批判，审美现象的复杂性使这种批判内卷于"美"的神秘性之中。"神秘的东西"一方面是不可言说的，另一方面却是可以自行显现的，并且就在审美制度的规范性和解构性的交替中显现。

二、审美制度批判如何可能

审美制度作为审美意识形态的具体表现形式，体现出与意识形

---

① See Pierre Bourdieu, "The Historical Genesis of a Pure Aesthetic", *The Journal of Aesthetics and Art Criticism*, Vol. 46, 1987, pp. 203-209.

态的强制性、合法性、隐秘性、遮蔽性等既相似又有所区分的特征，其特殊性在于审美与意识形态之间的内在张力。即，一方面，意识形态所蕴藉的权力关系通过审美和艺术活动获得潜移默化的表达；另一方面，审美制度中的审美维度同时生长出反观和批判这种表达的力量。审美自身的独特性使其不可能成为完全被建构的存在，不仅如此，它还通过特殊的方式如审美变形具有审视这种建构关系，并在特定情境中重构这些关系的能力。

在希腊语中，批判一词"krinein"意思是"分开""区分"。批判的目的在于将意识形态中的真理与非真理区分开来。① 有两种批评必须首先区分开来："教条的批评将自身与它所批评的对象对立起来，将自己看成是真的，将对象看成是非真的。这种批评始终外在于他的对象……与此相反，辩证法批评则是内在的。它进入到所批评理论的对象的实质之中，并从其夹缝和矛盾之中汲取决定性的刺激。"② 真正的批判并非是对对象的外在否定和剥夺，它不从任何既定的原则和立场出发，而只关注事物本身的显现，并且让它显现。无原则的批判于此成为人类历史上一切真正思想发生的隐秘动机。③

"美"并非一种外在的规定，而是自身如其所是地显现出来的状态。审美制度批判旨在使之成为可能，它将在两个层面上同时展开：在理论层面上，研究审美意识、审美形式、审美活动以及审美理论等一切审美现象与其他意识形态之间相互作用、转换和生产的

---

① 参见［德］彼得·比格尔：《先锋派理论》，高建平译，商务印书馆 2002 年版，第 70 页。
② ［德］彼得·比格尔：《先锋派理论》，高建平译，商务印书馆 2002 年版，第 60 页。
③ 参见彭富春：《哲学与美学问题》，武汉大学出版社 2005 年版，第 24—25 页。

隐秘关系。一方面，审美制度问题研究关注"美"在这种关系中被遮蔽的存在，将那些企图缝合意识形态与现实之间裂缝的制度化形式作为直接审视的对象。批判在此表现为"除魅"与"去蔽"，即揭示那些冠冕堂皇的美学话语背后隐藏着的物质利益和政治权力关系及其对"美"的有意挪用、整合和同化机制；另一方面，敏锐地捕捉审美与各种意识形态相交流时产生的新的审美经验，并在理论上加以说明和提升。① 批判在此表现为区分与划界，而不简单等同于否定。在实践层面上，审美制度批判不是一种意识形态式的批判，即这种批判要求在日常生活世界中有所作为，而不仅仅作为一种理论和话语重构模式。在马克思看来，重要的不是解释世界，而是如何改造世界。艺术的审美启蒙力量不是来自艺术及其理论（艺术和理论本身也可能异化），而是来自艺术使人们"看见"现实与意识形态之间的断裂，从而唤起人们对不合理现实的批判、超越和重构的冲动和实践。于此，审美作为意识形态形式的特殊性以及审美活动与历史进步的关系等问题才有可能在批判中成为真实的命题。

然而，无论是在理论层面还是实践层面上，审美制度批判都举步维艰。审美和艺术并非一种纯粹自足性的存在，而是各种现实生活关系的编织和再生产。这使得任何试图将审美和艺术从制度的制约中完全剥离出来的愿望都最终归于失败，因为，批判在此不是否定，而只是区分，即区分美本身与被建构的美的事物。而此区分是十分难以把握的，因为，现代审美神话总是将各种被建构的"美"

---

① 鉴于意识形态的两面性：一方面，意识形态是个体与他人和社会相交流的必要中介，并且能够使个体在日常生活中被抑制的需要得到象征性的满足；另一方面，意识形态的虚幻性阻碍着人们对现实生活关系的认识与改造。因此，审美制度批判并非对内化于审美之中的意识形态的完全否定，而是在厘清两者的辩证关系的基础上使它们有所区分从而获得自身的规定性。

直接宣扬为美本身。

　　例如，在资本主义社会中，统治阶级意识形态往往通过缜密的收编机制以情感的、象征的、无意识的方式将审美和艺术织入其精心编撰的信仰系统和权力结构中，甚至将其贬抑为既有权力和再生权力的无足轻重的点缀，而恰恰又是权力的被审美化使得这种奇特的挪用机制变得近乎无懈可击。"如果说审美是危险的、模糊的，这是因为身体中存在反抗权力的事物，而权力又规定着审美"。① 这使得审美和艺术变得异乎寻常地复杂，被权力规定着的美难以与权力相疏离，它甚至使权力直接成为美的象征，而对于审美与权力之间关系的简单否定却又往往使审美制度批判成为一场失掉对象的战争，甚至于此走向自身的反面。

　　但批判也并非不可能，并且也正因为这种艰难而弥显珍贵。在特里·伊格尔顿看来，"美学是朴素唯物主义的首次冲动——这种冲动是身体对理论专制的长期而无言的反叛的结果"。② 因而构成了美学的人类学基础和意义，它表明，在审美寻找自身存在的依据和发展的动力时，任何理论上的修辞学策略和激进主义都将无济于事。"马克思主义的创始人已指出艺术是反映社会存在的一种意识形态，这是一个根本性的、十分重要的观点，但尚待我们紧密结合人类历史和艺术的发展去加以具体实证的研究，做出有充分说服力的、系统深入的分析论证"。③ 当传统的美学研究范式已无法完全

---

① ［英］特里·伊格尔顿：《美学意识形态》（修订版），王杰、付德根、麦永雄译，中央编译出版社 2013 年版，第 17 页。

② ［英］特里·伊格尔顿：《美学意识形态》（修订版），王杰、付德根、麦永雄译，中央编译出版社 2013 年版，第 1 页。

③ 刘纲纪：《马克思主义美学在当代的发展问题》，见《马克思主义美学研究》第 1 辑，广西师范大学出版社 1997 年版，第 34 页。

提供这种可能，这只能意味着美学重构将再次发生。

审美人类学是美学尤其是马克思主义美学与人类学在当代学术背景中跨学科交融的必然产物，"它尝试着理清审美现象与其他文化现象之间错综复杂的联系"。① 这就必然要求在努力寻找美学与人类学之间深层契合点的基础上，研究当今仍然活着的文化事实，探讨"美"在不同的文化语境中的不同表现形态、特征、功能以及造成"美"的复杂性和特殊性的深层原因。其研究理念主张将关于异质文化或"他者"的研究与当代文化危机的思考结合起来，从而建构一种更加富于平衡感的审美文化观念。而"审美制度这一概念的提出和对此进行的研究探讨是审美人类学实现人类学与美学尤其是马克思主义美学深层整合的标志和重要成果。"② 正是审美人类学以其高度的学科际属性和不断磨炼的敏锐的田野洞察力，为探讨"美"如何作为一种被建构和能建构的存在提供了独特的反观视角和广阔的经验解读空间。也唯有如此，审美制度问题研究才有可能真正进入关于审美与现实生活的关系，审美和艺术作为意识形态形式的独特性以及日常生活中审美启蒙如何可能等马克思主义美学基本问题的内核。

"审美人类学侧重于对审美与艺术的制度层面加以研究，即通过对审美与艺术符号在文化语境中的具体表现找出在其背后隐藏着的被社会约定俗成的一套规则与禁忌。"③ 以"审美制度"为核心范畴的审美人类学研究在关于"美"的探讨和阐释方面逐渐显现

① Jacques Maquet, *Introduction to Aesthetic Anthropology*, Malibu：Undena Publications, 1979, p. 52.
② 王杰：《审美幻象与审美人类学》，广西师范大学出版社 2002 年版，第 156 页。
③ 王杰：《审美幻象与审美人类学》，广西师范大学出版社 2002 年版，第 159 页。

出其独特的优势：

1. 审美人类学强调在活态的语境中研究"美"，从而要求将审美和艺术从形而上层面拉回到现实生活中，美学研究的问题意识才有可能由此产生，并且凭借对日常生活以及日常生活中产生的审美需要的考察和分析，寻找到解答问题的现实资源和路径。

2. 在活态语境中历史地探讨马克思主义美学的基本问题是审美人类学与传统美学和传统人类学相区分的重要标志。即，把"美"作为现实社会文化的重要组成部分之一，将研究的重点放在审美感知和活动得以形成的整个社会文化机制中，揭示被遮蔽的和未被充分重视的审美和艺术的非显在存在状态，并积极探讨其向现实生活转换的可能性。

3. 审美人类学在充分借鉴现代人类学研究理念和方法开拓探讨"美"的新维度的同时力图为人类学寻找哲学和美学根基，在美学与人类学真正契合之处发掘审美意识形态的物质基础，从而使我们能够"察觉"到"美"的显现成为可能。

美学的合法性来自两个方面：一方面，美学与其他价值领域相区分从而成为相对独立的学科；另一方面，美学必须同时与现实生活保持广泛而紧密的联系。在此意义上，"美学是一个现代主义既发明了它同时又解构了它的学科"①。审美人类学力图使传统美学研究从想象性的精神活动转变为作用于现实生活的实践活动，从而把握美学建构与解构的向度。它将使我们"看见"在审美与意识形态的糅合与间距中，"美"是如何被历史地生产和再生产出来的。

---

① ［美］弗雷德里克·詹姆逊：《单一的现代性》，王逢振、王丽亚译，天津人民出版社 2005 年版，第 15 页。

审美制度问题研究正是由于强调来自具体历史语境中的审美现象的历史性和现实性，因而成为对所有缺乏历史自觉的理论和幻觉的批判，[①] 同时，它对于从科学那里搬来的美学安全感的主动放弃，使它进入鲜活的审美文化现象从而获得自身表达的语言。于此，审美制度问题研究将成为恢复和激活美学对现实问题的思考和批判以及寻找出路的能力的有力尝试。

三、审美人类学视野下的审美制度问题研究

"审美制度"与"审美制度问题研究"是两个不同的概念和事实。简言之，"审美制度"是对何为"美"以及如何评价审美和艺术的某种建构和规范，它决定着在特定时期什么才被看作为是"美"和"艺术"，它也因此渗透于制约着审美和艺术活动生产者和接受者的观念和行为模式的社会分类框架之中。而此分类和划界与人们在不同的历史时期以及依据不同的视角所产生的审美意识形态有着紧密的关系。"审美制度问题研究"则包含了对于此种"看"是如何被建构的以及如何重构此种"看"的探讨。具体而言，审美人类学视野下的审美制度问题研究主要包含以下两个方面：（1）如何探讨非西方"美"与艺术的"西方"建构事实及其影响；（2）如何理解包括非西方/地方性审美经验在内的审美和艺术的复杂性和特殊性，主要探讨作为复数的"美"和艺术是如何被建构和再生产的。

关于"他者"的描述与想象实则是一种意识形态凝视。范·丹姆曾指出，"尽管不常诉诸书面表达，但这种非西方人不展示任

---

① 参见［德］彼得·比格尔：《先锋派理论》，高建平译，商务印书馆 2002 年版，"英译本序言"第 40 页。

何审美感知能力的观点却早已是不言而喻的……长期以来，非西方社会中的艺术品往往被认为只是作为宗教和巫术的附属物而存在。或者更普遍的是，它们似乎被当作仅仅是意义的功能性工具，从它们的制造者和使用者的视角而言，它们不涉及任何审美的维度。"①在相当长一段时期内，非西方艺术的审美维度并没有得到应有的重视和发掘，不仅如此，其与西方审美意识形态相异的艺术形式甚至遭致暴虐性的夸张描述。例如，"弗思以原始部族的面具为例，进一步分析了西方人对待原始艺术的态度。他指出，西方人常用诸如'阴险的眼睛'、'暴虐的凸唇'等字眼来描述原始面具，将其视为粗暴野蛮的产物。……原始艺术的非自然主义的特征也妨碍了对它们的接受，如扭曲的身体、狭长的面部、炫人的眼睛、喷张的大嘴，此类人物形象，让绝大部分西方人对它们避而远之"。②而贾克·玛奎则通过分析引入欧洲的第一批非洲人形塑像的遭遇，在很大程度上也解释了此种误解产生的原因。然而，这些加诸其上的言辞和评价并不能代表当地人的真实看法和心态。事实上，非洲雕像的怪诞性是非洲民族对如何与神灵产生联系的希望与想象在艺术作品上曲折的形式反映，其表现力量及其付诸的特殊表达方式已经持续性地获得当代艺术家的肯定。

在原始民族看来，让西方人不可理喻的艺术特殊的形式中蕴藉着巨大的神性和魔力，这种魔力是西方人仅凭肉眼的直观主义所根本无法理解的。这实质上就必然涉及作为一种特殊的意识形态形式的"看"或"看作为"（Seeing-as）。

---

① ［荷兰］范丹姆：《审美人类学导论》，向丽译，《民族艺术》2013年第3期。
② 方李莉、李修建：《艺术人类学》，生活·读书·新知三联书店2013年版，第165—166页。

"看作为"是一种特殊的心理状态，在其中起决定性作用的是观者的观念及其这种观念与对象形式之间构成的复杂关联。"鸭—兔图形"则形象地表征了这种观看的差异性。这一用线画成的图形，有时候看起来像鸭的头，有时候看起来像兔子的头。"鸭—兔图形"本身包含着的两者皆可性或多元可能性，本身就指涉了关于审美对象的阐释和变形的多元性，而"一个对象，无论是艺术作品还是自然客体，关键在于你把它'看作'什么和用什么方式去看，用观察的方式，将之看成物理对象，它就成为物理对象，用体认的方式，将之看成审美对象，它就成为审美对象。因此，'看作'成了审美态度的关键"。① 在早期西方学者关于非西方艺术的想象与描述中，此"看"并非一种自然主义的眼光，而是一种自上而下的俯视，其中必然包含了历史所建构的某种特权。

在迪基的艺术制度论中出现了一个值得关注的美学提问方式的转变，即从"艺术品是什么"向"某物何以成为艺术品"的转变，问题的重点放在艺术品如何获得被认可的资格上。尽管迪基对其艺术制度论有过一定的修改，但"授予"仍然是理解迪基艺术制度论的关键，它强调特定艺术品存在的复杂的权力结构，并于此暗示了艺术的"制度性"。在此要追问的是，谁拥有艺术授予的权力？这种艺术授予行为又是如何被认可的？在丹托之后，迪基同样在艺术界中寻找这种权力的来源，他将"艺术界"明确规定为艺术品赖以存在的特定历史的复杂情境和制度性框架，并且指出，赋予某物以艺术品的资格的活动就在其中进行。于此，授予的权力来自艺术界共同体的集体意识，它是一种权威，是一种相对稳定的集体约

---

① 张法：《迪基〈美学导论〉与中国美学原理写作的差异》，《人文杂志》2006年第4期。

定，更是艺术界共同体必须遵守的"看"的方式——即思考、分析艺术的方式。

在关于非西方艺术的收纳和评价中，这种"看"所包含的权威感是有一定制度性机构保障的，并且于此得以强化和聚集。例如，在现代社会的种种建制中，早期博物馆不愧为一种奇妙的变形机构。① 那些被展演其中的来自非文字社会的人工制品通过"集中"与"给人看"已远离它们原初的功能，并迅速升格为"艺术品"。由作为与日常生活或特定仪式融为一体的世俗或神圣的物品转变为艺术品，其中必然包含了对它曾经的功用和宗教内涵的某种抛弃或悬置，同时也是审美态度灌注其中使之具有审美特性使然。然而，在授予其作为"艺术品"的种种装饰性光晕中，一种强权主义的罢黜仪式同时运营其中。一方面，在关于究竟哪些人工制品可以进入博物馆以及如何进入博物馆这种神圣化场域的讨论中，人们对于艺术的看法往往立足于西方人的眼光。某物之所以被选择，通常是因为它们在某种程度上与西方关于艺术品的观念相一致，而并没有从它们所由产生的特定语境中去考察。这种物品之所以能够获取"进入"资格，中间必然经过阐释。而在阐释具有把实物这种材料变成艺术品的功能的同时，阐释本身是变形的。② 另一方面，阐释同时也是一种区分。在将那些来自非文字社会中的人工制品与在文明社会中尤其是西欧和北美社会中的艺术品相比较中，它们往往被视为是拙劣和低级的，甚至仅仅因为能够作为维护和强化

① 参见向丽：《审美制度问题研究——关于"美"的审美人类学阐释》，中国社会科学出版社 2010 年版，第 121 页。
② 参见［美］阿瑟·丹托：《艺术的终结》，江苏人民出版社 2005 年版，第 36、41 页。

西方文明秩序的权力和荣耀才获其存在的可能性和合理性。于此，阐释者正是通过他们选择的他者来建构自身，这种精妙的策略可能带来的结果是，在这种神圣化的秩序中，来自边缘群体的"艺术"将面对这样的困境：要么不被看成是艺术，要么被主流文化所收编。"总问题领域把看不见的东西规定并结构化为某种特定的被排除的东西即从可见领域被排除的东西，而作为被排除的东西，它是由总问题领域所固有的存在和结构所决定的"。① 这充分地显现出了西方审美意识形态的根植性和再生性。而究竟是怎样的制度性机构和运作机制构筑了此总问题领域并使其发挥了接纳与排斥的功能，则是审美人类学在祛除西方传统审美观的遮蔽性并使艺术的特殊性得以显现所需探讨的重要问题。

不仅如此，西方审美意识形态还作用于非西方艺术的生产与再生产。"真正为了审美目的而创造的原始艺术是为数极少的，而且往往是外来影响的一种结果。爱斯基摩人的艺术就是如此：白种人的来到，使爱斯基摩人突然涌现出一些非常美丽的雕刻品，并创造了版画艺术。这种所谓的'美丽'不但不是爱斯基摩人原来创作艺术的动机，实际上是白人根据自己的趣味对爱斯基摩人艺术家提出某种要求的结果，这种所谓的'美丽'也就相当于行家们所说的'走味'……如果一种原始艺术变化到'美'和文明艺术一样，那么也就意味着原始艺术真正的死亡，或者说，它的躯壳尚存，而灵魂则已死亡"。② 这种"西方"建构的神话在不断地发生，在一

---

① ［法］路易·阿尔都塞、艾蒂安·巴里巴尔：《读〈资本论〉》，李其庆、冯文光译，中央编译出版社 2001 年版，第 18 页。
② 方李莉、李修建：《艺术人类学》，生活·读书·新知三联书店 2013 年版，第 242 页。

个个被制造出来的"美学盛宴"下，非西方艺术的原生殖力在走向萎缩甚至断根。

在审美人类学视域中，非西方艺术的"西方"建构已是一个不可忽略的理论话题，对此话题的正视和探讨有益于我们反观非西方艺术的被建构史，从而恢复非西方艺术自身的特殊表达方式及其价值意义。任何民族的艺术都有自己"看"的方式和表征形态，其形构机制及其影响，也只有回到其赖以存在的语境中才可理解。

普列汉诺夫在《没有地址的信 艺术与社会生活》中写道："人的本性使他能够有审美的趣味和概念。他周围的条件决定着这个可能性怎样转变为现实；这些条件说明了一定的社会的人（即一定的社会、一定的民族、一定的阶级）正是有着这些而非其他的审美的趣味和概念。"① 于此，普列汉诺夫指出了审美艺术现象中存在的两个基本事实：（1）人天生就是审美的动物或人天生具有审美的能力；（2）审美现象由于不同的语境而呈现出一定的差异性。于此，审美的趣味和概念所诉诸的"艺术品"和"艺术现象"也由于不同的建构性因素和建构机制而呈现出其特殊性和复杂性。在此，语境是审美/艺术潜能向其具体表现形态转换的中介性力量。

不可否认，语境化研究是人类学方法的典型特征之一，其具体表现为，"研究某种特定的文化时，人类学通常将收集到的实证资料置于其更大的社会文化母体之中，并且通过在这些资料之间发展出系统性的联系，从而使这些认真收集到的资料得到语境化的研究……在尝试着对审美偏好的文化相对性作出有条理的解释时，这

---

① ［俄］普列汉诺夫：《没有地址的信 艺术与社会生活》，曹葆华等译，人民文学出版社 1962 年版，第 17—18 页。

种关于审美偏好和它的框架之间的系统性联系的研究也许是需要的。"① 语境是历史给予的规则，是关系的编织，是各种意识形态形式互相作用的过程和结果。尽管某一对象在外观上符合我们的视觉习惯，甚至使用了我们所熟知的某些艺术表现手法和形式，但它的真实存在很可能与我们所想象和理解的相去甚远。理解这种审美和艺术现象的前提是，必须熟悉该文化在其制度性背景中的表现惯例，它在社会的地位及其发挥作用的方式。

审美制度论也十分强调语境对于艺术的建构作用，诸如丹托强调理论氛围对于艺术之建构作用，迪基强调艺术界的中坚力量及其授予权对于艺术之建构作用。如今，"艺术界"理论主要强调这一基本事实：艺术活动是一种由诸多人或多种角色参与合作的活动，这些人拥有相似或一致的美学观念和理解。艺术界的中坚力量是由艺术家、报纸记者、各种刊物上的批评家、艺术史学家、文艺理论家、美学家等构成，正是他们以其话语和行为规定和影响着人们对于审美和艺术的看法，即具有授予某物是否可以成为艺术品的资格。但这仍然忽略了一些在艺术界之外的艺术现象的形构与再生产问题。因此，在审美人类学视野下，审美制度理论应当得以拓展和延伸，诸如，"制度性因素"及其建构机制等问题都需要再度发掘与阐释。

审美和艺术是一种被建构的存在，作为文化意义上的"美"和艺术，对其产生影响的建构性因素的探讨就不能局囿于艺术界的中坚力量，而是涵盖了更多无形的因素，诸如除了国家及社会制度（政治制度、经济制度、文化制度等），艺术品的展出场所（博物馆、剧院、音乐厅、美术馆、画廊等），神圣化或认可机构（学院、出版

---

① ［荷兰］范丹姆：《审美人类学导论》，向丽译，《民族艺术》2013 年第 3 期。

社、沙龙等），生产者和消费者的再生产领域（艺术学院、书店、各种传媒、广告公司等），专业化的各种代理人（经纪人、批评家、艺术史学家、收藏家等）之外，根植于民间的文化习俗或惯例、传统节庆、信仰、仪式、世界观、日常生活习惯等等，也都对审美和艺术的生产、交换、传播和消费等具有重要的中介作用，因此也应当成为考察的重要对象。不仅如此，"艺术品取决于物质和技术的生产媒介，而生产媒介以社会劳动体系为先决条件；艺术品用审美的形式和内容'反映'或'编码'了其所在时代的社会结构；艺术品所负载的价值并非在一切时代都是必然有效的，仅仅对那些在特定社会背景下'消费'它们的特定社会群体才有效"。① 艺术品的价值和意义就在于其在特殊语境下的有效性，要了解此种有效性，"艺术品"的建构性因素及其效应是需要加以探讨的。

丹托认为，艺术的认定以及把艺术与其他事物相区分的东西是"眼睛无法看见的理论氛围"，他借助于一种"哲人之例"把自己的观点应用于非西方艺术，这个例子是关于两个相邻却又彼此隔绝的非洲部落：罐子村（the Pot People）与篮子族（the Basket Folk）。他们都制造罐子和篮子，但在感知上，罐子村所制造的罐子和篮子并不能与那些篮子族所制造的事物相区别。然而，罐子村所造的罐子是艺术品，他们所造的篮子却不是；反之，篮子族所造的篮子是艺术品，而他们所造的罐子却不是。但是，这两种文化的艺术品都对该部落具有深刻的精神上的重要性，象征了他们与宇宙秩序、生与死等的关系，而非艺术品的物品则缺乏独特的意义，仅仅只是一种实用物品。于此，使某物成为艺术的是一种"理论氛

---

① ［英］奥斯汀·哈灵顿：《艺术与社会理论——美学中的社会学论争》，周计武、周雪娉译，南京大学出版社 2010 年版，第 11 页。

围"，而不是对那一概念语境一无所知的人所感知的某些属性。①
"理论氛围"于此不再局囿于人们习得的艺术史知识，而扩大为渗透于地方文化之中的历史与理论，可引申为人们对某物与人和世界之间的某种深刻联系的感知，而且此种感知使得他们对该物产生特殊的情感。因此，尽管在一些非西方社会中，"艺术品"的产生最初并非为"纯粹凝视"而制造，但在其生活历程中，随着各种关系的聚焦，制造者也会非常重视其审美特性。例如，他们会对其"艺术品"的构造和装饰考虑得极为细致。用埃伦·迪萨纳亚克的话来说就是，"使其特殊""苦心经营"和塑造它们。此苦心经营蕴藉着当地人对寄托于该"艺术品"之中的情感功能的根深蒂固的需要。因此，在语境中通过探讨"艺术品"的形式及其象征意味；当地人如何描述和评价"艺术品"；当地人对该"艺术品"的"珍视"是如何体现的等问题，我们可以经验到并阐释当地人的审美标准，"艺术品"的审美维度也于此得以发掘出来。而在审美人类学视域中，对"艺术品"审美维度的发掘以及对于该物如何成为"艺术品"的阐释，又不同于形而上艺术概念的封闭象牙塔式的话语建构，它有着更为繁复庞杂的建构网络，并且，艺术在某些方面日渐呈现出其形式化和专业化的特征。

　　大卫·诺维茨（David Novitz）指出："决定把一件人工制品视为艺术品，这一决定是根据一些标准而做出的，而这些标准则与某个社会历史形成的那种生活有很大关联；这些标准是有意义的，这仅仅是因为其社会定位，即信仰、偏爱、价值以及社会配置

---

① ［美］斯蒂芬·戴维斯：《非西方艺术与艺术的定义》，见［美］诺埃尔·卡罗尔编著：《今日艺术理论》，殷曼楟、郑从容译，南京大学出版社 2010 年版，第 263—264 页。

（social arrangements）等这些因素，它们在一个既定时期盛行于某个社会之中，并且使这些特征（而非那些特征）成为艺术性的标志。"① 或者换句话说，如果我们不明了某物属于某种文化并且与其发生某种关系时，我们也无法将其识别为艺术品。这可以说是对丹托、迪基等人的艺术制度论的某种拓展，因此能够在一定程度上将通过对西方现代艺术界的考察而提出的审美制度论，引向关于非西方艺术以及边缘地区地方性艺术的研究之中。

信仰、偏爱、价值以及社会配置与地方文化习俗或惯例、传统节庆、仪式、世界观、日常生活习惯等等有着紧密的联系，它们是互相渗透和影响的，并且共同作用于文化和艺术的生产与再生产之中，它们指涉了在认证审美和艺术的体制性机构出现之前更为缜密而无形的制度性因素。而在非西方社会尤其是在一些边缘地区，制度性因素对审美和艺术的建构要远比制度性机构对审美和艺术的建构的事实要普遍得多。

诸如信仰，其广义既包括了民间宗教信仰，也包括了对某些原则的认同和维系，因此它决定了某种特殊的"看"是否可能以及如何可能。布迪厄指出："艺术品价值的生产者不是艺术家，而是作为信仰的空间的生产场，信仰的空间通过生产对艺术家创造能力的信仰，来生产作为偶像的艺术品的价值。"② 某物之所以被看作是"艺术品"，很大程度上正是因为它首先已被包含在被建构的艺术范畴所能涵盖的范围之内。在西方社会和现代社会中，这种

---

① ［美］丹尼斯·达顿：《"但他们并没有我们的艺术概念"》，见 ［美］诺埃尔·卡罗尔编著：《今日艺术理论》，殷曼楟、郑从容译，南京大学出版社2010 年版，第 295 页。

② ［法］皮埃尔·布尔迪厄：《艺术的法则：文学场的生成和结构》，刘晖译，中央编译出版社 2001 年版，第 276 页。

"艺术范畴"更多地为"艺术界"的中坚力量、主流文化、社会精英等所建构，"看"的主体了解并长期习得关于艺术的编码知识或艺术的各种制度化形态，并在意识形态凝视中成为这种编码程序的不自觉的维护和再生产者。而在非西方社会和一些边缘地区，这种所谓的"艺术范畴"则更多地来自与生活的关联，我们探讨的问题将是，该"艺术品"如何在该文化所包含的日常生活事项、传统节庆、仪式以及各种社会配置中被聚集，并透析出该文化的世界观、价值观以及审美偏好。这源于这样一个基本事实：某物之所以被重视并加以欣赏，之所以被选择为"艺术品"或认为是"美"的，是因为它聚焦了某种重要的因素和情感。因此，对于审美和艺术的研究要尽可能地涵盖这些相关方面，并且厘清"美"和艺术与这些建构性因素之间的多维联系。

在人类学领域中，关于审美和艺术的研究渐至展现出与形而上学美学研究不一样的路径。例如，20 世纪上半叶至今，关于艺术的人类学研究概况，雷蒙德·弗思指出，一战之前甚至一战期间，人们对于艺术的人类学兴趣是极其有限的。即使是关于所谓原始艺术的关注的增长，主要也是由于艺术与商业的联系，而不是民族志方面的关注。二战后，关于艺术的人类学研究逐渐兴盛起来，这主要表现在如下几个方面：一，关于异域艺术的田野研究在不断增长，并且关于艺术的批评性分析变得更有穿透力；二，关于个体艺术家的风格和创造力的复杂性研究已经出现；三，对于比较美学以及艺术作为交流的媒介以及组织和传播知识的因素的兴趣也在不断增长。① 而随着审美人类学和艺术人类学的产生和发展，艺术如何

---

① Jeremy Coote and Anthony Shelton (eds.), *Anthropology*, *Art*, *and Aesthetics*, Oxford: Clarendon Press, 1992, pp. 20-22.

被建构及其影响也已经获致不同程度的探讨，为该艺术制度问题研究提供了很好的田野资源和理论基础。在国外，对审美制度问题的研究主要集中在探讨语境、社会结构、艺术圈/网络/框架、经济/商业、政治/权力、审美变形、"美感所在"、媒介、仪式等对于艺术的建构与再生产。在国内，该研究主要体现在探讨生产方式、经济活动、宗教信仰、仪式、民间各种"权威""权力"、技术、传媒等对艺术的草根性和再生性的影响，呈现出民族性、前现代性、现代性、后现代性对于"美"和艺术的生产与再生产的"杂糅性"建构关系。

然而，作为审美制度问题研究，在具体语境中，关于"美"的建构性因素有哪些，其具体的建构机制如何及其对于审美和艺术生产与再生产的影响，仍然是一个重要的但并未得到充分重视和发掘的问题。审美人类学并不回避"美"和艺术中的意识形态问题，问题只在于如何去理解审美和艺术中的意识形态维度，而审美制度问题研究将是一种解答。

第二章

人类学批评与审美制度批判

在当代人文社会科学发展过程中，"人类学转向"已成为不争的事实和学术思潮。并且，就在此种转向中，诸多新的学术生长点被不断地催生出来并产生了极富于变革性的力量。就当代学科的跨学科和交叉学科的发展态势而言，诸如政治人类学、经济人类学、教育人类学、应用人类学、感知人类学、象征人类学、城市人类学、法律人类学、医学人类学、心理人类学、审美人类学以及艺术人类学等学科的产生，都在力图跨越自身的边界，通过人类学平台激活传统学科新的发展空间，甚至极大地挑战着学科权力的疆界，释放出跨界的快感与自足。然而，这远不是最重要的，重要的事情在于，人类学早已不再只是一门学科，而是作为一种根本性的精神在其中发挥作用。此种精神不是别的，而是"批评"。

无可否认的是，在人类学走向自身反思的历程中，正是"批评"作为一种远出而又临在的声音，能够让我们对于"常识"保持着足够的警觉，从而不至于深陷幻象的泥淖中而不自知。事实上，"人类学家已经试图——超越我们的翻译者角色——把我们的功能延展到去扮演曾属于批评家的角色……"① 在此，人类学批评既是当代人类学研究范式转型的重要标志，同时也是人类学展现其重构现实生活关系之能力的重要维度。因为，"人类学作为一种有力的文化批评形式，是人类学者们早已对社会作出的承诺"。② 尽管这一承诺至今依然尚未得到完全兑现，但人类学在与其他研究领域联合发展文化批评中所具有的巨大潜力已不容忽视。在从"他者的目光"中提炼人们对于差异性的敏感度从而发掘理论的洞察力的过程中，在保留对异域文化探求基础上回归本土文化反思和重构的转向中，人类学批评始终是在场的，并且就在这些尖锐的声音中，一切关于文化和艺术的修辞学都将恢复其面对现实的真实质感。

在当代学科转型中，艺术人类学和审美人类学的产生和发展无疑是当代美学/艺术学、人类学领域中值得关注的学术发展动态。近年来，艺术人类学研究取得了较为卓著的成果，在关于艺术制品、艺术制作者、艺术行为、艺术观念及其共同编织的艺术网络的研究方面都取得了一定的突破性进展，并引发了艺术人类学的当代转型。然而，在艺术人类学应建构于何种意义上的人类学平台之上；人类学如何介入艺术学研究；人类学介入艺术研究之后将引发何种艺术研究范式的转换等问题上还留有巨大的理论和实践探索空间。在此种探讨中，人类学批评何为；人类学如何激活当代艺术人

---

① ［美］乔治·E. 马尔库斯、弗雷德·R. 迈尔斯主编：《文化交流：重塑艺术和人类学》，阿嘎佐诗、梁永佳译，王建民校，广西师范大学出版社 2010 年版，第 72 页。

② ［美］乔治·E. 马尔库斯、米开尔·M. J. 费彻尔：《作为文化批评的人类学：一个人文学科的实验时代》，王铭铭、蓝达居译，生活·读书·新知三联书店1998 年版，第 157 页。

类学的问题域，人类学如何介入当代社会的转型与变迁等，则成为这些问题的某种聚集形态。

第一节　作为文化批评的人类学与人类学批评的向度

20 世纪 80 年代，乔治·E. 马尔库斯和米开尔·M. J. 费彻尔（Michael M. J. Fischer）在其被人类学界誉为"后现代人类学"的代表作《作为文化批评的人类学：一个人文学科的实验时代》中提出，人类学应回归于文化批评，其重要的标志是，从对异文化的单纯兴趣回归到本土文化批判，从而建构一种更加富于平衡感的文化观念。这是一种由关于对象知识生产到关于自我知识生产的转向，或毋宁说是一种反身性的建构。此种转向是人类学自身走向反思从而对其与殖民主义相沾染的历史进行回溯与划界的必然结果。然而，这具历史的残骸并未曾就此退却现实的舞台，它常常以新的意识形态形式复活，或蜷于某个角落在特定时刻出其不意地重新站立起来。因此，在人类学思潮的更迭与演进历程中，批评始终作为人类学发展的精神内核，能够给予历史幻象一种响亮的撕裂。

批评是为区分与划界，人类学也正是以此不断超越其意识形态藩篱，并为其他学科研究范式带来了根本性的挑战和发展契机。但这一转变并非一蹴而就的，相反，它经历了一个相当漫长而迂回的历程。从某种意义上讲，人类学能够作为文化批评展演其重构现实的力量，其关键在于人类学能够将自身作为审视的对象。恰如麦克尔·赫兹菲尔德（Michael Herzfeld）指出的，早期人类学家"深信自己的文化远比自己研究的对象优越得多，要是有人提出'科学'

也可以当作'巫术'一样来研究，他们肯定会惊讶得合不拢嘴。他们并不明白巫术和科学之间的区别仅仅在于象征意义的不同，相反，他们认为二者之间的差异是理性的、真实的，不能加以任何夸饰"。① 这种不证自明、深信不疑的意识形态想象在古典进化论中表现得尤为显著，尽管进化论所带来的比较方法在 19 世纪所展开的关于社会变通和改良的运动中，曾经产生过十分深远的影响。随着人类学家关于地方性知识的采集与经验，那些曾经被他们视为野蛮、低劣、未开化的民族所展示出的"奢侈的艺术"，让人类学家对于这些深嵌于各种权术政治的常识和西方自鸣得意的文明观发出了质询。

20 世纪二三十年代，人类学逐渐发展出民族志范式，对西方建构的文明进行了潜隐性的批评。概言之，这时期的民族志主要提供了三种广泛的批评："'他们'原始人保持了对自然的尊重，而我们已经丧失了人类生态的乐园；他们维持着亲密而令人满足的社区生活，而我们丧失了社区生活的经验；他们保留了日常生活的神圣意义，而我们已失去了心灵的视野。"② 于此，"他者"及其所包含的原始激情被重新发掘并展现其作为文化救赎的可能性力量。而此种反向赞誉早在 19 世纪末 20 世纪初，在欧洲艺术界掀起的原始主义风潮中就已毫不掩饰地表现出来，诸如高更、马蒂斯、毕加索等一大批艺术家从大洋洲、美洲、非洲等地的土著部落艺术中汲取了新的艺术表现语言和手法，催生出了后印象主义、野兽主义、

---

① ［美］麦克尔·赫兹菲尔德：《什么是人类常识——社会和文化领域中的人类学理论实践》，刘珩等译，华夏出版社 2005 年版，第 1 页。
② ［美］乔治·E. 马尔库斯、米开尔·M. J. 费彻尔：《作为文化批评的人类学：一个人文学科的实验时代》，王铭铭、蓝达居译，生活·读书·新知三联书店 1998 年版，第 181—182 页。

立体主义、表现主义、抽象主义、超现实主义等诸多流派。在西方艺术中刮起的"黑色风暴"和"返祖现象"中，人们继续展开着"寻找原始人"的旷日持久的工作。在人们关于"高贵的野蛮人"的礼赞中，在对于"作为哲学家的原始人"① 的尊崇中，人们似乎在热情地建构出新的集体表象以表达对原始文化的无限倾羡，一种新的审美意识形态得以滋长。

在此种美学重构的风潮里，原始文化不仅被重新定位，而且甚至被视为西方文明反思的新起点。这种转折无疑是巨大而令人振奋的，与过去将他者进行妖魔化的叙事模式相比较，它开启了一种新的关于"看"的方式。然而，这种美学神话叙事同时产生了两方面的影响：一方面，原初的他者长期被遮蔽的存在得以显现，成为自我反思的镜像，从而磨砺出人类学"通过边缘理解中心的缺失"的特殊光泽；另一方面，在对传统范式中"文明/野蛮、高级/低级、中心/边缘"的二元对立模式的解构中，将其颠倒过来尽管是极富于革命性的，但重归于静态的对峙同样会产生一种新的二元对立幻象及其暴政。他者被无限地加以神秘化和美化，怀旧的悲哀并不因此得以消释，反而变得愈发不可收拾。庆幸的是，这种天真而拙劣的比较与激进的修辞学策略，在人类学自身走向反思的历程中也已获致重新审视。

事实上，许多更富于智慧的人类学家渐渐意识到，古典的文化拯救母题早已不再奏效，或至少它不再能够反映出充满着无数变量

---

① 可参见 Diamond, *In Search of the Primitive：A Critique of Civilization*，New Brunswich, New Jersey：Transaction Books, 1974；Robin Clarke, Ceofferey Hindley, *The Challenge of the Primitives*，London：Jonathan Cape, 1750；Paul Radin, *Primitive Man as Philosopher*，New York：Dover Publications, 1957，等著述。

的当代社会的全部复杂性。差异是无所不在的，而绝不仅限于所谓自我与他者之间。于此，"他者"既非一种完全外在于自我的存在，也非自我的设定与外化，它只应是自身如其所是的显现。不仅如此，唯有当我们彻底摆脱了对于"他者"的自以为是的策略和经营，才有可能在"他者"的自行显现中真正发掘出其所蕴藉的批判潜能。

20世纪60年代以来，西方社会进入了所谓的后现代社会。尽管"后"有其内在的模棱两可性，但它的一个重要向度仍然是对于现代意识形态的公开决裂：它揭橥了建构于形而上学基础之上的理论体系的独断性以及总体性成为一种新的文化暴政的源头之事实，从而充分肯定文化的多样性、不可表现性、游戏性、差异性、非中心性、零散化、不确定性、不可通约性、流动性等特征，这些都在很大程度上催生了人类学反思的意识。在这一时期，人类学持续着关于所谓西方文明的纠偏工作，尽管关于"原始文化"的发掘与提炼仍然是其重要的精神来源，但关于他者的神话已不再那么诱人，人们对于他者的两副面孔以及蕴藉其中的权力运作机制有了更为深入的了解与反思。尤其是，人们对于人类学本身的角色做出了更富于意义的界说与扮演。

从根本意义上讲，"人类学的任务就是透过那些自称为永恒真理的华丽辞藻去揭示隐藏其后的种种我们所熟知的实践行为"。①亦即，人类学是对于那些自诩为不证自明的常识的批判，其中，意识形态的神秘性，权力自身所包含的"软化的新殖民主义"（soft

---

① ［美］麦克尔·赫兹菲尔德：《什么是人类常识——社会和文化领域中的人类学理论实践》，刘珩等译，华夏出版社2005年版，第3页。

neo-colonialism)① 及其缜密的幻化机制成为反思人类学的重要议题。为了通达这一目标，人类学批评基本采用"变熟为生"亦即陌生化的批评策略从而使意识形态变得可见。然而，这毕竟是一个相当艰辛而漫长的历程，其困难之处不在于人们是否有与权力对峙的勇气，而在于其所面对的对象是隐秘而狡黠的。事实上，意识形态批评已成为当代人文学科共同介入的工作，并展现出不同的策略与设计。人类学民族志在这场声势浩大的设计中展现出其独特的魅力，具有远为广泛而深远的吸引力。在关于人及其行为复杂性的研究中，"民族志批评的任务在于发现个人和群体对他们共享的社会秩序进行适应和抵制的途径及其多样性。这是一种在一个空前均质化的世界里发现多样性的策略"。② 于此，人类学批评的旨趣不在于描述，而是一种关于人与社会的真实链接，但它恰恰又能够在对文化的经验与描述中捕捉到意识形态婉转的心思与逶迤的轨迹，从而提供了人们应对意识形态及其秩序的种种策略。

人类学批评强调反思在当代人类学和民族志中的作用，它带来了民族志研究与写作的新气象。例如，斯蒂芬·A. 泰勒（Stephen A. Tyler）将后现代民族志定义为"一种合作发展的文本，它由一些话语碎片所构成，这些碎片意图在读者和作者心中唤起一种关于

---

① 弗莱和威利斯指出，土著艺术被纳入市场营销和商品生产中可被视为一种软化的新殖民主义，土著社会传统的信仰和时间将根据西方市场逻辑进行重构，土著文化在很大程度上将变得零碎化而与自身传统相中断。See Fry, T., and A. Willis, "Aboriginal Art: Symptom or Success?" *Art in America*, vol. 77（July），1989, p. 116. 这关系到如何看待土著艺术的本真性与交流性问题，本文也将着意于此种探讨。

② ［美］乔治·E. 马尔库斯、米开尔·M·J. 费彻尔：《作为文化批评的人类学：一个人文学科的实验时代》，王铭铭、蓝达居译，生活·读书·新知三联书店 1998 年版，第 186 页。

常识现实的可能世界的创生的幻想，从而激发起一种具有疗效的审美整合"。① 在泰勒看来，后现代民族志推崇"对话"而非"独白"，是对于碎片的拾掇与重构，其功能是"唤起"而非"再现"，因此，后现代民族志所要显现的只是一种自由的声音。在此意义上，后现代民族志即是诗，它凭借与日常生活的融入与中断更能通达对于存在的揭示与洞察。

综上，人类学批评主要从两个基本向度展开实践，为此种自由而多元的声音敞开了诸种可能。这两种批评向度和类型可称之为"意识形态批评"和"日常生活批评"。其中，"意识形态批评"其要旨在于"去神秘化"，亦即揭示意识形态的物质基础及其缜密的运作机制。"日常生活批评"则是一种更富于经验性的研究，它将意识形态批评付诸日常生活的微妙之处，亦即探讨人们在日常生活中对于意识形态策略的适应与抵制的种种方式。在当代社会，这两种批评类型实则是并置的，表现出解构与建构的双向维度。

人类学批评是持续而日益尖锐的，诸如对于强硬的殖民主义和软化的新殖民主义的批评，将殖民话语与实践作为民族志研究的对象，不仅对于这段历史进行回溯，而且研究历史是如何被表述和建构的。而重新审视分类如何可能及其蕴藉着的甜蜜的暴力则是人类学意识形态批评的集中体现，这同时也使得人类学的自我批评成为可能。此外，人类学在日常生活中发掘批评的力量，并取得卓著的成效。例如威廉·拉伯夫（William Labov）通过对美国市中心贫民区语言的研究，捕捉居于权力社会边缘的人们对于权力抵抗的语言

① ［美］詹姆斯·克利福德、乔治·E. 马库斯编：《写文化——民族志的诗学与政治学》，高丙中等译，商务印书馆 2006 年版，第 166 页。

学策略①；保罗·斯托勒（Paul Stoller）则从感官切入，对于西方
视觉主义至上的独裁与专横提出了强烈的质询与批评。他主张人们
必须重新调整和开放自己的感官，从而建构一种真正"有品味的"
民族志，这提供了一种巧妙而有趣的人类学批评范式。② 此外，20
世纪 80 年代兴起并发展的新博物馆学倾向于将公众理解为相异的，
复数的，能动的而不是同质的和被动的群体。与传统博物馆学相较
而言，新博物馆学对于博物馆中陈列物的含义如何被刻写以及如何
被阐释为"正确的"叙事给予了特别关注，并且植根于更广阔的
社会—政治的变化以及在博物馆公共空间内被承认的各种少数群体
对于潜藏其中的权术政治发出的挑战③。

这些实践无疑都在表征这样一个事实："当欧洲征服并统治非
欧洲民众时，这些民众绝不仅仅是殖民势力被动的牺牲品。他们采
取不同的方式来回应殖民者的统治，最为重要的当然是各种各样的
抵抗形式。"④ 尽管那段不堪的殖民历史或已成为历史，但殖民统
治的传统依然存在，它总会以各种新的意识形态形式出现，甚至像
幽灵似的游荡在人们对于胜利的沾沾自喜中。因此，问题的关键在
于，我们如何能够划破历史的假象，如何找到制约"殖民"与
"剥夺"的新的抵抗方式。有意味的是，随着人类学对于艺术及其
经验的关注，随着艺术人类学的兴起与发展，这种新的批评与抵抗

---

① See Labov, William. *Language in the Inner City: Studies in the Black English Vernacular*, Philadelphia: University of Pennsylvania Press, 1972.
② See Stoller, Paul. *The Taste of Ethnographic Things: The Senses in Anthropology*, Philadelphia: University of Pennsylvania Press, 1989.
③ See Vergo, Peter. *The New Museology*, London: Reaktion Books, 1989.
④ ［美］麦克尔·赫兹菲尔德：《什么是人类常识——社会和文化领域中的人类学理论实践》，刘珩等译，华夏出版社 2005 年版，第 81 页。

方式已渐至显现出来，并产生了一系列激动人心的变革。

第二节　走向反思的审美人类学

在当代跨学科研究中，审美人类学的产生和发展无疑是令人瞩目的，这不仅因为通过人类学研究理念和方法的介入，审美和艺术的多面性与复杂性得以显现，而且，正是通过此种研究，艺术介入现实的能动性及其力量正在不断被开掘出来，这对于美学、艺术学、人类学、社会学等诸学科都将产生新的震颤。在走向反思的历程中，审美人类学秉承人类学批评的传统，对艺术做出了更富于智慧的解读与展演，这的确是一项严肃而兴味盎然的工作。

尽管目前审美人类学正在不断显现其与社会现实链接的活力，然而，在早期的人类学研究中，艺术却未曾能够被纳入人类学研究的视域中，或只能成为人类学的"剩余物"被放逐于人类学的边界之外。恰如玛奎指出的，"在关于艺术和审美领域研究方面，人类学做的工作非常少，除了研究'原始艺术'之外"。[①] 然而，即使是在"原始艺术"是否是"艺术"；"原始艺术"是否能够作为"艺术"而发挥功用等问题上仍有待商榷，事实上，"原始艺术"更多的只是作为描述社会生产方式、组织方式、交换、宗教等活动的介质而被轻描淡写地加以点缀，艺术并未能够作为艺术本身而显现，尽管我们对于"艺术"有了更多的理解。

那么，"艺术"为何难以进入人类学研究的中心视域？尽管其原因是相当复杂的，但它至少与人类学传统研究理念和范式以及传

---

① Jacques Maquet, *Introduction to Aesthetic Anthropology*, Malibu: Undena Publications, 1979, p. 3.

统的"西方"艺术观脱不开干系，对于此种关联的厘清与反观恰恰是艺术人类学自身走向反思的起点。学界对此有过诸多讨论，其中有两个主要原因值得深入思考：其一，艺术及其所包蕴的人类情感与经验是一种内在的难以描摹的存在，传统的民族志①通过观察与问询是无法捕获到其精神内核的，因此，人类学家不免在一种化繁为简的冲动驱使下，将艺术品当作"物"来看待，它产生的一个后果是，该物本身所包含的美学属性将直接被过滤掉；其二，人类学传统专注于对异文化的描摹与展演，往往自居于一种文化的傲慢感，这是西方中心主义审美意识形态长期以来盘踞在人们头脑中产生的天然优越感。此种艺术制度将那些不能被西方美学原则涵盖和解释的事物加以分类，它们或被视为无足轻重的装饰品，或是被当作来自魔鬼方阵的异类排斥于西方艺术界之外。在这种分类逻辑的影响下，人类学家很难将其所面对之物当成艺术品加以看待和研究，"艺术前的艺术"因而成为一种兀自弥散其光晕却少有人问津的存在。

尽管如此，在人类学的发展中，我们仍然可以撷取到人类学关于艺术的诸多探讨，并且就在其探索轨迹中寻找到当代艺术人类学和审美人类学发展的向度与问题域。诸如，雷蒙德·弗思在《艺

---

① 主要指民族志发展的前两个时代所表现出的研究方式与旨向。第一个时代的民族志是一种随性的游记，第二个时代的民族志力图通过学科规范进入田野场，通过参与式观察与问询记录所研究对象的生活，虽则以"科学民族志"自我期许，但更多是一种记录而非对话。只有到了民族志发展的第三个阶段，才开始了从反思介入民族志的再生产，在对人类学与殖民主义、帝国主义和欧洲中心主义的密切联系的重新审视中开启人类学批评的新图景。参见高丙中：《〈写文化〉与民族志发展的三个时代（代译序）》，见［美］詹姆斯·克利福德、乔治·E. 马库斯编：《写文化——民族志的诗学与政治学》，高丙中等译，商务印书馆 2006 年版。

术与人类学》① 一文中梳理了艺术人类学的发展脉络，概述了人类学对于艺术的关注与兴趣经历的三个主要阶段：19 世纪末至一战以前，人类家主要关注艺术的区域性风格和起源问题，图案设计的演化与传播，例如阿尔弗雷德·C. 哈登（A. C. Haddon）的《新几内亚装饰艺术》（1894）和《艺术的进化：图案的生命史解析》（1895）以及博厄斯关于美国西北部太平洋沿岸印第安艺术的研究［可参见《北太平洋沿岸印第安装饰艺术》（1897）一文］等都是在这一向度上展开关于艺术的探讨。弗思指出，在一战前甚至在一战期间，人类学家对于艺术的兴趣其实是非常有限的，公众对于所谓原始艺术的关注主要源于其美感性和商业性的考虑，而非民族学的研究目的。② 可见，在此阶段，人类学家更多的是将异域艺术当成一种装饰品和商品来看待，而其中必然包含了意识形态的"筛选"与"变形"。

一战之后至二战期间，经由后印象派画家对于异域艺术的推崇，愈来愈多的异域雕刻制品（主要是面具和雕像）进入欧洲博物馆被加以收藏和展览，它们在很大程度上为人类学专业性的研究提供了丰富的资料。这一时期涌现出了大量关于原始艺术的研究，诸如博厄斯的《原始艺术》（1927）结合自己在北美、南美多人种地区的实地考察以及采集到的丰富的原始资料，对于绘画、文学、音乐、舞蹈等原始艺术类型的基本特征进行了分析和阐释，提出了

---

① See Raymond Fith, "Art and Anthropology". in Jeremy Coote and Anthony Shelton （eds.）. *Anthropology*, *Art*, *and Aesthetics*, Oxford: Clarendon Press, 1992, pp. 20-22.

② See Raymond Fith, "Art and Anthropology", in Jeremy Coote and Anthony Shelton （eds.）. *Anthropology*, *Art*, *and Aesthetics*, Oxford: Clarendon Press, 1992, p. 20.

"世界各民族尽管对美的鉴赏千差万别，但均能以某种方式获得美的享受"① 的观念，这对于西方中心主义艺术观无疑是一剂强有力的防疫注射。此外，伦哈德·亚当（Leonhard Adam）在其《原始艺术》（1940）中将史前史与现代原始艺术联系起来，对于农民艺术、儿童艺术以及欧洲艺术家与原始艺术的关联等都进行了一定的探讨。② 在弗思看来，亚当强调文化背景尤其是宗教对于理解原始艺术的重要性，然而他对于艺术的"社会意义"的理解和论述仍有其肤浅性。③ 在这一时期还有一部值得特别提及的，即尤利乌斯·E. 利普斯（Julius E. Lips）的《野蛮人的反击》（*The Savage Hits Back*）（1937）图文并茂地展现出非西方社会的艺术家和手工艺人如何在他们的绘画和雕塑中描绘白人的形象，从看似平淡无奇的描绘到令人发笑的讽刺性漫画，表现方式不一而足。弗思评析道，该研究是关于殖民主义的较早批评。④ 该研究的意义在于，它恰是通过对特定文化背景全部丰富性的探究，给予了异域艺术的特殊类型之产生及其意义以强有力的解释，并且，在此过程中发掘异域艺术中所蕴藉的审美抵抗力量，这对于我们探究艺术的审美抵抗与审美修复等当代美学问题具有重要的理论价值和实践意义。

二战之后，人类学关于艺术的研究进入了其相对繁盛的时期，

---

① ［美］弗朗兹·博厄斯：《原始艺术》，金辉译，贵州人民出版社 2004 年版，第 1 页。

② See Raymond Fith, "Art and Anthropology", in Jeremy Coote and Anthony Shelton (eds.). *Anthropology*, *Art*, *and Aesthetics*, Oxford: Clarendon Press, 1992, p. 21.

③ See Raymond Fith, "Art and Anthropology", in Jeremy Coote and Anthony Shelton (eds.). *Anthropology*, *Art*, *and Aesthetics*, Oxford: Clarendon Press, 1992, p. 21.

④ See Raymond Fith, "Art and Anthropology", in Jeremy Coote and Anthony Shelton (eds.). *Anthropology*, *Art*, *and Aesthetics*, Oxford: Clarendon Press, 1992, pp. 21−22.

诸如关于异域艺术的田野研究的激增，艺术的批评性分析更具穿透力，关于个体艺术家的风格创造力的敏锐而复杂的研究已经出现，人类学家对于比较美学以及艺术作为交流的媒介和知识建构与传播的重要因素之事实，表现出更为浓厚的研究兴趣等等。这一时期涌现出了许多批评性论文集，诸如卡罗尔·乔普林（Carol Jopling）主编的《原始社会中的艺术与美学》（1971）、安东尼·福格主编的《原始艺术与社会》（1973）等，而英国人类学家罗伯特·莱顿的《艺术人类学》（1981）以及范·丹姆的《语境中的美：关于美学的人类学探讨》（1996）等著述则展现出了现代人类学对于美学和艺术研究所作出的丰富贡献。此外，弗思指出，人类学在与其他学科实践合作的过程中也拓展了研究方法，在历年举办的几次跨学科对话会议中，我们可以窥探到人类学研究更为广阔的延伸空间。诸如 1957 年由皇家人类学学会举办的"部落社会中的艺术家"（The Artist in Tribal Society）会议，1948 至 1949 年由当代艺术学会赞助的"现代艺术四万年"（40000 Years of Modern Art），该会议名称看似矛盾和有悖常识，实则是关于原始艺术与现代西方艺术的比较研究，包括探讨原始艺术对于现代艺术的影响。[1] 可见，在这一时期，艺术人类学研究进入了反思和自觉的时代，对于原始艺术独特的表达方式及其美学价值，原始艺术对当代艺术的影响以及艺术的新批评范式等都有了较深入的探讨。

　　概而言之，人类学对于当代艺术的影响也是审美制度嬗变的历史缩影。这种影响大致体现为如下三个方面：19 世纪末 20 世纪初，随着人类学家们从世界不同原始部落收集到的艺术品在纽约、

---

[1]　See Raymond Fith, "Art and Anthropology", in Jeremy Coote and Anthony Shelton（eds.）. *Anthropology, Art, and Aesthetics*, Oxford: Clarendon Press, 1992, p. 22.

巴黎、伦敦等国际大都市博物馆中得到展示，原始主义风潮的兴起使原初不被重视或置于审美等级序列末端的原始艺术的表达方式及其艺术价值获得了新的认知；人类学将社会文化视为"社会剧场"①，这引发了艺术家对于"行为艺术"的关注与实践；随着人类学对于田野现场建构实践的推进，艺术参与社会建构也成为当代艺术实践的必然趋势。② 于此，人类学对于当代艺术的系列性影响，是对于审美等级主义、审美和艺术的本质主义以及艺术自律性等审美制度的反观与重构。

综上，人类学对于艺术的研究分别经历了从物到艺术品；从艺术风格到艺术行为；从艺术本身到艺术力量的转变，这也正是审美人类学渐至显现其自身反思维度的重要转向。此种转向渗透着人类学对于殖民与剥夺的强烈质询与批判，对于西方艺术制度的解构与开启以及对于艺术之于社会意义的不懈探寻。于此，艺术的精神内核正在慢慢地向人们展露出其特殊的光泽，审美人类学也由此逾越出其作为一门单纯学科的域限。然而，恰如霍华德·墨菲和摩根·珀金斯在《艺术人类学读本》"导论"中所言："在人们本该期待的地方，艺术研究却往往是缺席的。"③ 这是令人深思的，在当代，我们应当如何理解艺术，我们为何需要艺术，我们应如何捕捉艺术自身所蕴藉的奇谲的想象及其向现实转换的轨迹，这些都需要我们结合当

---

① 诸如特纳的"社会剧场"以及格尔兹关于尼加拉国家剧场的研究等。
② 参见方李莉：《论艺术介入美丽乡村建设——艺术人类学视角》，《民族艺术》2018 年第 1 期。
③ Howard Morphy and Morgan Perkins, "The Anthropology of Art: A Reflection on its History and Contemporary Practice", in Howard Morphy and Morgan Perkins (eds.). *The Anthropology of Art: A Reader*, Oxford: Blackwell Publishing Ltd, 2006, p. 9.

代情境给予一种新的解答。尤其是，在经济与文化全球化的今天，人类所面临的生存与发展的悖论和困境比以往任何一个时代都远为复杂，由人类学和艺术学共同提出的社会问题也将更为深刻地渗入人与社会的再生产之中。因此，在当代语境中，结合人类学批评实践，将当代审美和艺术问题聚集与再度开启就成为我们接下来要做的工作。

第三节　审美人类学的问题域与审美制度批判

当代著名的文化批评家特里·伊格尔顿指出，马克思主义批评史迄今展示了四种基本模式：人类学批评、政治批评、意识形态批评和经济批评。其中，马克思主义人类学批评学派以普列汉诺夫、克里斯托弗·考德威尔以及厄内斯特·费歇尔等人为代表，该学派提出的基本问题是：艺术在社会进程中发挥怎样的功能？审美能力的生物和物质基础是什么？艺术如何与神话、仪式、宗教和语言相联系？等等。① 伊格尔顿认为人类学批评模式是四种批评模式中"雄心最大、影响最远的一种，它力图提出一些令人生畏的根本性问题"。② 例如，在马克思晚年的人类学转向③中，我们深刻地感

---

① 参见［英］特里·伊格尔顿：《历史中的政治、哲学、爱欲》，马海良译，中国社会科学出版社 1999 年版，第 109—110 页。

② ［英］特里·伊格尔顿：《历史中的政治、哲学、爱欲》，马海良译，中国社会科学出版社 1999 年版，第 110 页。

③ 马克思晚年转向人类学研究主要基于两方面的原因：一是在哲学批判和政治经济学批判的基础上继续实践两种伟大的"再颠倒"，即对颠倒的哲学、颠倒的现实的再颠倒，从而拓展和深化意识形态理论；二是在此基础上分析指出资本主义社会只是人类历史发展进程中所经历的其中一个发展阶段，而并非基于某种永恒的真理的结果，以此向资本主义的基本信条发起挑战，并且在努力揭示该制度灭亡的必然性及其历史动因的同时关注史前社会和东方社会的特殊性问题，完善和发展历史唯物主义。

受到了这种雄心：通过人类学批评挑战资本主义的基本信条，划破历史的幻象，在重新联结过去与未来两端的"现在"情境中解构审美与实践的对立。这是一种充满着革命意味的人类学，它力图在对既有权力和知识结构审视的基础上重构权力的边界。

列维-斯特劳斯（Claude Lévi-Strauss）曾指出，"马克思主义的基本问题是要认识，劳动为什么以及怎样创造了剩余物。马克思对这一问题的回答具有民族学的性质，对此人们并不总看得很清楚"。① 在他看来，马克思揭示了资本主义制度不过是把西方人原本对付土著居民的一套用来对付西方人而已，并且证明有产者和无产者之间的关系不过是殖民者与被殖民者关系的又一个特例而已。② 意识形态的人类学性质于此被彰显出来，它无非是要表明，在任何一个存在剥夺被剥夺者的社会形态里，创造剩余物的神话是永远不会消亡的，只是在资本主义制度中，这种神话以更为隐秘的方式存在。

而在当代社会中，尽管这种现代神话依然存在，但剑拔弩张早已不再成为常态，审美和艺术在治理实践中发挥着一种特殊的功能，或，艺术介入社会，这本身就是一种微妙的治理术。尤其是在审美资本主义时代，审美和艺术的因素已然成为社会发展的主要动力之一，我们应当如何发掘艺术作为治理术的可能，对于审美人类学而言，这是一个极富于挑战性的课题。它的问题实则在于：人类学批评之后，我们如何建构艺术研究的当代性？亦即，我们应当如

---

① ［法］克洛德·莱维-斯特劳斯：《结构人类学》第二卷，俞宣孟等译，上海译文出版社 1999 年版，第 346 页。
② 参见［法］克洛德·莱维-斯特劳斯：《结构人类学》第二卷，俞宣孟等译，上海译文出版社 1999 年版，第 346 页。

何考察与把握当代审美和艺术的新形式、新构型与新意义？我们如何在当代情境发掘艺术作为一种特殊的意识形态的力量？在人类学的意识形态批评与日常生活批评双重维度的建构中，当代审美人类学的问题域与审美制度批判之维已自行显现出来，它同时促使我们重新考量人类学的角色与意义。

一、我们应当如何理解"美"和艺术，这是美学的元问题，在与人类学的跨学科研究之中，这个问题将获得新的理解和阐释空间。人类学研究表明：（1）艺术不是"为艺术而艺术"的艺术，而是一种在日常生活中在场的存在。恰如墨菲和珀金斯强调的，艺术在人类社会生活中存在，否则艺术人类学将不会生产出它的读者①。于此，艺术不再是单数的大写的"Art"，而是一种复数多元的存在，也唯有放弃将艺术进行整体统摄的冒险，我们才有可能触摸到艺术更为真实的存在。（2）艺术就其根本而言不是"个人的艺术"，而是一种社会表现。因为，"严格地说来，'个人的艺术'这几个字，虽则可以想象得出，却到处都不能加以证实。无论什么时代，无论什么民族，艺术都是一种社会的表现，即使我们简单地拿它当作个人的现象，就立刻会不能了解它原来的性质和意义"。②也正是在艺术的多元存在样态中，我们才更为深刻地感受到艺术与社会的互渗。（3）艺术具有其内在的审美属性，这是探讨艺术作为特殊意识形态之功能的认识论基础。在具体的人类学研究实践中，"对于艺术以及人类行为的审美之维的忽略，通常会导致人类

①　See Howard Morphy and Morgan Perkins，"The Anthropology of Art：A Reflection on its History and Contemporary Practice"，in Howard Morphy and Morgan Perkins（eds.）．*The Anthropology of Art：A Reader*，Blackwell Publishing Ltd，2006，p. 12.
②　［德］格罗塞：《艺术的起源》，蔡慕晖译，商务印书馆 1984 年版，第 39 页。

学无法理解或令人信服地显露出人们参与社会特定事件的效果"。①艺术绝不是人类生活的附带品或点缀，而是人类的自然组成部分，它几乎容纳并形塑着人类全部的情感、想象与需要，并通过诉诸人的身体与情感而发挥作用，这是任何其他"物"所难以企及和复制的。因此，对于艺术作为观念、行为、力量的同时考察与把握，是切入当代艺术人类学研究的重要入口。

二、如何发掘艺术的地方性审美经验及其价值意义。在人们沉浸于建构艺术的形而上学概念带来的快感之前，艺术首先是作为一种地方性审美经验而存在，并显现其丰富的"物质基础"。"地方"在此意味着艺术的在场与经验的融合，而地方性审美经验则是此种经验最微妙的表达。在全球化语境中，艺术的地方性审美经验变得愈发珍贵，因为它保留和维系着人类与全球化语境下文化的日益同质化及其潜藏着的人类学暴力相对峙和抗衡的可能性力量。正是凭借着地方性的视角，来自他文化的艺术的特殊性才有可能显现出来，并获得应有的尊重。然而，对于艺术作为身体、情感、经验的聚集这一事实的忽略，以及对于这些内在的难以描摹的存在的望而却步，使得这一本该富于活力的探讨被长久地搁置起来。

克利福德·格尔兹（Clifford Greertz）曾指出："如果在人们发现的各个地方、各种艺术（如在巴厘人们用钱币来做雕像，在澳大利亚人们在泥土上画画等）确有一个共同点的话，那就是它们不能被纳入西方化的艺术程式，即艺术并不是为了诉求于什么普遍的美

---

① Howard Morphy and Morgan Perkins，"The Anthropology of Art：A Reflection on its History and Contemporary Practice"，in Howard Morphy and Morgan Perkins（eds.）．*The Anthropology of Art：A Reader*，Blackwell Publishing Ltd，2006，p. 22.

的感觉。"① 在此，格尔兹强调了艺术的地方性审美经验恰恰是对于西方传统形而上学美学构想的一种疏离，而对于此种疏离的表现形态及其特殊价值，那些被美学宠坏的人们往往选择视而不见。事实上，现代人类学研究表明，在人们"以什么为美"以及"如何表现美"的方式上存在着很大的文化差异。这种差异不仅仅以文本的方式书写，而且也以政治经济体制、习俗、惯例、亲属制度、宗教、神话、艺术、禁忌、伦理、世界观、天文历法、祭礼仪式等社会生活中可观察的和不可观察的地方性知识的文化书写方式写成。如果没有对这些地方性知识的考察和了解，我们如何能够理解那些与我们在日常生活中长期习得的常识十分相异的审美和艺术现象？值得一提的是，在这些常识性的地方性知识中，艺术作为审美差异的微妙表达方式，它同时也是建构和重塑地方性文化认同的重要载体。然而，在文化现代化和全球化的冲击下，艺术的地方性审美经验渐至呈现出肢解和"分裂"的状态，即随着市场的全球化拓展，许多地方性少数族裔艺术也被纳入其商品化的逻辑之中，这一方面带来了地方性艺术展演的契机，另一方面，地方性艺术从其生产土壤中抽离之后，若省却对于其蕴藉的地方性审美经验的考察，符号化、拼贴化的市场挪用将使地方性艺术成为一种抽象的标签，其包含着的本真性情感甚至被严重误读。因此，对于艺术的地方性审美经验的解读与再生产，尽管是一件令人棘手的事情，但却是不可逾越的。

三、如何理解和阐释文化交流中的审美和艺术。该问题主要探讨在全球化语境中，土著艺术如何被表述、生产和再生产；艺术在

① ［美］克利福德·吉尔兹：《地方性知识》，王海龙、张家瑄译，中央编译出版社 2004 年版，第 155 页。

文化交流中产生了怎样新的形式和审美经验；我们应当如何在文化交流中理解艺术的本真性与流动性。弗雷德·R. 迈尔斯在《表述文化：土著丙烯画的话语生产》① 一文中分析了澳大利亚土著平图琵（Pintupi）丙烯画②作为一种文化接触的产物所遭致的三种批评：（1）既然该艺术在西方社会文化中流通，就必须用西方艺术界的标准衡量它，而以此标准来看，它们代表了二流的新表现主义；（2）这些土著绘画因为受到西方形式的"污染"而无法代表真正的"他者"；（3）这些绘画被当作商品在市场上流通，会不可避免地遭到腐蚀而失去其本真性。不难发现，第一种批评是用西方艺术界的标准和审美制度拒绝了丙烯画，而后两种批评则是从自我宣称的土著的角度拒绝了它们。在迈尔斯看来，这些批评都属于界定"高雅艺术"的隐性实践。在其中，自我与他者的界限被强硬地建构起来，关于他者的意识形态想象依然成为西方艺术界评价的"理论氛围"，于此，一种新的艺术批评和审美制度的建构就成为亟待展开的工作，它呼吁的恰恰是一种真正意义上的文化"细描"。事实上，恰如迈尔斯评价的，丙烯画的魅力在于它们在世界上仍然是有"根性"（rootedness）的和有"地方感"的。许多丙烯画家执着于在帆布上生产他们的身份，表达他们对神圣土地的固恋与梦境，并借由它来宣告土著对于土地的权利，这种艺术的

---

① See Fred Myers, "Representing Culture: The Production of Discourse (s) for Aboriginal Acrylic Paintings", in Howard Morphy and Morgan Perkins (eds.). *The Anthropology of Art: A Reader*, Oxford: Blackwell Publishing Ltd, 2006, pp. 495-512.
② 这是一种在文化接触与交流中产生的新的艺术形式，是原初生活在澳大利亚西部沙漠的土著人群迁移到一个叫帕普亚（Papunya）的地方，并在与澳大利亚白人发生接触后，将伴随其丰富的祭祀仪式中出现的身体装饰和雕刻绘画等传统图案转化到用木板和帆布进行绘制而成。

"反利用机制"是西方视觉主义者所无法获悉的。在他们看来，白人不能完全欣赏这些诚挚的激情，他们购买的只是一种抽象的意义。这表明，地方感不等同于地方，艺术家完全可以在不同的地方表达本土化的地方感，并且同时有可能获得去地方化的认同与肯定，尽管其中包含着一定的文化误读。无论如何，这种"根性"对于理解和评价土著艺术都是非常重要的。

与此相关的是，我们应如何看待土著艺术的"本真性"？它是一种被制造的根性还是根性的自然延伸？不可否认的是，"本真性"在当代艺术市场中被推崇备至，其内在的奥秘与玄机的确值得好好揣摩。克里斯托夫·B. 斯特纳（Christopher B. Steiner）在《贸易的艺术：论非洲艺术市场的价值创造与本真性》[1] 一文中指出，艺术品展演的关键在于营建一种发现的幻象（illusion of discovery）。其中，"做旧"成为"制造"土著艺术本真性的重要介质。诸如，为了慰藉西方人对于古老年代及其特殊美学品格的渴慕，复制神圣的古色，以保证其"不为西方人所接触"而保存的"纯洁度"就成为一种有意味的市场运作。在其中起作用的商品逻辑是，怀旧氛围成为一种审美对象，于此建构的审美幻象为"物"增值。在此，"旧"成为一种美学品质，并作为某物能够升格为艺术品的重要条件，这种"价值颠倒"的艺术事实恰好反映了人们对于"本真性"的膜拜。然而，极具反讽意味的是，斯特纳通过几个有趣的个案表明，言语暗示与物品的放置场域在很大程度上能

---

① See Clristopher B. Steiner, "The Art of The Trade On the Creation of Value and Authenticity in the African Art Market," in Howard Morphy and Morgan Perkins (eds.). *The Anthropology of Art: A Reader*, Oxford: Blackwell Publishing Ltd, 2006, pp. 454-465.

够影响人们对本真性的判断和销售的成败，诸如一个美国买家在一乡村兴奋地以高价买下了他曾经在古董交易市场上拒斥的同样一副面具就是一个绝好的例子，它足以令一切关于他者的自我想象与形式主义的梦幻遭致出其不意的一击。

迈尔斯赞同艾瑞克·麦克斯（Eric Michaels）如下观点：把传统性与本真性用在当代土著绘画实践上是一种完全错误的判断①。尽管本真性是艺术的地方性审美经验的某种聚集，但它绝非静止的标签，更重要的问题在于，我们如何考量艺术在文化的交流互渗与杂糅（Hybrid）中所具有的不同意义。莉恩·M.哈特（Lynn M. Hart）在《三面墙：地区美学和国际艺术界》② 一文中以印度库蒙女性仪式艺术为例，分析了该绘画形式在印度传统仪式、市场以及博物馆中具有的不同逻辑与意义。其中，借助市场与博物馆的现代语境，非西方物品"通过变形"而摇身变成艺术名作，它的仪式意义被悬置起来，在特殊的交换中变成了高级拍卖会和高雅鉴赏制度的对象，获得了新的市场和尊重。在哈特看来，这种转变越来越常见，它是讨论表现的政治（politics of representation）的素材。该个案实则包含了两个需要同时考量的问题：一方面，土著艺术并不必然会被西方批评体系所拒绝；另一方面，在这种通过西方艺术界"变形"升格为艺术的过程中，断裂（disjunction）③ 是一个隐秘而

① See Fred Myers, "Representing Culture：The Production of Discourse（s）for Aboriginal Acrylic Paintings", in Howard Morphy and Morgan Perkins（eds）. *The Anthropology of Art：A Reader*, Oxford：Blackwell Publishing Ltd, 2006, p. 504.

② 参见［美］乔治·E. 马尔库斯、弗雷德·R. 迈尔斯主编：《文化交流：重塑艺术和人类学》，阿嘎佐诗、梁永佳译，王建民校，广西师范大学出版社 2010 年版，第 177—194 页。

③ 这是弗雷德·迈尔斯在分析平图琵（Pintupi）丙烯画在其制造与流通中产生的问题时使用的一个术语。

重要的问题。在迈尔斯看来，此种"断裂"主要指涉艺术生产者
对于作品的理解和描述与其作品在其他场合被制造的意义之间产生
的鸿沟。因此，发掘"制造"意义背后的意识形态想象，如何重
新联接"物"的原初意义及其被制造的意义就显得尤为重要，至
少，这些研究再次凸显出了语境对于理解艺术流动性意义的重
要性。

如上关于文化交流中的艺术的相关探讨，将当代艺术人类学研
究引向了对于在文化交流中"物"向"艺术品"转换的变形机制；
艺术在不同文化语境中流动时所具有的特殊意义；如何考察殖民主
义、市场以及西方艺术界对于地方性美学原则的重新定义；如何避
免地方性艺术中所包含的情感被误读；如何动态地考察全球化背景
下艺术的生产与再生产及其意义等问题的关注，这对于打破关于艺
术的静态式研究范式无疑具有重要的价值和意义。

四、如何考察和把握当代艺术的多元存在样态及其审美抵抗方
式。在格尔兹看来，"艺术素以难以阐释而著称于世。似乎从'文
艺'这个词被造出来，它就像颜料、声音、石头和其他与文艺素
无关系的东西一样，它自己本身早已成为了超话语研究的存在
了"。① 因此，将艺术当作一种事实而非抽象的哲学概念显然是对
于艺术的较好注脚。在当代，人们对于艺术的兴奋与困惑几乎均来
自艺术的多元存在性，尤其是艺术在其中与权力周旋和博弈的方
式。托尼·弗洛里斯指出，过去我们倾向于将审美形式视为一种似
乎不与任何权力（power）相关联的存在，近来这样的情况已有所
改变。我们期待更多关于审美与权力的民族志研究，并且希望未来

① ［美］克利福德·吉尔兹：《地方性知识》，王海龙、张家瑄译，中央编译出版
社2004年版，第121页。

的研究能够区分以下几种艺术形态：自治群体的艺术、被支配者的艺术（包括底层阶层的艺术、第四世界的艺术以及被征服者的艺术）、统治者的艺术（包括上层阶层的艺术和大众商品流通中的艺术）。弗洛里斯特别强调，希望在一种政治的和经济的结构中全面而系统地研究人类创造物，他明确将这种希望表达为，"简言之，我所期待的并不是政治人类学，而是具有真实政治性的审美人类学（a truly political anthropology of aesthetics）"。①

伊格尔顿曾向我们提出过这样一个看似常规性却发人深思的问题："文学理论的要义（point）是什么？"在他看来，在"纯"文学理论的学术神话中，这似乎是没有必要去操心的，甚至会认为将文学与政治相连的任何念头和行为都暗含着必然的谴责。对此，伊格尔顿指出，"所有批评在某种意义上都是政治的"。而"政治"在他看来则是人们将自己的社会生活组织在一起的方式，以及这种方式所包含着的权力关系。因此，伊格尔顿强调，不是"把政治拉进文学理论"，而是"政治从一开始就在那里"。② 事实上，政治及其蕴藉的权力始终以其隐秘的运作机制渗透于社会分类框架之中，艺术也深嵌于此，并作为一种特殊的意识形态形式成为对社会关系的微妙刻写。在这个问题上，弗思曾指出，通过艺术媒介使政治性言论起特定作用已不再是新奇的事。从历史上看，艺术有一种特意诱使人们理解和转变社会秩序的目的。弗思认为这种"政治艺术"（political art）造成的后果不容易评估，例如苏联现实主义

---

① Toni Flores, "The Anthropology of Aesthetics", *Dialectical Anthropology*, vol. 10 (July), 1985, p. 35.
② 参见［英］特雷·伊格尔顿：《二十世纪西方文学理论》，伍晓明译，北京大学出版社 2007 年版，第 196—213 页。

或者中国关于农民斗争的壁画。① 再如，罗伯特·汤普森在研究非洲文化时对有意制造的丑陋艺术（intentional ugliness）给予了特别关注，他引入"反美感的"（anti-aesthetic）这一术语来讨论约鲁巴中有意制造的丑陋面具。他指出，严格地说来，"审美的"等同于"美的"，从该视角而言，有意制造的丑陋艺术就会被排除在美学研究的范围之外。② 这种排斥是应当避免的，例如，丹尼尔·比耶比克用"丑陋中的美感"（aesthetic of the ugly）来表达莱加人（the Lega）有意制造的丑陋雕塑所具有的特殊的审美价值。③ 事实上，"有意制作的丑"在不同的情境中具有多方面的指涉和功能，范·丹姆就以非洲面具为例，以丰富的个案和图片解析了"有意制作的丑陋面具"所具有的三种功能：表征不道德的品性；引起恐惧；通过模仿小丑特征缓解人们的痛苦，或通过戏仿和戏谑的方式反讽当局者的可笑性与荒谬性以娱乐人们。④ 其中，第三种功能是极富于意味的，于此，艺术的审美抵抗功能及其意义是潜隐的而富于力量的。事实上，在当代艺术生产与消费中，尽管人们无法主导生产，但通过有选择地接纳与再生产艺术消费方式，在其对强势

---

① Raymond Firth，"Art and Anthropology"，in Jeremy Coote and Anthony Shelton（eds.），*Anthropology*，*Art*，*and Aesthetics*，Oxford：Clarendon Press，1992，pp. 35-36.

② See Robert Farris Thompson，"Aesthetics in Traditional Africa"，in Jopling，C. F.（ed.），*Art and Aesthetics in Primitive Societies*，New York：E. P. Dutton，1971，pp. 379-381；Robert Farris Thompson，*Black Gods and Kings. Yoruba Art at UCLA*，Berkeley，London：University of California Press，1971，Chap，3/4.

③ See Daniel P Biebuyck，"The Decline of Lega Sculptural Art"，in Graburn，N. H.（ed.），*Ethnic and Tourist Arts*，Berkeley，Los Angeles，London：University of California Press，1976，p. 346.

④ 参考怀尔弗里德·范·丹姆在 2015 年中国艺术人类学国际学术研讨会的大会主题发言及其提交的"Intentional Ugliness in African Masks"论文大纲。

者文化的疏离、"变形"与重构中同样展现出令人生畏的精神性力量与社会变革契机。在某种意义上可以说，对于审美和艺术与政治/权力关系的厘清与超越，恰恰是审美人类学向艺术致以的最崇高敬意。

概言之，人类学批评介入美学研究，倾向于从意识形态批评和日常生活批评两个向度切入，这也正是审美制度批判的双重之维，从而展开对如下两个主要问题的探讨：一方面，揭示非西方艺术在西方审美制度建构和维系中所遭遇的后殖民待遇并发出质询，弱势群体艺术的政治潜能的激发恰恰要建立在此种审美制度批判的基础之上。另一方面，阐释少数族裔、边缘群体、弱势群体艺术的独特表达方式及其与当代文化相交流中产生的价值意义，发掘它们背后的思想与激情，以丰富和发展后殖民批评与"弱小者话语"理论的研究，并积极探讨这些艺术本身所蕴藉的社会变革的力量及其实践机制，从而使"沉默"在当代获得新的言说方式。于此，如何开启审美制度批判的诗学与政治学两个维度，无疑是当代美学研究的重要向度。

第三章

变形与审美变形的反凝视

在人类艺术创造的历史长河中，变形是一种令人瞩目而又极富于意味的表现手法。尽管变形所蕴藉的情感与力量及其折射的世界往往是令人费解的，然而同时也是异常真实的。在某种意义上，艺术是社会生活关系的特殊刻写方式，它给予人们重新"看"世界的诸种可能性。变形与审美变形是审美制度被建构与能建构之维的两重奏，变形作为艺术诞生的特殊方式，源于西方艺术界对于他者的"看"及其蕴藉的浪漫想象与意识形态暴力，同时，这种不断发生变形的镜像也在其褶皱中重新舒展与显现。

无论人们是否将"变形"作为一个严肃的话题加以研究，在人类艺术的各个领域，形象的变形却从未停歇过自己的脚步，并为该艺术的永恒魅力书写着浓重的一笔。诸如古埃及的狮身人面像、古希腊神话中的蛇发女妖墨杜莎、维吉尔《埃涅阿斯记》中凶恶的鸟身人面女妖、奥维德《变形记》中因观看而招致惩罚被变为女性的忒瑞西阿斯、拉伯雷《巨人传》中塑造的力大无穷、智慧超群的巨人卡刚都亚和庞大固埃、卡夫卡《变形记》中的人变形为甲虫、中国上古神话中"人面蛇身"的女娲和伏羲，吴承恩

《西游记》中孙悟空等形象的人、神、怪多重属性的杂糅，等等，不胜枚举。作为一种特殊的表现方式，变形的原因及其效果值得深究。就变形的原因而言，亦是多种多样的，例如为战胜自然灾害的变形、作为理想的化身的变形、惩恶扬善的变形以及揭橥和超越资本主义异化现实的变形，等等。由变形而创造的艺术形象往往让人在一种陌生化的情境中产生重新体验人类情感的审美效应，甚至激发出一种摄人心魄的精神力量。于此，变形在艺术创作和鉴赏中的作用以及变形与审美之间的关系问题就成为美学和艺术研究的一个重要议题。

然而，在既往的美学研究中，变形与美的联系并没有得到充分的重视和探讨，即使有也更多限于对文本艺术及现代、后现代艺术作品的分析，对于无文字社会和前现代社会中变形艺术的机制、特征及意义的发掘和阐释仍然留下了巨大的探寻空间。此种探寻的意义不在于描述艺术在形式方面呈现的面貌和特征，而在于尝试触摸到变形艺术的内在精神，感知那些曾经不可言说的和将要言说的存在。

第一节　艺术变形与意识形态变形

从视觉角度看，"变形"一般表现为事物异于人们惯例系统中认可之物在身体和形式方面的形变和转化，然而，这绝非"变形"的全部内涵甚至并非"变形"最为内在的意义所在。就形象变形的动机而言，此种变形实为意识形态变形的某种产物，也因此当其与人类心灵再次相遇时才会让人在震惊中重新体验人类曾经经历和将要经历的奇幻的世界。

在西方现代派艺术中，诸如在表现派、立体派、未来派、达达派、超现实主义、抽象主义、波普艺术等艺术流派作品中，变形是一个常见的主题，作者往往借助形象、色彩等艺术质料的变形营造出一个荒诞不经的非人的世界。例如，以绘画作品为例，挪威画家爱德华·蒙克的《呐喊》以极度夸张的手法描绘了一个高度变形的尖叫的人物形象，圆睁的双眼与深深凹陷的脸颊犹如与死亡直接联系的骷髅，与画面中阴郁的色彩一起将视觉符号直接转化为那声凄厉的尖叫。这是蒙克在忧郁、惊恐的精神状态下以扭曲变形的线条和图式表现了他眼中的悲惨人生：人不再是人，而是一个找不到任何出路的尖叫的鬼魂。在毕加索的《亚威农少女》这幅画作中，我们看到的不再是女性的柔美和优雅，而是一群怪诞的几何变形的女人身体，与西方古典时代达·芬奇的《蒙娜丽莎》、拉斐尔的《草地上的圣母》《美丽的女园丁》等画作中描绘的作为颂扬人性中的至善至美的形象之间存在着天壤之别。在此画中，出卖爱情的身体之丑陋被毕加索肆意渲染，这表现在作者以立体主义的手法将多个视角才能所见之物叠合在一张平面上，通过身体各部分的倒错、叠加等手法表现人物的失常。其中画面右边两个女人犹如戴着面具的狰狞脸孔让人禁不住想到从阴间爬出的鬼魅，给人以阴森恐怖之感。这种表现形式根源于毕加索对于失却神性和人性的肉体的憎恶，是画家对于畸形倒错的资本主义社会对人的关系的扭曲以及人沦为机器的现实的揭示。然而也恰是这些丑陋的身体肆无忌惮挑战的模样同时构成了对于矫饰人生的无情嘲弄，这不能不说是这幅作品更为令人震惊之处。此外，达利的超现实主义绘画《记忆的永恒》中那似马非马的怪物，《西班牙内战的预感》中那个身体残缺不全、四肢彼此错位的人体，频频出现于德国画家巴塞利兹作品中的倒立的人像……这些作品展现的不再是一个正常的世界，而是一个光怪陆离的、破碎的、颠倒的、残酷的、疯狂的、无法修补的世界，甚或宣泄着一场渎神的狂欢。

我们该如何看待 20 世纪西方现代派艺术中的这种变形主题及其带来的诸多令人难忘的不安"表情"呢？尽管"美是什么？""艺术是什么？"的问题仍然是美学和艺术学研究中无法完全解答的斯芬克斯之谜，但也正因此，与此相关的以新的提问方式展开的关于审美和艺术的探讨才如此地令人着迷。我们熟知，在马克思关于经济基础与上层建筑划分的空间隐喻中，他将艺术明确作为一种"意识形态形式"来看待和加以探讨。不仅如此，在马克思主义美学视域中，作为意识形态的艺术又以两种方式存在：作为一般社会意识形态的艺术和作为特殊意识形态的艺术。前者强调艺术与其他社会意识形态的叠合性，因而侧重考察艺术的社会功用及其现实基础；后者强调艺术作为一种剩余价值与一般价值不同，它的存在本身就是一种文化缺失的征兆，是对现实生活与意识形态之间发生断裂的表征和审美修复。因此，对这两种艺术的区分是把握艺术作为意识形态形式的特殊性的关键，它引发的问题是：艺术如何在社会内部建构反抗社会的维度？

作为一种特殊的意识形态形式，艺术不再是现实或理想的直接摹写，而是以特殊的方式成为对于现实生活关系的某种表征，或，它实质是一种对于缝合好的意识形态的重新撕裂，将那层温情脉脉的外衣直接剥开，让血淋淋的现实毫无遮拦地展露出来。具体而言，现代派艺术中的变形与现代工业社会的生产方式和生活方式及其所影响的人的思维方式和审美表达方式之间有着紧密的联系。现代工业社会中"人的异化"的日趋严重以及人与自然、社会、上帝的疏离，使得现代人笼罩在浓郁的孤独、苦闷、恐惧、无聊和深深的绝望等悲凉的情绪中，现代人的心理感觉与外在的世界不再处于和谐的状况，而且再也没有达到和谐的希望。因此，作品在欲望对象化的方式中往往以变形、破碎、荒诞、丑陋等不和谐的形象将那种欲望与满足之间的对立和分裂加以强化性地显露①。这是人们对于现代社会的一种独特的精神体验，尤其是当我们意识到在"洞穴人"卡夫卡的作品中，变形竟然成为人类自我解脱的方式时，这种体验似乎就更令人震撼了，因此这些作品都不可作寻常看。在当代美学和艺术学研究中，艺术及其他审美感知形式如何作为人的更为精妙的延伸方式构成不合理现实生活关系的"反题"从而超越异化的现实已成为一个重要的课题，它仍然首先需要进入到现实的内核才能解析艺术对世界独特的"看"的方式及其意义。

在无文字社会和前现代社会中，怪诞变形的形象更是不胜枚举，然而，这种变形的价值和意义在很大程度上并没有获得应有的重视和研究。按照西方传统认识惯例，这种形式特征往往被归结为原始民族幼稚、写实能力低下以及表达方式拙劣的结果。例如玛奎指出，"非洲的想象具有概念性的风格（conceptual style），欧洲人将其设想为由于手工艺人的无能而造成的变形和扭曲。"② 无可否认的是，在西方关于他者文化的认知和评价中，单线进化主义意识形态的幽灵仍然是难以消释的，它常常纠缠着人们的头脑，甚或梦魇般地悄然游荡在人们的闲谈中，抑或向他人不经意投去的一瞥。

---

① 参见王杰、廖国伟等：《艺术与审美的当代形态》，人民文学出版社 2002 年版，第 76—82 页。

② Jacques Maquet, "Art by Metamorphosis", *African Arts*, Vol. 12, No. 4, （Aug），1979, p. 36.

例如凯·安德森（Kay Anderson）在《种族与人文主义危机》中揭橥了西方 19 世纪晚期一种典型的种族话语，这些种族话语坚信种族特征及其差异根深蒂固地植根于人的身体之中。土著被认为是劣等种族，即使是被放在文明化工程之中，仍然被视为位于从自然进入文化的入口处，表征了人类进化的零度发展①。这种将自然形成的种族差异在文化的意义上加以夸饰性地区分，甚至将之作为常识嵌入人类的各种权术政治中，同样构建了关于人类审美习性的殖民史。

在很大程度上，这种殖民史表现于人们看待和处理"原始艺术"的方式中。无可回避的是，"原始艺术"本身就是一种神秘的无法完全被分类和阐释的事物，在某种意义上，它其实是原始民族制作的人工制品与西方人的兴趣以及将它们当作艺术品的翻译法相结合的产物②。艺术史上常用的"原始"（primitive）这个词，在以往有三个不同的指涉：第一是指在拉斐尔之前，介于中世纪和现代文艺复兴两时期中间的艺术；第二是用来标示从殖民地带回帝国首都的战利品和"珍玩"；最后指的是贬低由出身于工人阶层（无产阶级、农人、小中产阶级）的男女艺术家所创作出来的艺术。这三种用法无疑都是在延续欧洲统治阶层的优越性。③ 许多学者对于"原始"的提法发出了质询并提出相应的替代方案，因为，它在人们既有的意识形态中似乎已必然暗指落后的、野蛮的、幼稚的

---

① 参见［英］托尼·本尼特：《文化、历史与习性》，陈春莉译，《马克思主义美学研究》第 12 卷第 2 期，中央编译出版社 2009 年版，第 34 页。
② 参见［美］简·布洛克：《原始艺术哲学》，沈波等译，上海人民出版社 1991 年版，第 139 页。
③ 参见［英］约翰·伯格：《看》，刘惠媛译，广西师范大学出版社 2005 年版，第 69 页。

等基于西方中心主义的偏见，它自身也内在地包含着诸多矛盾性和歧义。法国人类学家列维－布留尔在他为其著作《原始思维》俄文版所作的序中则表达了对于"原始"这个用语确切使用规则的矛盾心态："'原始'一语纯粹是个有条件的术语，对它不应当从字面上来理解……必须注意，我们之所以仍旧采用'原始'一词，是因为它已经通用，便于使用，而且难于替换。"① 因此，我们可以在一种约定俗成的层面上仍然沿用"原始艺术"的称谓，只是需要尽可能地过滤掉附着在它身上的意识形态指涉和想象。

　　原始艺术中的变形与原始民族的思维方式和表达方式有着紧密的联系。在某种意义上可以说，原始艺术是集体表象的特殊呈现。"这些表象在该集体中是世代相传；它们在集体中的每个成员身上留下深刻的烙印，同时根据不同情况，引起该集体中每个成员对有关客体产生尊敬、恐惧、崇拜等等感情"。② 因此，探究原始艺术如何作为表象和情感的容纳与塑形不乏是解析原始艺术"神秘性"的较好方式。而由于原始民族的表象与我们的表象有着较大的区别，这也带来了其表达方式上的差异。诸如，"在原始人的'表象改造'中，那些在一个对象物中最具生命原力的部分，在形状上也要变大，比如牛、鹿的角，鹰的嘴，兽的爪等等。这在我们看来，它们又是变形的、怪诞的"。③ 再如，"面具所代表的不是人们通常所熟悉的面孔，它是一种常人没有的面孔，它要引起的是陌生感而不是亲切感，因为面具所代表的不是人的表情，而是神秘世界中某种神灵所可能有的表情。正因为它要引起陌生感甚至恐惧感，

---

① ［法］列维－布留尔：《原始思维》，丁由译，商务印书馆1997年版，第1页。
② ［法］列维－布留尔：《原始思维》，丁由译，商务印书馆1997年版，第5页。
③ 牛克诚：《原始美术》，中国人民大学出版社2004年版，第41页。

因此它是不受人脸五官比例的支配的。它可以按照它的创造者的意图任意夸大某一部分或缩小某一部分。只有这样它才像是另一个世界中的神灵。"① 于此，如何使神性自身显现，如何通达人与神的交往和沟通就成为原始艺术变形的一个重要主题。

"力"或为生命力、生命原力甚或魔力，在原始部落中被视为一种特殊的存在。原始民族在表象改造活动中，在很大程度上都是在力图激活出此种"力"，以让渡人类的恐惧并表达出对于它的无限倾羡和尊崇。西非许多部落所表达的"尼耶玛"（nyama）、东非、中非一些部落所表达的"玻瓦恩格"（bwanga）以及美拉尼西亚人的"马纳"（mana）等等都指向了此种"力"的理念。这是一种无形的亦即无法用人的肉眼所能捕获到的存在，但却是一种能够主宰和形构人类和自然秩序的力量。这种力的主体可以是来自神、精灵、祖先或自然本身，与各种信仰体系相互交织互渗，共同建构出原始民族所生活的精神现实，也因此，变形、奇幻、怪诞的艺术风格就自然生发出来了。诸如定居于象牙海岸北岸的塞努福族在被称作"克鲁布拉"（Korubla）的秘密结社中所使用的"喷火兽"面具（"Fire-spitter" mask）就以变形的方式表达着此种"力"。这种面具主要由羚羊的角、野猪的牙等组成一个神话式动物形象，而在这种"意象组合"中则选用了每种动物最具神力的部位，此外，在羚羊角间还有一个鸟的形象，据说是塞努福族人的图腾。② 这是一个具有超凡能力的神圣实体，也唯有当我们意识到这一点甚至被它所感染时，变形作为一种独特的表现方式其力量才

---

① 朱狄：《原始文化研究——对审美发生问题的思考》，生活·读书·新知三联书店 1988 年版，第 500 页。
② 参见牛克诚：《原始美术》，中国人民大学出版社 2004 年版，第 167 页。

会真正显现出来。

　　关于变形所赋予的力量，在李泽厚先生关于青铜时代艺术的狞厉之美的解析中得到了很好的阐释。在《美的历程》一书中，李泽厚先生指出，以饕餮纹为突出代表的青铜器纹饰属于"真实地想象"出来的"某种东西"，因为在现实世界中并没有对应的这种动物，它是统治阶层的"幻想"和"祯祥"，亦即其意识形态的一种转译形象。饕餮是一种高度变形、风格化的、幻想的、可怖的动物形象，然而正是在那看来狞厉可畏的威吓神秘中却积淀着一股深沉的历史力量，因为它极为成功地反映了"有虔秉钺，如火烈烈"那进入文明时代所必经的血与火的野蛮时代，它的神秘恐怖正只是与这种无可阻挡的巨大历史力量相结合，才成为美—崇高的，也由此展现出一种巨大的美学魅力。① 从艺术构型的角度看，艺术家之所以要采用变形的表现方式，是因为他们要表达的对象是不可用既有的语言和质料表达的一种更隐秘的存在。亦即，变形要表现的恰恰是那不可表现之物，因此它所聚集和释放的恰恰是一种崇高之物。

　　事实上，当我们不再把艺术当成单纯的物质形态，而是将其视为一种特殊的意识形态形式时，艺术将有可能以其存在方式给予我们某种答案。阿尔都塞较为明确地表达了艺术与意识形态之间的特殊关系，他指出："每一件艺术作品，都是由一种既是美学的，又是意识形态的意图产生出来的……一件艺术作品能够成为意识形态的一个成分，就是说，它能够被放到构成意识形态、以想象的关系反映'人们'同构成他们的'生存条件'的结构关系保持的关系的关系体系中去。"② 尽管"意识形态"这个术语诞生的历史仅二

① 　参见李泽厚：《美的历程》，广西师范大学出版社 2000 年版，第 53—63 页。
② 　陆梅林编：《西方马克思主义美学文选》，漓江出版社 1988 年版，第 537 页。

百多年，但它却是"20世纪西方思想史上内容最庞杂、意义最含混、性质最诡异、使用最频繁的范畴之一"。① 这使得任何试图为意识形态做一个明确的定义和界说的想法都最终是令人沮丧的。即便如此，阿尔都塞所提出的"意识形态是个体与其真实存在条件的想象性关系的一种'表征'"。② 仍可谓关于意识形态的较好诠释，其中"想象"作为链接个体与其真实存在条件之间的中介之作用被加以强调，它能够以最大限度的空间承载着现实生活关系在人们头脑中委婉而真实的显现方式，这恰好能够解释艺术表达的多元性与复杂性。因此，阿尔都塞特别强调指出："艺术作品与意识形态保持的关系比任何其他物体都远为密切，不考虑到它和意识形态之间的特殊关系，即它的直接和不可避免的意识形态效果，就不可能按它的特殊美学存在来思考艺术作品。"③ 而这种特殊的美学存在如何显现恰恰是解答某物何以能够成为艺术品的关键，这是审美人类学值得深究的极富于意味的话题。

依照这样的研究路径，我们将发现，无论是原始艺术还是西方现代派艺术，其变形主题及其方式实则都是意识形态的一种表征，亦即，作为表象的形象变形乃是意识形态变形的某种产物。然而，也正由于不同的个体/集体、不同的存在条件以及不同的想象方式造就了原始艺术和西方现代派艺术变形的不同文化诉求和旨归。简言之，尽管两者的共同点都在于力图以特殊的方式使不可表现之物得以显现，但它们的根本区别在于：前者是为了使对象变得可以理

---

① 季广茂：《意识形态》，广西师范大学出版社 2005 年版，第 1 页。
② ［法］路易·阿尔都塞：《意识形态和意识形态国家机器》，见［斯洛文尼亚］斯拉沃热·齐泽克、泰奥德·阿尔多诺：《图绘意识形态》，方杰译，南京大学出版社 2002 年版，第 161 页。
③ 陆梅林编：《西方马克思主义美学文选》，漓江出版社 1988 年版，第 537 页。

解，而后者则是使对象变得更为怪诞和不可理喻，甚至要穷极对象的荒谬性，从而显现另一种可能性的在场。有意味的是，意识形态自身的复杂性和诡异性在此可见一斑。然而，这似乎仍只是一个小小的开始，当我们不再局囿于形象的变形，而关注到艺术现象中一种更为隐在的变形时，也许诸多与艺术相关的问题将如期而至并最终聚集。此种变形归属于意识形态变形的范畴，指向的是一种隐而不显却异常真实的"艺术"资格授予与罢黜仪式，我们暂且以变形与"艺术"的"诞生"这样的话题来讨论一下。

第二节　变形与"艺术"的"诞生"

"某物何以能够成为艺术品？"这也许应当是每一位艺评工作者在对"艺术品"进行鉴赏和品评时首先要面对的问题，然而恰恰正是这个问题，却又往往在人们的心照不宣中被当作一个习焉不察的常识轻而易举地打发掉了。对于这种有趣的现象，阿多诺曾笑称之为一种"美学的不安全感"① 使然。

关于这个问题，我们若是继续依凭着形而上学的冲动尝试着为艺术寻找一个"科学"式的界定，我们将很快发现，这是徒劳无益的。事实上，当我们首先从人类形构艺术的事实出发，事情也许会有一个好的开端。玛奎指出，在西方社会，艺术的形成主要诉诸两种方式，并因此区分了两种艺术："有意制作的艺术"（art by

---

① 阿多诺指出，传统美学理论家对具体的美学和艺术问题缺少关注，根源于他们有一种避免不确定性和争议性的普遍的惯例化倾向，不愿使美学暴露自己，进入无处隐藏或遮蔽的开阔之地，与不愿放弃从科学那里搬来的安全感有关。对于这种华而不实的安全感，阿多诺持强烈的否定和批判态度。参见［德］阿多诺：《美学理论》，王柯平译，四川人民出版社 1998 年版，第 559、593—594 页。

destination）和"通过变形产生的艺术"（art by metamorphosis）。①
其中，有意制作的艺术即属于被预设为具有审美特性的用于观看
（to be looked at）的"为艺术而艺术"的艺术，它们被假定为将以
其最高形式体现着人的审美追求。而通过变形产生的艺术则是西方
审美意识形态的产物，即"它们被那些在历史上和地理上远离其
雕刻者和观者的人通过变形使之成为艺术品"。② 这实则表明了这
样一个基本事实，"通过变形产生的艺术"是一个极富于意味的跨
文化概念。首批由于变形而成为艺术对象的事物来自那些已丧失自
身独立性的异域社会以及在社会中的弱势群体诸如农民生产的人工
制品，这些物品在博物馆的脉络中变形为艺术。这是一部令人惊叹
的艺术史，因为一种冠冕堂皇的授予仪式实则开始于一场掠夺，而
且此种掠夺还将继续。

众所周知，博物馆是一个将物集中起来供人观看的场域，但它
又绝不仅仅是物的展示，而是物、人与社会秩序的特定建构，它是
情境性的。或者可以说，博物馆具有特定的政治需求，并通过改变
其表征实践而寻求自身的表达方式。而早期博物馆与殖民掠夺是脱
不开干系的，因为展演其中的物本身就是这段历史的呈现。恰如罗
伯特·莱顿所指出的，"博物馆和美术馆带着一种对殖民主义者有
着高人一等的权力的含蓄颂扬，声称它们有资格决定来自非洲、美
洲和澳洲土著的艺术是否具有'本真性'，甚至决定其为'艺术'
抑或实用品。这一人类学研究的述评非常出色，它表明了物品从其

---

① See Jacques Maquet, *Introduction to Aesthetic Anthropology*, Malibu: Undena Publications, 1979, pp. 35-38.
② Jacques Maquet, "Art by Metamorphosis", *African Arts*, Vol. 12, No. 4, (Aug), 1979, p. 33.

原初语境被置入另一新的、更具权势的文化语境之中时，经历了怎样的价值转换"。① 正是基于此种跨语境而形构的审美意识形态，"原始艺术"作为一种特殊的艺术形态进入西方人的眼中，并开始了它们奇观化的历程。根据审美人类学考察资料表明，"原始艺术"在此种历程中一般有两种境遇：因其在形式上契合西方人的审美眼光而被视为艺术品；因其形象的变形怪诞被视为偶像或神物而非艺术品。在这两种境遇中，"原始艺术"看似遭遇了升格和罢黜的不同命运，但都是源于西方人"看"的方式的某种结果。

在玛奎看来，"将来自远方和被统治国度输入的物品吸纳为艺术一类的过程，在人类历史上，是古老而常见的。那些'具艺术性'物品的制造者本身的语汇中，常常是没有艺术一词的。是征服者把艺术这项特质加诸这些物品上，而战胜的军队则将掳自战败国的战利品，并入母国的艺术现实中"。② 毋宁说这是一种建立在掠夺行为之上的艺术资格授予仪式，也因此，被征服者授予的战败国物品的"艺术"之称谓本身是值得考究的。首先，在这些战利品中，哪些被选择并被授予为艺术品，是由西方人"看"与阐释的方式所决定的。阿瑟·丹托指出："把某物视为艺术必须具有某种肉眼不能看到的东西——艺术理论的氛围、艺术史的知识，即一种艺术界。"③ 乔治·迪基在此基础上强调社会框架结构对于艺术的建构作用，并且主张把对象放到它们的制度性背景中进行考察。

---

① 李修建编选：《国外艺术人类学读本》，中国文联出版社 2016 年版，"序一"第 11 页。
② ［美］贾克·玛奎：《美感经验——一位人类学者眼中的视觉艺术》，伍珊珊、王慧姬译，台湾雄狮图书股份有限公司 2003 年版，第 43 页。
③ Arthur Danto, "The Artworld", *The Journal of Philosophy*, Vol. 61, No. 19, October 1964, p. 580.

于此，"原始艺术"在西方社会中的遭际就不难理解了。

在西方传统美学①的理论视域中，某物之为艺术品，就在于它本身暗含了基于审美特性之上的诸种特征。以视觉艺术为例，诸如艺术品应是手工制作的，它需要某种技巧或技术，此外，它应是独特的，看上去是美观的或美的，并且它应当表现某种观点，等等。其中，"美的"（beautiful）往往成为"艺术之为艺术"的更为根本性的规定。与此相应的是，追求关于美和艺术的一般概念或共相，把目光主要集中在那些作为美的典范的古典艺术作品和艺术美，青睐规范化和类型化的艺术形象以及情理统一和典雅的艺术风格也就成为西方传统美学的一个显著特征。在这种艺术界氛围中，被选择并授予其以艺术品资格的物品往往在形式上表现出诸如对称、平衡、清晰、明亮、平整、光滑、富于装饰性、精妙等特征，从而营造出一种诸如"克制的""内敛的""冷静的""明朗的"美学风格，例如尼日利亚以利以非地区的约鲁巴人铸造的皇室祖先的金属头像，就因其现实主义的理想化形式而闻名世界②。显然，这种授予是令人为之振奋的，因为它再次证实了非西方人能够表达自己审美观念这样一个长期被西方人误解的常识。

但同样令人遗憾的是，在很长一段时期内，这种在形式上符合西方人眼光的"艺术品"背后的思想与激情并没有得到更深入发掘与阐释。因为某物之所以能够"升格"为艺术，通常是因为它们在

---

① 从西方美学发展史来看，传统美学一般指从古希腊到德国古典美学的美学形态。它建构于传统的形而上学基础之上，力图对审美和艺术的本质加以明确界说并在此基础上相应地提出一整套标准和规范，对人们关于审美和艺术的理解以及具体的审美活动具有潜移默化的影响。

② 参见［英］米歇尔·康佩·奥利雷：《非西方艺术》，彭海姣、宋婷婷译，广西师范大学出版社 2004 年版，第 27 页。

某种程度上与西方关于艺术品的观念相一致，也可以说，人们对于这些来自非西方社会的物品的关注仅仅是在它们从西方人的视野中变形为艺术之后。与此相应的是，人们并没有更多地从它们所由产生的特定语境和文化脉络中去考察该物。不仅于此，在这种神圣化的授予仪式中，由作为与日常生活或特定仪式融为一体的世俗或神圣的物品转变为艺术品，其中甚至必然地包含了对它曾经的功用和宗教内涵的某种抛弃或悬置。简言之，它们更多地仅仅是因为表面上显得"美的"而被冠以艺术的誉称，这无异于人们从艺术当中抽取了最表面的成分，然后用一种华丽而空洞的辞藻将其粉饰一般的可笑。至少，这对于我们理解非西方艺术的审美价值是远远不够的。

在某物通过变形而成为艺术品的过程中，授予其实只是一种征象或为一种结果，而阐释则是更为关键性的。因为，某物之所以能够获取"进入"艺术现实的资格，中间必然经过阐释。而在阐释具有把实物这种材料变成艺术品的功能的同时，阐释本身是变形的。[①]另一方面，阐释同时也是一种区分。在将那些来自非文字社会中的人工制品与在文明社会中尤其是西欧和北美社会中的艺术品相比较中，它们往往被视为是拙劣和低级的，甚至仅仅因为能够作为维护和强化西方文明秩序的权力和荣耀才获其存在的可能性和合理性。正如托尼·本尼特指出的，"尽管博物馆在理论上是民主的，向每个人开放，但在现实中已经证明是一种发展那些社会区分实践的非常显著的建设性技术……"[②] 无疑地，这种区分同样构成了美学王

---

① 参见［美］阿瑟·丹托：《艺术的终结》，欧阳英译，江苏人民出版社 2005 年版，第 36、41 页。

② ［英］托尼·本尼特：《文化与社会》，王杰、强东红等译，广西师范大学出版社 2007 年版，第 168 页。

国中殖民权力的一个非常重要的方面。此种精妙的策略可能带来的结果是，某物也恰恰正是通过变形而被拒绝在艺术现实之外。令人称奇的是，这与某物通过变形而成为艺术的进程几乎是同时发生的。

在《美感经验——一位人类学者眼中的视觉艺术》一书中，玛奎以 15 世纪末从刚果王国运抵欧洲的人工制品为例，解释了非洲雕像为何难以成为艺术的两个主要原因①：其一，非洲雕像身上奇怪的附加物及人形面部与神态的可怕威胁性，暗示了伤害的意图，其所代表的力量被认为与基督敌对，并且拒绝被收服，因此在西方现实的宗教范畴中，它们只能被看作是来自魔鬼阵营的作为负面实体的偶像和神物，但不是艺术雕像。其二，非洲雕像所呈现的概念性风格与当时在西方社会居于主流的理想自然主义（idealized naturalism）相冲突，这对于尊崇古典与情理统一的艺术美的西欧人而言，非洲形象很难不给人以丑陋而怪异的印象，也因此它们与艺术毫无关系甚至构成对于艺术的某种挑衅和中伤。不仅如此，在殖民地博览会与博物馆中展示这些物品，顺其自然地成为促进公众支持殖民扩张的公开宣传。于此，基于西方中心主义意识形态之上的审美进化论使殖民掠夺变得有意义且可以被接受，这不能不说是西方艺术界对于非西方艺术实施罢黜所带来的让人意想不到的结果。

由此可见，无论是"有意制作的艺术"还是"通过变形产生的艺术"，都是源自西方特定的意识形态凝视。在以包含和排斥为潜在逻辑的制度性神圣化原则中，"艺术"被历史地生产与再生产

---

① 参见［美］贾克·玛奎：《美感经验——一位人类学者眼中的视觉艺术》，伍珊珊、王慧姬译，台湾雄狮图书股份有限公司 2003 年版，第 110—118 页。

出来，而"变形"成为保证这种生产与再生产的必要的幻象与中介。关于艺术的"是"与"不是"并非一种完全客观的判断，正如我们不可能抵达一个完全不需要中介的现实，"变形"在此成为我们理解艺术复杂性的一种不可逾越的文化现象。于此，"某物何以成为艺术？"或与此相关的问题——"某物何以成为审美对象？"又如何与"变形"相关？这似乎是一个更耐人寻味的问题。

第三节　审美变形：变形的反凝视

在审美人类学研究领域中，变形与艺术的相关性主要表现为以上我们谈及的两种方式：作为艺术表现的变形和作为艺术资格授予与罢黜的变形，前者涉及我们如何看待艺术作品中的变形及其价值意义，后者指向的是我们如何重新审视艺术现象中的意识形态，两者实则都是对于"'美'的遮蔽与显现如何可能？"以及"艺术将以怎样的方式让我们看见此种美的显现？"问题的某种聚集。于此，"审美变形"将以其特殊的存在方式将"美"从其晦暗不明的空地带出。

审美变形首先是人类表征世界的一种特殊能力，具体而言，它指的是"人类运用其以想象力为核心的主体审美创造能力，通过激活和塑造人类精神活动所获得的意识形态材料，使它们摆脱认识属性与伦理属性的功利性束缚，从而使人类与对象世界的审美关系得以表达出来。"① 可见，审美变形本身既是意识形态的产物，同时它又能够将意识形态作为凝视的对象，从而表征出历史与现实的

---

① 王杰主编：《美学》第 2 版，高等教育出版社 2008 年版，第 144 页。

真实镜像。因此，"研究审美变形问题的根本意义，不是为了说明审美变形在生理学和心理学方面的基础，而在于探寻被遮蔽着的现实生活关系怎样在审美变形中得到显现和表征。"① 与此相应的是，在审美人类学领域中，我们关注的重心将不再是艺术怎样变形，而是艺术变形之后让我们看见了什么？而此种转向并非一蹴而就的，因为，艺术给予人的快感与痛感永远是相伴而生的。

当代美国分析哲学家简·布洛克（Gene Blocker）在《原始艺术哲学》一书中提出了"原始艺术是原始的吗？"与"原始艺术是艺术的吗？两个结构相似的问题，集中探讨了研究原始艺术的两难境地。在他看来，这种困境与原始艺术如何进入人们的视野以及原始艺术自身的特性有着密切的联系："事实上，原始艺术与别的艺术不同之处在于：它之所以成为艺术，不是由于那些制造这些物品的原始人们，而是由于那些购买和收藏它的欧洲人。它之所以是艺术，并非是因为那些制造和使用它的人说它是，令人啼笑皆非的是因为我们说它是。它是由于外来的宣判成了艺术。"② 于此，布洛克再次强调了"原始艺术"是作为"通过变形产生的艺术"而形构的这一跨文化概念之事实。跨文化的理解与阐释之困难早已是不言而喻的，而尴尬往往在文化语境之"跨"与"观看"视点的凝固相对撞时发生。

布洛克指出，面对原始艺术，我们处于这样一种令人棘手的两难境地③：一方面，如果我们从自己的文化出发主观地描述这些物

①　王杰：《马克思主义与现代美学问题》，人民文学出版社 2000 年版，第 45 页。
②　［美］简·布洛克：《原始艺术哲学》，沈波等译，上海人民出版社 1991 年版，第 3 页。
③　参见［美］简·布洛克：《原始艺术哲学》，沈波等译，上海人民出版社 1991 年版，第 21 页。

品，我们就有可能造成一种认识上的混乱和错误，无法忠实于甚至会曲解这些物品制造者的真实意图；另一方面，如果我们试图客观地采用这些物品的原初制造者和观者的观点，那么该物用于巫术、宗教、仪式中的功利性意义的显现又会妨碍我们对于其审美和艺术价值的评析，它们作为艺术品的资格甚至在这种实用性中被自行取缔。这种美学上的感伤主义可谓再正常不过的了，我们甚至有理由相信，那些被美学宠坏的人们更愿意沉醉于第二种纠结所带来的快感。事实上，这与人们对于内容与形式关系与"美"的某种根深蒂固的联系的偏嗜有关。

在传统西方哲学和美学批评中，"艺术品"一般被认为"应当而且可以被熟练地划分为两个亚刺激，一种是语义的，一种是形式的，分别引起一种认知的、非审美的反应和非认知的审美的反应。"① 对于这种将形式与内容的严格区分作为审美与非审美的评价标准的常识性做法，范·丹姆认为它在很大程度上是错误的，他并且指出："我们应当提出，审美反应是由形式—意义或者一种形式—语义刺激所引发的，并且将这种观念贯穿在整个研究当中。"② 这种提法将在很大程度上破除"美"寄寓于形式以及审美无功利的审美幻象，使"美"与艺术能够以更真切的"形式"得以展现。

抛却形式上带来的困扰之后，我们才能真正回到这个问题："艺术变形之后我们看见了什么？"如前所述，在植根于原始宗教意识形态的高度变形、怪诞的形象中，仍然充满了我们今人所无法

---

① ［荷兰］范丹姆：《审美人类学导论》，向丽译，《民族艺术》2013 年第 3 期，第 76 页。

② ［荷兰］范丹姆：《审美人类学导论》，向丽译，《民族艺术》2013 年第 3 期，第 77 页。

"看到"的奇谲的想象。这主要源于在原始民族的眼中，世界是由人类既不能看见也触摸不到的超自然力量在冥冥中主宰的，或者毋宁说是一种填满了神性的虚空。因此，使神和不可知事物形象化从而使之成为可视或可把握的对象，就成为他们的基本欲望所在。而那些在18世纪中叶后被西方美学命名的艺术门类——神话、传说、绘画、雕塑、音乐、舞蹈、诗歌等等，这些"奢侈的艺术"①便在原始民族渴望与神灵、自然和他人相沟通以及让渡恐惧的各种仪式中产生和延展开来，并且成为原始社会意识形态的表征方式。事实上，这些"艺术"最初并不是作为艺术出现的，而是他们的宗教生活中的重要组成部分②。它们往往与一些最原始的精神状态如交感和互渗巫术等扭结在一起，即使有也极少是为了纯粹的审美目的。但这并不影响我们将它们当作艺术品加以看待，因为一种来自形式—意义刺激所引发的原始审美的巨大力量，正在于它能促使其制作者和观者体验到那种完全情感化、社会化、魔幻化也因此是一种审美化的经验。

在某种意义上可以说，艺术的真正力量在于，它所表现的不是人的肉眼所能见之物，而是一种划破意识形态屏障之后人类所能经

---

① "奢侈的艺术"在此是强调原始艺术所诉诸的形式和方式的繁复和精致性往往与当时社会的物质发展水平之间形成了强烈的不相称性，而这种"奢侈的艺术"则深深地蕴藉着原始民族"看待世界"的独特方式。

② 例如，与许多原始艺术一样，饕餮纹青铜器在其制造的最初并非是作为艺术品而出现的，李泽厚先生在《美的历程》中指出，"在宗法制时期，它们并非审美观赏对象，而是诚惶诚恐顶礼供献的宗教礼器，在封建时代，也有因为害怕这种狞厉形象而销毁它们的史实……而恰恰在物质文明高度发展，宗教观念已经淡薄，残酷凶狠已成陈迹的文明社会里，体现出远古历史前进的力量和命运的艺术，才能为人们所理解、欣赏和喜爱，才成为真正的审美对象。"这无疑为我们力图解答"原始艺术是否是艺术？"以及"某物何以能够成为审美对象？"等问题提供了一个较为成功的范例。

验到的最高存在。这种最高存在在中国表现为"道"，在西方表现为"神"，尽管人们对于"道"和"神"的经验不能完全等同于审美经验，但它至少提供了与审美经验类似的经验，即它能够使主体"自失"于一个与最高存在同在的想象的艺术世界之中。在原始艺术中，我们同样看到了原始民族表现这种最高存在的渴望，而且也正是由于这种最高存在的遥不可及、不可捉摸以及原始民族"野性的思维"，原始艺术在形式上采用变形的表现风格也就自然生发了。

于此，我们回到李泽厚先生解析的饕餮纹青铜器，它之所以能够作为艺术品体现出一种狞厉的美，就在于它能够恰如其分地表达出人类早期宗法制社会的无限光辉与荣耀。在那个时代，社会必须通过血与火的凶残开辟历史前行的方向，而吃人的饕餮恰好能够成为那个时代的最佳注脚，因此，正是以这种"真实地想象"出来的高度变形的恐怖形象和雄健的线条才能表现出超世间的权威神力。对于此种怪诞的形象，用感伤态度是无法理解的。不仅如此，李泽厚先生还提出，远不是任何狞厉神秘都能成为美。后世那些张牙舞爪的各类人、神和动物造型，由于没有与这种不可复现的历史力量相结合而徒显其空虚可笑。① 因此，能够表征艺术力量的真正的变形绝不是为了变形而变形，它指向的是人类的更高存在经验。分析至此，我们是否可以尝试着做出以下结论：能够作为一种特殊的意识形态形式，表征出人类与世界的真实想象关系以及最高存在经验，并且选择了能够充分表达此种经验的形式的，我们可以认为它具备了被授予以艺术品的资格。于此，是否发生了审美变形可以

---

① 参见李泽厚：《美的历程》，广西师范大学出版社 2000 年版，第 60—65 页。

成为我们评判某物何以能够真正成为艺术品的一个重要标准。

除却这种评价机制自身无法完全涵盖的艺术复杂性之外，它至少在一定程度上可以让我们超越形式上的障碍，从形式—意义共同激发的艺术事实中去探讨真正的艺术法则。在这个问题上，德国艺术史家格罗塞说得非常清楚："最野蛮民族的艺术和最文明民族的艺术工作的一致点不但在宽度，而且在深度。艺术的原始形式有时候骤然看去好像是怪异而不像艺术的，但一经我们深切考察，便可看出它们也是依照那主宰着艺术的最高创作的同样法则制成的。"①这种艺术的法则不是别的，它正是审美变形的彰显。

或者说，审美变形居于艺术表现的核心。也如前文所述，西方现代派艺术作品正是通过选择与现实相疏离的变形形式力图超越异化的现实，从而指向一种更高的存在，是审美变形而非自然的摹写构成了它们向现实挑衅和召唤未来的力量。尽管原始艺术和 20 世纪西方艺术在审美变形的机制和旨向上有着很大的区别，但审美变形所赋予的力量仍是相通的。有意味的是，纽约现代艺术博物馆在 1984 年举办了一场以"二十世纪艺术中的原始主义"为题的大型展事，尽管该展遭致是否仍是民族中心主义宣传的质疑，但至少使原始艺术的面孔更清晰地呈现在人们面前。不可否认的是，非西方艺术其表现力量及其付诸的特殊表达方式正在获得当代艺术家的肯定。例如，早在 20 世纪初，乌拉曼克、德安、布拉克、毕加索和马蒂斯等立体派艺术家惊讶地发现，非洲雕像早已成功地完成某些类似的作品。那些非洲的传统雕刻师不拘泥于模仿视觉印象，大胆地用量块合成面具与雕像，而西欧图像（主要指基督或圣徒像）

---

① ［德］格罗塞：《艺术的起源》，蔡慕晖译，商务印书馆 1984 年版，第 235 页。

所呈现的人类特征则缺乏这种表现手法；艺术史学者维尔纳·哈夫特曼（Werner Haftmann）写道，他们（非洲雕刻师们）唤醒了为表现而变形的权利；桥派画家发现了在非洲面具和雕像的无书写形式的世界里，一种从临摹自然中解放出来的自由……这些法国和德国画家，率先认识到无文字社会雕刻品的形象具有的美学价值，艺评工作者也随之进入此探索的征程。① 然而，这仍然仅限于对原始艺术的变形在艺术表现方式上的肯定，对于其变形背后所包蕴的特殊精神世界，仍然是审美人类学亟待进一步纵深发掘的。

　　将事物进行分类并建构一定的秩序，这是人类天生的需要。力量往往根源于结构中的关键位置，而危险则存在于结构中晦暗而又模糊的领域。"那些不能被明确划分为二元对立中某一级的事物就成为禁忌。比如讲，二元对立的两极分别是 A 和 B，有一些事物既不能划分到 A 中去，也不能划到 B 中去；这些既非 A 又非 B，或者既有 A 也有 B 的事物，处于模棱两可的状态，就成为人类焦虑的目标。他们焦虑得居然无法将这些事物明确地分类，而这是违反人类思维本质的。于是，干脆将它们列为禁忌"。② 在某种意义上，艺术中的变形便以其异样的方式成为人类艺术批评史中的"禁忌"，因为，当分类与区隔成为社会控制的隐秘策略时，与众多"美丽"的艺术形式相较而言，它更多的只是游走在艺术的边界之外。但，人类的发展史同样表明，重新表达"禁忌"是危险的，同时也是令人兴奋的。

　　在审美人类学研究中，"变形如何与艺术相关？"是一个富于

---

① 参见［美］贾克·玛奎：《美感经验——一位人类学者眼中的视觉艺术》，伍珊珊、王慧姬译，台湾雄狮图书股份有限公司 2003 年版，第 114—116 页。
② 万建中：《禁忌与中国文化》，人民出版社 2001 年版，第 62 页。

意味的话题，它聚集了人们关于"某物何以成为艺术品"以及"艺术的内在力量是什么"等问题的探讨。在既往的传统美学研究视域中，这些问题或许可以得到"安全的"界说，但它却无法公正地对待单一的艺术作品，宏大叙事的尴尬也许正在于此。

埃伦·迪萨纳亚克曾这样向我们提问：人类已经被称为使用工具的人，直立的人，游戏的人和智慧的人，但为何就没有被称为一种"审美的人"呢？她指出，人们并没有真正意识到人类天生就是一种审美的和艺术性的动物。在许多时候，当"艺术"和"美"被提起，它们总是被看成人类智能的一种显现，一种需要专业的文化训练才可能获致的特殊能力。然而，艺术和审美远非被如此狭隘地界定，它们是人类最重要、最严肃也最为日常的事情的组成部分。① 事实上，人们完全能够在不意指和阐释抽象的"艺术"和"美"的概念的时候，仍然可以深刻而形象地感知和表达"美"。并且，"对过去的作品进行'浪漫化'意味着把它们当作变形元素，它们是沉睡的和苏醒的变形元素，将会根据不同的、新的时间性线索接受不同方式的再现实化"。② 这种多元变形使得艺术的边界变得可渗透。概言之，只有当我们重新审视"变形"在艺术资格的授予与罢黜这段仍在继续着的历史中所发挥的作用，并在此基础上发掘变形与赋值，亦即艺术审美变形的真正力量时，我们才有可能"看见"更为丰富的"美"。无疑地，这将是审美人类学以其特殊的"看"的方式所能给予我们的有益思考。

---

① 参见［美］埃伦·迪萨纳亚克：《审美的人：艺术来自何处及原因何在》，户晓辉译，商务印书馆 2004 年版，"初版前言"。
② ［法］雅克·朗西埃：《审美革命及其后果》，赵文、郑冬梅译，见汪民安、郭晓彦主编：《生产》第 8 辑，江苏人民出版社 2013 年版，第 221 页。

第四章

审美资本与审美资本主义批判

在美学领域谈论"资本",它似乎是一个既冰冷又极具诱惑性的词。关于如何缓释这种歧义重重的认知矛盾与纠葛,布迪厄在《资本的诸形式》一文中指出,事实上,除非人们引进资本的所有形式,而不只是考量经济理论所认可的那一种形式,否则是不可能对社会界的结构和作用做出解释的。在他看来,资本至少主要有三种基本类型:经济资本、文化资本和社会资本,后两者属于非物质形式的,与教育、身份抑或符号资本和声望资本等具有隐秘而重要的联系,它们在特定条件下都可以转换为经济资本。① 可见,对于资本的诸形式的认知与考察,是理解与推动社会变革与发展所不可逾越的。而更值得提出的是,对于"审美资本"的特殊性及其与其他资本形态和创意之间关系的发掘与阐释,则是理解文化经济时代的关键之维。

"审美资本"和"审美资本主义"是当代美学研究的前沿议题,它一方面源于对经济基础与上层建筑空间隐喻的再讨论,诸如韦尔施所指出的"美学已属于基础",从而揭橥审美和艺术在当代

---

① 参见［法］皮埃尔·布迪厄:《资本的诸形式》,武锡申译,见薛晓源、曹荣湘主编:《全球化与文化资本》,社会科学文献出版社 2005 年版,第 4 页。

社会发挥着的基础性的功能以及当代美学的重要转向；另一方面则是对于审美/艺术与经济关系在如何基于人的情感结构而形构的新型关系的纵深探讨。借此，审美资本主义批判既是对于审美资本在当代社会转型和变迁中所发挥作用和意义的显现，同时也基于审美资本的特殊性，对审美的资本化及其可能的旧病复发提出批评与重构。

第一节　从资本主义到审美资本主义

"资本主义"是理解社会变迁和现代性的重要概念与事实，它涵盖了政治、经济、文化与社会的转型与演变，在研究中它往往被加以限定并呈现其特定的内涵，并更多地在批判与比较的视角中显现其特殊的精神。

马克思、爱弥尔·涂尔干（Émile Durkheim）、马克斯·韦伯（Max Weber）、约瑟夫·熊彼特（Joseph Alois Schumpeter）、安东尼·吉登斯（Anthony Giddens）等对于资本主义及其与现代社会的关系做过持续性的考察，并且通过对资本主义的研究，思考自启蒙运动以来，现代性在社会变迁中所表现出来的力量与问题，力图在此基础上重建现代性理论范式。马克思终其一生都在研究资本运动的规律，对于由资本主义引发的社会动荡和危机尤为关注。马克思在晚年转向对前资本主义社会的研究，尤其关注社会制度的转变及其规律，并对如何超越卡夫丁峡谷①提出了设想，其思考的核心在

① 马克思在《给〈祖国纪事〉杂志编辑部的信》（1877）、《给维·伊·查苏利奇的复信》（1881）以及《共产党宣言》俄文版序言（1882）中探讨了俄国和东方国家如何寻找到不同于西方国家的发展道路，从而超越资本主义生产关系带来的诸多后果。

于，如何既利用资本主义丰富的生产力，同时又超越资本主义生产关系和资本主义制度所必然导致的人的异化状态。在此意义上，关于如何超越卡夫丁峡谷的设想，同时也是一种政治美学式的设想。在马克思看来，只有在逐渐消除异化状态的物质生产实践中才能使人成为"审美的人"。"审美的人"在此指的是，他不仅能够审美，而且能够创造美。在"审美资本主义"这一资本主义的新形态中，创造性的"美"将有可能显现其隐秘而富于活力的踪迹。

尽管马克思并不常用"资本主义"这个名词，但他对于"资本"的特殊性和再生产性的研究以及在此基础上对于资本主义的解读，极大地影响了后世。马克思所研究的"资本"并非局囿于19世纪的资本主义社会生活，而是以其逻辑和再生方式鲜活地存在于全球化的各个角落，并且通过与政治、经济和文化等微妙的联结与糅合，在社会批判与建构两个维度上均产生了惊人的化学效应和后果。

无论是作为对于社会阶段和时代的描摹与态度，还是对于社会变革的批判性期待，"资本主义"叠合着人们对于"进步"与"发展"的多重想象与预示，同时又在对抽象意义上的"进步"与"发展"的批判中反思历史演进的进程与危机。概言之，这与包裹于"资本主义"之中的"资本"自身的多重性紧密相关。马克思在对于商品和货币，货币如何转化为资本，剩余价值的生产以及工资所凝结的资本关系的探讨基础上，重点阐释了资本的积累过程及其所蕴藉的殖民主义实质。在马克思看来："我们已经知道，货币怎样转化为资本，资本怎样产生剩余价值，剩余价值又怎样产生更多的资本。但是，资本积累以剩余价值为前提，剩余价值以资本主义生产为前提，而资本主义生产又以商品生产者握有较大量的资本和劳动力为前提。因此，这整个运动好像是在一个恶性循环中兜圈子，要脱出这个循环，就只有假定在资本主义积累之前有一种'原始'积累（亚当·斯密称为'预先积累'），这种积累不是资本主义生产方式的结果，而是它的起点。"① 然而，即使是试图追溯到这种"原始积累"，在马克思看来，它恰如神学中所说的原罪，当亚当偷吃了苹果后，人类也就开始了为其原罪所担当的一切生活。然而，经济学中关于原罪的历史从一开始就显现出了两种局面："第一种人积累财富，而第二种人最后除了自己的皮以外没有可出卖的东西"。② 马克思揭橥了资本关系的确立是以劳动者和他的劳动条件的所有权的分离为其前提条件，因此，资本的原始积累也并非无罪的，从而对于资本主义制度剥削的秘密与事实提出了批判与重构的可能。

在人们众所周知的马克思关于经济基础决定上层建筑以及上层建筑反作用于经济基础的辩证关系中，"反作用"如何可能在当代获得更多的关注与考察，尤其是审美和艺术如何作为一种特殊的意识形态形式反作用于社会的转型与变迁之中，从而能够从"基础性"的层面发挥其微妙的"决定性"作用，对于该问题的探讨是马克思主义美学当代性的重要体现。在此过程中，审美与资本的联合，将有可能加剧这种原始积累的有罪性，同时也可能带来新的赎救，亦即一种新的审美革命。

涂尔干重点思考了现代性的起源问题与社会"失范"作为现代性的隐忧及其如何得以重新整合等问题。他主要从社会学、宗教学、人类学的视角探讨资本主义生产条件下造成的社会分化所由产

---

① 《马克思恩格斯选集》第 2 卷，人民出版社 1995 年版，第 259—260 页。
② 《马克思恩格斯选集》第 2 卷，人民出版社 1995 年版，第 260 页。

生的后果。他以对自杀的社会学研究为例，比较了原始社会和现代社会中所发生的自杀具有差异非常之大的心理机制与效果：在原始社会，一个人的自杀不是因为他发现了人生的不幸，而是根据他所奉行的理想而做出的某种壮举，或称为无私式自杀；但在现代社会，自杀行为往往源于忧郁与痛苦，一种源于个体自身与社会制度之间相抵牾而无法超越的撕裂。"因忧郁而自杀的情形在不怎么发达的社会中几乎不存在，而当代社会却大量存在这种情况，这表明社会分化并不一定就会提高幸福的整体水平。"① 资本主义所允诺的幸福的幻象性与遮蔽性于此受到了莫大的质询。

与马克思描述资本主义制度惊人的活力，揭橥资本主义腐而不朽的秘密，但仍然相信资本主义作为人类社会发展的一个阶段但并非永恒的阶段，并力图通过对资本所带来的危机的考察提出资本主义制度必然被更高的存在所替代②的方案所思考的路径不同的是，马克斯·韦伯冒天下之大不韪，给"资本主义"冠以"精神"之名，力求用"精神"治理资本主义经济和文化秩序。他重点探讨了什么样的伦理人格与共同体能够真正驾驭资本主义，从而疗愈资本主义从其母胎中带出的某种庸俗抑或原罪。在将资本主义描述为一种精神时，马克斯·韦伯称资本主义为近代生活里决定命运的

---

① ［英］安东尼·吉登斯：《资本主义与现代社会理论：对马克思、涂尔干和韦伯著作的分析》，郭忠华、潘华凌译，上海译文出版社 2018 年版，第 107 页。

② 尽管 19 世纪下半叶，资本主义的社会生产力和生产关系的矛盾导致了一系列的经济危机，但危机不是导致革命而是催发了资本主义繁荣的景象，这在很大程度上出乎了马克思的预料，同时也使得马克思更为深刻地意识到资本主义具有强大的自我调适功能以及其腐而不朽的秘密在于其强大而缜密的意识形态控制机制。不仅如此，与此同时，与资本主义"繁荣"形成鲜明对照的是，欧洲无产阶级运动在 19 世纪下半叶陷入很大的"困境"，这一切都促使了马克思试图对资本主义新的经济现象重新加以研究，对他以往理论进行新的反思和超越。

最关键力量，并且认为，"'营利'、'追求利得'、追求金钱以及尽可能聚集更多的钱财，就其本身而言，与资本主义完全无涉。"①在马克斯·韦伯看来，西方世界赋予了在他处所没有的资本主义的种类与形式。尽管他了解不同形式的资本主义，诸如古代欧洲依赖政治的资本主义和食利资本主义，掠夺式资本主义等等，但他尤其对现代资本主义感兴趣。他指出，近代的资本主义精神，是由基督教的禁欲精神孕育而生的，因此具有形式上的理性，或是基于计算的理性。

熊彼特则主要从创新的层面讨论资本主义，在他看来，资本主义是一种私有制经济形式，在资本主义中，人们通过贷款进行创新，创新通常（但不必然）创造资本。在此基础上，熊彼特致力于阐释资本主义的经济活力，并强调经济自发变化的机制是创新。亦即，资源、要素与机遇以某种形式结合起来，新的经济事物与现象就有可能诞生。在新生事物对旧事物的破坏和更替中，新的生产方式、分配方式和生产关系相继产生，有可能推动经济增长的潮流，也有可能缓释资本主义制度带来的表面繁盛所掩盖着的饥渴与焦灼症。② 熊彼特花了40余年对资本主义与社会主义进行了大量的考察、思考与研究，同时梳理了从马克思到约翰·梅纳德·凯恩斯（John Maynard Keynes）的十大经济学家的研究成果，在此基础上他以创新理论发掘和阐释资本主义的发生、发展和灭亡规律及其本质，提出资本主义不可能永远存在下去，资本主义将自动过渡到社会主义的观点。在暂而离开纯经济研究领域转而谈论资本主义经

① ［德］马克斯·韦伯：《新教伦理与资本主义精神》，康乐、简惠美译，上海三联书店 2019 年版，"前言"第 4 页。
② 参见［美］约瑟夫·熊彼特：《资本主义、社会主义与民主》，吴良健译，商务印书馆 1999 年版。

济的文化方面时，熊彼特借鉴马克思关于经济基础与上层建筑的分类阐释，重点研究了作为资本主义社会尤其是资产阶级特征的精神状态。在他看来："资本主义不仅仅是一般性的经济活动，它还是人类行为理性化的推动力量。""资本主义文化是理性主义的和'反英雄主义的'。"① 并在此基础上发现了在资本主义制度内部有一种固有的、自我毁灭的趋势。概言之，熊彼特一方面用创新理论描述了资本主义自身的活力，同时也用创新以及"破坏性创新"②解释了市场经济在繁荣与萧条的周期性转化中所发挥的关键性甚至至高无上的作用。于此，创新就不仅仅是单纯的经济学问题，而且有关社会制度的过渡与变迁。

综上可见，无论是在经济学领域还是文化学领域，资本主义虽显其活力，危机也如影随形，纯粹的经济学原理已无法为其寻找出路，文化资本和审美资本则应运而生，它在某种程度上成为审美资本主义自我修复与更新的鲜活的药剂抑或新的审美配方。然而究其效用仍然无法明言。

审美资本主义是继垄断资本主义、晚期资本主义、数字资本主义、后资本主义之后的资本主义的新阶段，奥利维耶·阿苏利、彼得·墨菲（Peter Murphy）和爱德华多·德·拉·富恩特、格诺特·波默、维尔纳·桑巴特（Werner Sombart）、凡勃伦（Thorstein B. Veblen）、乔治·巴塔耶（Georges Bataille）等学者对于审美资本主义的特征及其表征形态进行了系列性的探讨和阐释。"审美资

---

① ［美］熊彼特：《熊彼特经济学全集》，李慧泉、刘霈译，台海出版社 2018 年版，第 416、418 页。

② 破坏性创新就是用新技术、新业态、新模式来改造提升传统行业，解决产生过剩和重复建设问题。参见［美］熊彼特：《熊彼特经济学全集》，李慧泉、刘霈译，台海出版社 2018 年版，"译者序"。

本主义"一词性质有其复杂与诡异之处，但的确是观照社会转型的重要视角。美学、经济学、社会学等学科的共同考察表明，审美资本主义作为资本主义新型形态的特征和显现方式主要体现在如下几个方面：

首先，审美和艺术成为经济增长的主要动力。阿苏利在《审美资本主义：品味的工业化》[1] 一书中指出，资本主义的发展大致经历了三个主要阶段，早期是工业化时期；从上个世纪中叶以后进入后工业化时期，文化工业成为社会发展的主要动力；从上个世纪末至今，审美资本主义成为社会发展的主要形态与趋势，它的一个显著特征就是审美和艺术成为经济增长的主要动力。或审美之战已经成为工业文明社会里经济战争的核心。该书对于消费社会中的审美愉悦的工业化，品味如何与审美、欲望、消费、社会发展紧密相关，品味作为一种特殊的需要及其对于整个工业文明的前途和命运的影响，审美资本主义的不规则性等问题做了系列性的深入探讨与阐释。该书强调了审美资本主义亦即审美和艺术及其聚集的以想象为基础的品味，成为经济和社会发展的主要动力之一，因此，考察与探析审美和艺术如何改变和影响人们的消费观念与方式，从而将审美消费上升为社会的总体计划，是我们思考并触摸未来的重要方式。

阿苏利主要从品味/时尚的工业化这个角度探讨审美资本主义的特征及其影响，在他看来："审美陈规和传统的失效，即审美品味的更新，标志了资本主义崛起中的一个重要阶段。"[2] 在审美资

---

[1]　［法］奥利维耶·阿苏利：《审美资本主义：品味的工业化》，黄琰译，华东师范大学出版社 2013 年版。

[2]　［法］奥利维耶·阿苏利：《审美资本主义：品味的工业化》，黄琰译，华东师范大学出版社 2013 年版，第 59 页。

本主义阶段，品味由原初作为关于味觉的普通名词跃居为社会关系的新支柱，"审美消费被上升为社会的总体计划。"① 品味的"反常"以其对于审美制度建构权力的争夺创造出不同的社会革新方案，从而主宰着整个工业文明的命运。基于情感与想象的品味的生产与再生产，以及品味的工业化才能成就审美资本主义的飞跃。然而，品味的工业化一方面可以在打破固有审美制度和秩序的同时带来感官的解放，甚至成为释放改变世界的力量；另一方面，品味的兼收并蓄和过度丰富也可能带来一场审美自主性丧失的灾难，从而形成一种物质过剩的经验贫乏抑或感性败血症。恰如阿苏利在谈论审美资本主义的不规则性时指出的，"审美资本主义在兴旺发展的同时也面临着危机，它暴露了其内心的软弱：市场并非品味生产的地方，而是愉悦感的截获、形式化和开发的地方"。② 审美资本主义在其释放由审美与资本共谋的快感之时，也终将面临这场关于社会总体计划的软暴力所携裹的墨杜莎目光的直视。

其次，审美资本主义是前后相继的资本主义诸形态中的一种，它以审美的反体制的维度试图消解当代资本主义中正在折磨着人的"无趣"。尽管美学并非思考资本主义未来的唯一方法，但审美资本主义的确从美学和情感之维在打破社会困境方面扮演着十分重要的角色③。彼得·墨菲和爱德华多·德·拉·富恩特主编的《审美资本主义》（Aesthetic Capitalism）对于资本主义的文化矛盾、当代

① ［法］奥利维耶·阿苏利：《审美资本主义：品味的工业化》，黄琰译，华东师范大学出版社 2013 年版，第 121 页。
② ［法］奥利维耶·阿苏利：《审美资本主义：品味的工业化》，黄琰译，华东师范大学出版社 2013 年版，第 197 页。
③ See Peter Murphy, Eduardo de la Fuente（eds.）：*Aesthetic Capitalism*. Leiden：Brill，2014，"Introduction".

资本主义的新形态与精神、审美资本主义的拓扑结构、审美资本主义时代中的建筑风格及其蕴藉的新现代主义、体验经济、审美资本主义的内在精神及其与社会发展的关系等问题进行了深度阐发，成为当代美学中结合社会学、人类学探讨西方资本主义社会新变化的重要文献。正如墨菲和德·拉·富恩特指出的："审美资本主义是一个诺言，它许诺那更好的即将到来。"① 在当代，审美和艺术已成为一种特殊的资本承担着通往乌托邦的神圣职能，这是继布迪厄提出文化资本之后的又一种特殊的资本形式，它进一步聚集到审美和艺术如何能够成为社会发展与变迁的"基础"，是标举当代美学"当代性"的重要之维。

再次，审美经济的产生是审美资本主义诞生的重要标志，它有助于打破将经济增长作为衡量社会发展唯一标准所带来的冲动与后果。波默在《审美资本主义批判》一书中指出，实现经济增长的冲动是资本主义经济的一个重要特征，马克思早已证明了这一点。在以劳动与资本的对立为前提的资本主义经济活动中，如果出于生态的考虑，为了克服增长的压力，争取经济的非资本主义形式则是一种必然的趋势。② 波默将本雅明的"拱廊计划"作为审美经济（aesthetic economy）的预言，称拱廊计划所蕴藉和指向的恰恰是，将商品的美学化作为高级资本主义的重要的和根本性的特征。就文化模式而言，在文化工业向审美经济转向的过程中，本雅明从审美经验的角度，对于审美外观如何居于资本主义发展趋势的内核做出

---

① Peter Murphy, Eduardo de la Fuente (eds.): *Aesthetic Capitalism*, Leiden: Brill, 2014, "Introduction".

② See Gernot Böhme, *Critique of Aesthetic Capitalism*, translation by Edmund Jephcott, Berlin: Suhrkamp Verlag, 2016, p. 42.

了重要的探讨。① 在波默看来，让·鲍德里亚的《符号政治经济学批判》和沃尔夫冈·弗里茨·豪格的《商品美学批判》这两本著作反映了经济领域的急剧变化，其根本标志在于，审美因素不仅仅是工业生产的对象，而是直接介入经济活动本身。商品不再以其交换价值来衡量，相反地，出现了一种新价值，亦即，将使用价值与交换价值相结合而形成的新价值——表演价值（staging value）或展示价值（show value）。波默将这种发展描述为从文化工业向审美经济的转变。② 这种展示价值日益占领了人们的余暇、消费和游戏空间，形构出一个无限跨界的视觉、想象与体验的美学景观。在某种意义上可以说，这种转变以对审美氛围的追求为标志，购买本不需要的实用物品就具有了某种非凡的意义，这意味着一场重要的变革。而维尔纳·桑巴特则一语指出，奢侈是资本主义经济形式的起源。奢侈品和奢侈消费与审美价值紧密相关。③ 此外，在凡勃伦关于有闲阶级、炫耀式消费④，乔治·巴塔耶对于"耗费"、普遍经济学⑤等的论述中，我们都可以看到，在对欲望的诱导与激增的思考中，商品的交换价值和展示价值逐渐获致其独立的美学价值。"美"的建构与激增，继而不断融入资本的运作，这既是资本主义进入新阶段的重要转折，同时也是我们观照美学与经济学深层的和

---

① See Gernot BÖhme, *Critique of Aesthetic Capitalism*, translation by Edmund Jephcott, Berlin：Suhrkamp Verlag, 2016, pp. 74-75.
② See Gernot BÖhme, *Critique of Aesthetic Capitalism*, translation by Edmund Jephcott, Berlin：Suhrkamp Verlag, 2016, p. 67.
③ 参见［德］维尔纳·桑巴特：《奢侈与资本主义》，王燕平、侯小河、刘北成译，上海人民出版社 2000 年版。
④ 参见［美］凡勃伦：《有闲阶级论》，中央编译出版社 2012 年版。
⑤ 参见［法］乔治·巴塔耶：《被诅咒的部分》，刘云虹、胡陈尧译，南京大学出版社 2019 年版。

新型的关系的不可逾越的部分。

无可否认，审美资本的出现是资本主义进入新阶段的重要标志。而在中国谈论审美资本主义，主要指文化经济时代，侧重于探讨审美和艺术如何作为经济增长和社会发展的内在动因，而非对于资本主义性质的移植。目前美学界对于审美资本的讨论尽管有不同的模式和侧重点，但都基本上从物转向了对人的感知结构和审美经验的发掘与阐释，它与审美/艺术的自律与他律的辩证法以及现代性困境及其出路等问题息息相关，从而成为当代美学最富于争论性和生长性的热点议题之一。

第二节　审美与资本之熵

在人们所熟知的马克思关于经济基础与上层建筑的空间隐喻中，有一个不易察觉的事实是，艺术不仅具有上层建筑性，而且作为一种特殊的意识形态形式而存在并且发生作用，艺术与社会现实生活之间存在着叠合性与疏离性，这是我们理解艺术的双重属性的重要维度。然而，这个空间隐喻实则是更具开放性的，审美和艺术在当代社会发挥着基础性的功能，这恰是该空间隐喻在文化经济时代所呈现出的新的审美图景。韦尔施将这一重大的转向表述为："美学不再仅仅属于上层建筑，而且属于基础。"[1] 阿苏利则在此基础上进一步指出，从上个世纪末至今，审美资本主义是资本主义主要的发展趋势，它的一个非常突出的特征是，审美和艺术成为经济增长与社会发展的主要动力。或，审美之战已经成为工业文明社会

[1] 参见［德］沃尔夫冈·韦尔施：《重构美学》，陆扬、张岩冰译，上海译文出版社 2002 年版，第 78—102、110、9 页。

里经济战争的核心。无疑地，这是一个隐秘的并且正在发生的事实。

马克思通过对资本生产过程的考察揭橥了资本主义剥削的秘密以及资本主义积累的历史趋势，而马克思也早已预见了"资本"的多样化结构及其再生产的诸种可能性。值得强调的是，"资本"是一种复合性的存在结构，它与诸种经济和文化因素相结合，渐至呈现其多元化的构型，诸如"经济资本""社会资本""文化资本""知识资本""身体资本""象征资本"等等，这些资本形态从其可物化的"经济形态"转化为更为隐秘的存在形态，一方面标志着社会发展的一系列转型，另一方面也表征着资本对于人的物质生活与精神层面的渗透是无所不在的，于此，人的身体性延伸方式也获其更为精妙的存在形态。而一个更为隐秘的事实是，在当代，"审美资本"成为以上所有资本的某种聚集，它能够结合特定的情境并具有转化为"经济资本""社会资本""文化资本"等资本诸形态的转换机制和能力。

审美和艺术已成为一种特殊的资本，它进一步聚集为审美和艺术如何能够成为社会发展与变迁的"基础"，亦即，审美和艺术如何能够从基础性的层面通过"创意"对于社会生活关系的形构与变革发挥着重要的作用。

在当代，审美和艺术作为一种特殊的资本，既是消费的对象，同时也是生产的主体。"美"和艺术只以复数的形式出现，并且，审美和艺术比任何以往的时代都更为紧密地叠合着与政治、经济等文化景观之间的多重关系，或毋宁说，审美资本主义具有一种缜密而多样化的拓扑结构，它通过"创意"生产与再生产欲望、情感、品味以及新的公众，从而最终成为对社会的某种规划。

审美资本是一种特殊的资本，它首先是一种"非物质性"的，同时也是一种"软性"的资本，它主要通过作用于人的情感结构，发挥其对于审美感受力的催化作用，生产出愈来愈多的叠合着复合型欲望的商品。正如爱德华多·德·拉·富恩特所强调的，在审美资本主义时代，美学的确与任何时期相比都显得更为重要，过去由美学所面对和处理的审美愉悦感和审美交流等问题，在当代已愈来愈被各行各业严肃对待。他以曾获得全球影响的嬉皮士杂志《壁纸》为例证明了艺术媒体在当代所发挥的重要作用和影响，即它通过不断地制造审美感受力，并且倡导和广泛传播某些兴趣而形成系列性的生产和消费。《壁纸》创刊人泰勒·布鲁尔（Tyler Brûlé）还建议，他的杂志必须采用一种对现代的"弹性"定义，这种定义可以涵盖到日常生活所使用的任何物品。不仅如此，该杂志与建筑行业的菲登出版社合作，发行了一个畅销的旅行指南系列。① 于此，对于"美"的弹性定义和对于审美感受力的营建，足以显现审美营销的策略和感性的魅力。审美和艺术的文化经济学意义在今天的创意产业中也表现得尤为显著。

其次，审美资本在社会区隔与民主政治的建构中也发挥着重要的作用。自文艺复兴时期以来，"美"和艺术渐至获其自治性，并通过艺术馆、博物馆、剧院等公众的神圣领域被公开制度化，通过艺术的精致化和"美"的神秘化将普通大众从艺术界和权力界中剔除出去，从而隐性地成为社会区隔的重要媒介。而在当代，当审美和艺术作为一种资本时，它无疑地显现出一种强烈的民主化倾向。因为，审美资本的生产本身就是对"美"和艺术的专制和自

---

① See Peter Murphy, Eduardo de la Fuente (eds.): *Aesthetic Capitalism*, Leiden: Brill, 2014, p. 143.

主性生产的某种反叛，当大写的"美"和艺术自身的力量在慢慢耗尽时，艺术早已嵌入社会生活的方方面面，从而在很大程度上撼动着既往的区隔结构。在先锋派艺术对于艺术制度的解构中，在大众文化所释放的快感和制造的各种可能性中，尤其是在关于"审美革命"以及"感性的重新分配"的探讨中，我们可以深切地感知到这一点。的确，在当代，艺术的重要性远非仅作为人的一种生物属性而存在，而是作为一种行为和事件甚至一种资本在发生作用。

不仅如此，审美资本还是一种微妙的治理介质，其隐秘而重要的联系在于，关于何为"审美资本"的授予以及编织是审美治理的重要机制。诸如我们仍然回到"品味"这个似乎是属于私人情感领域的话题，就会发现，作为审美资本的某种聚集，"品味"与其说是人类普遍共有的，毋宁说是作为一个区分性的范畴而诞生的，并且成为铭刻于人的身体之内的社会制度。关于品味所发挥的区隔作用，布迪厄指出了一个人们不易察觉的事实："美"成为社会秩序建构和分类逻辑的一种特殊的表征和延展方式。人们对于艺术的了解和评价，总是受制于某些深层的分类系统的符码和主题，受制于某种特定的历史想象力和政治无意识。这种现代分类逻辑发挥着在类似神圣与世俗之间划界的准宗教功能，"美"被有序地分成各种等级，并在指定的位置上完成其被分配的角色。与此相关，布迪厄认为，在同一阶级（层）内部，基于由一定社会出身和教育机制形塑的文化品味和生活方式之上的文化习性具有统一性，因为它们具有大致相同的形构机制，这使得该阶级（层）具有与其他阶级（层）成员不同的审美偏好和文化选择，因此，审美和艺术以及由此所滋养的审美趣味相应转化为区隔的道具。然而，托尼·本尼特通过大量的社会调查和数据分析表明，这种区分并不像布迪厄所说的那样泾渭分明。不仅如此，本尼特指出了布迪厄在这个问题上的看法会阻碍人们去充分理解一些复杂而矛盾的作用方式，甚至会剥夺工人阶级的政治权利和政治能力，成为根植于西方审美话语传统中的一个策略。在此基础上，本尼特强调习性在自由治理中的重要性。他认为，习性的变迁是社会进步的一个重要标记，它能够打破僵硬的边界从而赋予审美革命以真实的力量。① 这是一个极富于革命性意味的话题。于此，对于品味如何作为社会的区分以及品味的"不规则性"两个维度的考察，是我们在当代进行审美资本主义批判的重要路径，这其中有诸多动态的可发掘的空间。

然而，要想理解与厘清审美资本的特殊性与复杂性，审美与资本之间的边界及其叠合关系是需要从其褶皱之处重新窥见的。阿苏利以通用汽车公司车型风格设计为例指出，20世纪初，通用汽车公司的一位领导者在其自传中提出了审美创造的功效问题："当我们修改一款车型的风格时，可以走多远呢？这是一个特别敏感的问题。名优产品所提出的修改必须足够新颖和吸引人才能创造新的需求，也就是说要创造不满足感，即当我们把新款跟之前的款式进行对比的时候，要有一种对旧款不满的感觉。"② 表面上看，这只是一个关于车型风格新与旧的讨论，但其根本的考虑是指向资本再生如何可能以及审美的元素如何通过创造新的需求，从而使待售的价

---

① 参见［英］托尼·本尼特：《分裂的惯习（habitus clivé）：皮埃尔·布尔迪厄著作中的美学与政治》，付德根、王珺涵译，《马克思主义美学研究》第12卷第2期，中央编译出版社2009年版。

② 转引自［法］奥利维耶·阿苏利：《审美资本主义：品味的工业化》，黄琰译，华东师范大学出版社2013年版，第101页。

值得以实践的问题。也正如沃尔夫冈·韦尔施所言："日常生活的审美化，大都服务于经济的目的。一旦同美学联姻，甚至无人问津的商品也能销售出去，对于早已销得动的商品，销量则是两倍或三倍地增加。"① 在当代消费社会中，人们消费的对象已发生巨大的变化，由实物/商品本身转向一种无形的审美氛围及其聚集的被公认的某种品味。于此，审美与艺术已然成为一种特殊的资本，它不再仅仅占据于上层建筑的空间，而且本身就属于基础。在当代影视、戏剧、广告等艺术类型中，它们共同形塑出当代社会的特殊情态与期许。然而，这些毕竟都只是把审美当作一种经济策略，在新与旧的更迭中，作为经济策略的审美和艺术，包括被营建的品味都表现为一种在形式表面上繁盛，在内容上却陷入旧病复发的焦灼怪圈。

　　"审美"可以指"感性的、愉悦的、艺术的、幻觉的、虚构的、形构的、虚拟的、游戏的以及非强制的，如此等等。"② 但它更指向人的感性经验本身及其重新分配。审美配方不只是形式的配方，而首需是感性的解放与重构。在马克思主义理论视域中，创新是资本的生产与再生产的重要条件和动力，资本同时也具有无限创新的空间。在当代经济增长的讨论与实践中，跨界融合与资本创新也逐渐成为关键词。但正如前所述，创新的单向度刺激抑或"伪"创新的膨胀也有可能引发自我耗损。审美资本作为一种特殊的资本，由于主要诉诸人的情感结构而形构，创新于此就不再仅仅是形

---

① ［德］沃尔夫冈·韦尔施：《重构美学》，陆扬、张岩冰译，上海译文出版社2002年版，第7页。
② ［德］沃尔夫冈·韦尔施：《重构美学》，陆扬、张岩冰译，上海译文出版社2002年版，第15页。

式和机制的创新，而是一种如何将记忆联结并在当代形塑新感性的理念上的创新。

审美资本之所以具有革命性的力量，正在于它不是一种"贫困的资本"。马克思对于资本主义的批判基于对原始资本原罪性的解读，在他看来，"工人不幸而成为一种活的、因而是贫困的资本，这种资本只要一瞬间不劳动便失去自己的利息，从而也失去自己的生存条件＝作为资本。"① 马克思尖锐地指出，在资本主义生产条件下，异化劳动将人与动物混同，亦即，"人（工人）只有在运用自己的动物机能——吃、喝、生殖，至多还有居住、修饰等等——的时候，才觉得自己在自由活动，而在运用人的机能时，觉得自己只不过是动物。动物的东西成为人的东西，而人的东西成为动物的东西。"② 正是这种贫困的资本，正是这种抽象的"胃"，造就了令人触目惊心的价值颠倒，而资本主义的逻辑体系正是此种颠倒的最终渊薮。于此，马克思实则以潜源性的审美资本提出了对于将人作为物质资本的批判。在此意义上，审美如若仍只是一种经济策略，则无法真正实现资本的良性增长。

在墨菲和富恩特看来，审美资本主义是一种复杂而多维的现象，它在主要基于趣味／品味的创新和视觉体验经济以及集体想象的激增中不断发明自身，但同时又在"伪"创新中不断耗尽自身，犹如莫比乌斯带既具有拓扑变换的魔力，同时也可能在每一次开始时回到它的起点，反复地旧病复发。对于审美资本主义内在矛盾的觉察，实质是对于审美和艺术何以能够作为一种特殊的资本的再次提问。

在商品经济的激增中，我们看到了异化的加速与变种。诸如豪格

---

① 《马克思恩格斯文集》第 1 卷，人民出版社 2009 年版，第 170 页。
② 《马克思恩格斯文集》第 1 卷，人民出版社 2009 年版，第 160 页。

在《商品美学批判》中对于经过文化塑造的欲望所营建的审美幻象，以及由此造成的人们所遭遇的类似坦塔罗斯那般可望而不可即的欲望永远无法得到满足的折磨的展现，尽管这种批判被波默称为是豪格受到苦行马克思主义影响所造成的限度①，但由泛美学化图景所建构的虚假需求的激增的确裹挟着人的感性存在而无法真正释放。

在审美资本主义阶段，审美与资本叠合共生，形成一种"熵"的化学反应关系：共谋与对峙而后博弈，无序而又形成相对稳定的规则。在此过程中，审美若仍居于其安全的先验空间，资本将继续其自为的激增与焦灼；审美若为资本所挪用，资本的世界也只是展演其量上的繁花似锦。唯审美与资本在其"熵"的动态平衡状态中，审美资本才有可能真正作为一种特殊的资本，融入社会的变革与重构之中。

第三节　审美资本主义批判与时尚的逻辑

波默在《审美资本主义批判》一书中指出，当我们谈论价值时，增长可能是最没有争议的话题。增长是受欢迎的，而停滞是令人遗憾的，衰退是一场不折不扣的灾难。良好的经济运行意味着经济增长；相反，如果不增长，它的功能就会逐渐丧失。这是经济学专家们、主要的经济机构以及政客和官员们的共识。增长是衡量一个经济体的指标。② 然而，在波默看来，这并非是没有问题的。在

---

① See Gernot BÖhme, *Critique of Aesthetic Capitalism*, translation by Edmund Jephcott, Berlin：Suhrkamp Verlag, 2016, p. 24.

② See Gernot BÖhme, *Critique of Aesthetic Capitalism*, translation by Edmund Jephcott, Berlin：Suhrkamp Verlag, 2016, pp. 38—39.

其所描述的文化工业向审美经济的转变过程中，他考量了资本主义作为稀缺性经济和奢侈性经济的两个主要向度，尤其是美学在资本主义发展中的多重角色和重要地位，展现了对"增长"的政治之维和意识形态之维及其限度，甚至危机与灾难。

事实上，马克思早就强调过，"进步这个概念决不能在通常的抽象意义上去理解"。① 资本主义生产带来的物质世界的表面繁荣并不能掩盖空虚正在不断蔓延的事实，与文明相伴而生的是它的反面，即野蛮。在马克思看来，在古代社会，人表现为生产的目的，而在现代社会，生产则表现为人的目的。此种"价值颠倒"的现象至今仍然值得我们深思。此外，马克思在关于"进步"的辨析之前还指出了一个不易察觉的事实，艺术的发展与物质生产的发展之间是不平衡的。诸如，与原始社会低劣的生产水平相较而言，原始民族的艺术却令人惊异地表现出繁复性与精致性，这种在对于神灵的无限钦羡与让渡恐惧的仪式中所产生的"奢侈的艺术"聚集了无法悉数的激情与想象。于此，增长也并非一个只往前看的单向度的线性过程。即使是时尚，作为审美资本的某种聚集，也渐至展现其更为本质性的逻辑与存在。下文将主要以云南乡村叙事和民族时尚为例讨论这一话题，并在此基础上探讨审美资本主义批判的中国语境问题。

2016 年 11 月 28 日至 12 月 2 日，源生 2016 乡村音乐歌舞艺术节在昆明剧院、创库艺术区以及云南大学、云南师范大学、云南艺术学院举行，来自云南各地的 240 多位民间艺人，来自美国、加拿大、意大利、日本、泰国、中国本土的音乐人和学者齐聚一堂，共

_____

① 《马克思恩格斯选集》第 2 卷，人民出版社 1995 年版，第 27 页。

同浸润在这一充满着神圣而又富于诗性的狂欢中。因着时空奇幻般地于此聚集而后弥漫，一首关于乡愁的诗歌仍在吟唱。

这是一场关于乡村与城市对话的盛事。英国马克思主义思想家雷蒙·威廉斯曾在《乡村与城市》一书中指出："乡村与城市是两个很有感染力的词，我们只需想一想它们代表了人类社会的多少经验，就会明白这一点。"① 那么，乡村经验在当代对于我们而言，究竟意味着什么？

费孝通先生在《乡土中国》一开篇就谈道："从基层上看去，中国社会是乡土性的。"② 在他看来，当人们说乡下人土气时，虽则带有几分不屑一顾甚至藐视的意味，但这个"土"字却用得极好，它表达了来自田间地头犹带泥土的影像与气息。于此，乡村与乡土经验的两重镜像已然呈现。一则，乡村表征着与城市文明不同的景象，与城市所谓的现代、优雅、文明相较而言，乡村则是不加修饰的、草根的、粗糙的。二则，乡村及其所蕴藉的乡土经验表征着那尚未被现代文明浸染的本真性与天然的诗意，它往往成为现代文明陷入危机之时寻求审美救赎的圣地。这在很大程度上折射出了人们对于乡村的两种印象，然而，这两者之间并非截然对立的。事实上，乡土经验本身是一个基于乡土及其流动性的整体。

在此次艺术节中，无论是学者还是乡土艺术家都表达了对于乡土艺术的挚爱以及乡土艺术传承困境的担忧，究其根源，这并非只是乡土艺术的身份与境遇问题，而是与人们对于现代性的理解存在着紧密的联系。"现代性"是一个滑动的充满着内在张力的历史过

---

① ［英］雷蒙德·威廉斯：《乡村与城市》，韩子满等译，商务印书馆 2013 年版，第 1 页。

② 费孝通：《乡土中国》，人民出版社 2008 年版，第 1 页。

程，它涉及诸多不同层面的现代发展阶段及其博弈的策略。概言之，现代性主要包含了两个基本层面，一个层面是社会的现代化，它主要表现为理性主义对社会物质生产和精神文明方面的渗透，它所持续酝酿和推动的正是一种"向前看"的格局；另一层面则是以审美和艺术等活动作为承载的审美现代性，它常常以一种"反"的姿态对前一种现代性进行质询和反思。

在现代性的双重性中，我们可以同时发掘乡土艺术传承举步维艰的根源以及乡土艺术在当代的特殊性与意义。不可否认的是，伴随着乡土艺术原初所赖以存在的土壤渐渐流失，一种基于土地的想象和热情变得日益贫瘠。相反地，人们对于前一种现代性的激进想象却在不断地滋长，并且在无形中再生产出了一种服膺于高级/低级、中心/边缘的审美等级序列，于此，乡土艺术作为土地的吟唱渐行渐远。因此，如何发掘乡土艺术自身的大美并且融入当代品味建构，就成为乡土艺术重新绽放其自身魅力的重要方式，而源生乡村音乐歌舞艺术节创办的意旨也正在于此。

源生乡村音乐歌舞艺术节并非一个单纯的城市节庆，它的创生理念来自一个持续了 20 多年的乌托邦之梦。该艺术节由刘晓津女士所创建的源生坊依托于 10 余年的民间文化传习馆以及民间艺术发掘实践而创办，而追溯其前身，我们不能不提到一个名字——田丰。1993 年，中央交响乐团国家一级作曲家田丰先生克服诸多难以想象的困难，在云南安宁市（原安宁县）西南林学院旧址创办了"云南民族文化传习馆"，培养了一大批云南各民族优秀的乡土艺术传承人，包括被誉为"中国名片"的《云南映象》中的民间艺术家的成长均得益于田丰传习馆保护和传承乡土艺术的理念。田丰先生为传习馆沥尽心血，尽管其中所经历的坎坷与磨难已无法悉数，然而，从他曾被称为"云南民族文化的启蒙者""原生态艺术传承的先驱""中国的唐·吉诃德""中国的巴托克""乌托邦的理想主义者"、少数民族文化的"殉道者""悲情英雄"等的名称中，我们依然可以深切地感受到田丰先生在艰难中的坚守。据刘晓津女士回忆，她正是在拍摄田丰传习馆纪录片时，被传习馆中正在传承的云南民间歌舞所震撼，同时也为田丰先生的执着而深受触动。田丰先生传承乡土艺术的理念是"原汁原味，求真禁变"，当乡土艺术所依托的土壤和环境已发生变迁时，他主张将不同民族的乡土艺术进行集中培训，力求结合那些正在慢慢消逝的乡村经验使乡土艺术原初的韵味与光晕再次复活。这种异地培养的理念与做法曾一度遭到学界的质疑，也引发了关于鱼与水的争论。

这个问题包含了诸多缠绕性与复杂性。无可否认，鱼的游弋离不开水，然而，当这潭水已变得不再适合鱼的呼吸与身体的舒展时，我们是否需要寻求新的水源呢？云南省社会科学院杨福泉教授根据自 20 世纪 80 年代至今在云南各乡村所做的民族学研究表明，随着社会和观念的急剧变化以及现代文明所谓时尚观念的渗入，人们的生活方式、思维方式以及审美意识形态都随之发生了巨大变迁。这本身无可厚非，因为，传统本身也并非一个固定的封闭式结构，而是一个再生产的开放式场域，人们审美意识形态的嬗变同时作为社会关系变革的一种微妙刻写方式。然而，令人担忧的是，乡土艺术因着现代性的激进想象及其土壤的迅速流失，已不可避免地走向衰落。诸如在此次艺术论坛中，来自云南师宗的苗族芦笙传承人马玉杰就谈到了找学生的困难，其主要原因有二，一是当地年轻人为了挣钱到外地打工，二则是因为他们对于芦笙并不感兴趣，甚至认为其发出的声音让人心烦。于此，田丰先生正是在此种悲剧性的情境下提出了为鱼寻求新的水源的传承方案。虽则土壤可以改变，但身体所蕴藉的经验是历史与传统的共在，它需要新的依托。

然而，由于经费及相关支持的难以为继以及无可抵挡的"向外看"风潮对乡村无孔不入的诱惑与洗涤等原因，田丰传习馆于2000年告终，一个伟大的文化梦想于此轰然坍塌。在刘晓津《田丰和传习馆》的镜头中记录了田丰先生在云南村村寨寨探访民间艺人的点点滴滴，记录了7年中走进传习馆近4000位中外艺术家和文化政要们参观后为之震撼与动容的表情，也记录了田丰先生的喜悦与悲伤。

正是这些镜头中那些令人难以忘怀的表情和召唤让刘晓津及其同道邀约原田丰传习馆师生于2004年8月共同创建了源生坊。源生坊创立以来，多次组织民间艺人发掘、收集与整理各民族支系古老的近乎消逝的音乐歌舞。于2006年3月启动"乡村计划——普及班项目"，于2012年1月启动"乡村计划——提高班项目"，提倡"在地"传承与"还乡"传承理念与模式，并组织民间艺人赴美国、北京、上海等地以及云南各乡村和高校进行巡演，获得了文化各界广泛好评。2015年，首届源生坊乡村歌舞艺术节正式在昆明举办，刘晓津在开幕式上强调："我们办一个我们云南少数民族民间艺人的艺术节。"而事实上，该艺术节早已成为一个超越了云南界域和民间艺术传承的文化盛事。田丰传习馆以及源生坊20余年来所从事的工作及其影响，使我们不由得再次思考这样一个问题：乡土艺术在当代，对我们而言，究竟意味着什么？

在今天，当我们重提这个问题，一个新的语境和场域已然渐至凸显出来。中国并非单纯的前现代、现代或后现代社会，而是这三种文化生产方式叠合共生的巨大反应场。在一个文化被快速消费的时代，那些深藏民间的可贵因子和地方性知识在还未来得及充分发掘的情况下，往往被快速地卷入一体化的进程中，甚至被无限地往更遥远的一端推却，只在抒发某种怀旧的悲哀时，不经意地向它们投去匆匆的一瞥。然而，此种回看也许只是一个姿态，它无以慰藉我们内心深处最焦灼的渴望。

乡土艺术作为民间文化的容纳与形塑，它提供了我们反观现代社会的诸种可能性，抑或它能够作为审美现代性的重要承载。也许，正如费孝通先生指出的，在现代人的眼中，乡土中的"土"是为土气，而"乡"也不再是衣锦荣归的去处。也许，当我们谈到"品味"时，仍然会不自觉地将其视为一种出身高贵且受过长期专业训练的产物，它代表着某种通过特殊资本而后聚集而成的某种优雅。于此，乡土艺术似乎与品味毫无关系。然而，事实果真如此吗？

在阿苏利看来："文明的进步包含经济与社会的审美化。"① 他强调，品味的本质在于"反常"，它往往以其异在性的想象与情感超越现实的物质性、机械性、压抑性、平庸性及其所无法遮掩的异化性，因此，"品味"在剥离其被授予的诸种光晕之后，将释放它作为反观与弥合现实断裂以及改变世界的力量。

于此，乡土艺术至少在两个方面具备了作为品味的"资本"：一方面，乡土艺术作为一种源自民间的群体艺术，它不仅铭写着人类古老文明以及历史变迁的印记，而且保存着人类原初稚拙的"天真"与诗性的智慧，这种基于想象的诗性智慧具有与诸神、诸人沟通的神性，它并且为人类陷入迷茫与痛苦之际预留了足够的回

---

① ［法］奥利维耶·阿苏利：《审美资本主义：品味的工业化》，黄琰译，华东师范大学出版社 2013 年版，第 78 页。

望与诗意栖居之地；另一方面，乡土艺术虽带着泥土的气息，但正是基于对土地、神灵的尊崇与对人生礼仪的尽心尽意，才产生了如此繁复而精致的艺术形式①，展现出基于"乡愁"的神话与抒情诗。

"在中国的现代化过程中，乌托邦往往以'乡愁'的形式，以回旋性回归作为它的表达机制。"② 这在乡土艺术中表现得十分鲜明，它所包孕的历史性与现实性始终是缠绕回旋的，因此，它并不曾离尚存余温的土地而去。在此意义上，乡土艺术无疑是中国式"品味"的重要承载。

当问及关于此次源生艺术节的评价时，意大利佛罗伦萨艺术节总监莱奥纳尔多·达米科（Leonardo D'Amico）认为该艺术节非常

---

① 以此次艺术节为例，苗族专场中的独唱《迁徙歌》，芦笙演奏《入殓调》《九个太阳八个月亮》《花杆祭仪》《迎亲曲》，芦笙舞《箐鸡摆尾苍蝇搓脚》；纳西族"殉情"专场里的独诵《谷气调》、东巴诵经《祭风经》；孟连傣族乐器合奏《孟连宣抚司礼仪乐舞》、独诵《叫魂调》、"叮当"弹唱《美好生活》，架子孔雀舞；石林彝族的三弦胡弹唱《阿诗玛长歌》、独唱《孤独调》《思念调》、群舞《叉舞》、小三弦舞、霸王鞭；石屏三道红彝族"海菜腔"；景颇族专场中的独诵《请祖宗神》《叫魂调》《"落统"》、群舞《目瑙纵歌·瑙双图谱》《象脚鼓舞》；梅葛调专场中的对唱《叙事梅葛·格兹天神造天地》《恋歌梅葛·相遇》等；茶马古道小调专场中的独诵《祭茶祖》、对唱《赶马调》《叙苦情》、独唱《赶马调》；红河彝族的《献饭调》《小时候的玩伴嫁出去了》；大理巍山彝族的《东山打歌》、石屏彝族的《月下玩场》《撒哩啰》、西盟佤族的《达格莱》、绿春彝族的《栽秧鼓舞》；普洱江城瑶族的《盘王节祭祀歌》、文山彝族的《铜鼓舞》、文山壮族《"弄娅歪"（跳牛王舞）》、乐舞《壮族渔鼓》、兵器舞《拉嘎》、红河泸西壮族《壮族铜木神鼓舞》、楚雄大姚的群舞《"神医"送神》、红河金平布朗族（芒人）独唱《上新房歌》、红河建水乐舞《哈尼族铓鼓舞》、大理南涧《南涧跳菜》等节目淋漓尽致地展演出了人们在肃穆的祭礼仪式、各种传统节庆、婚丧嫁娶、传情酬唱以及表达对祖先和父母的感恩等仪式与日常生活中的喜怒哀乐，其繁复性正是与来自乡土的丰富而微妙的情感相应和，是一种基于"乡愁"的神话与抒情诗。
② 王杰：《乡愁乌托邦：乌托邦的中国形式及其审美表达》，《探索与争鸣》2016年第 11 期。

精彩，在他看来，来自云南各个地方那么多民间艺术在如此短的时间内同时展演，其内容非常之丰富，令人震撼。在昆明剧院三天展演中，我们也不时地听到观众感慨道，如果这样的艺术以后没有了，该是一件多么令人遗憾和伤心的事。尽管由于语言和时空的区隔，这些乡土艺术并不能为我们所完全理解，但它所蕴藉的情感及其表达的繁复性早已逾越此种障碍在传统与现代之间缓缓流动，也再次证明了艺术的原生性与现代性之间的深刻联系。尽管如此，该艺术节第四、五天到高校分会场的展演中所遭致的相对冷遇也引起了我们的思考，有相当一部分大学生表示对于乡土艺术的不理解和兴趣索然。究其原因，一方面与乡土艺术与现代城市的相对疏远有关；另一方面，也与对于乡土艺术并非作为"为艺术而艺术"的艺术的欣赏背景有很大的关系。在昆明剧院的展演中，采取了展演与讲解的形式，特邀了云南民族音乐学家吴学源和纳西学专家杨福泉等学者进行讲解，他们结合自己数十年深入云南民间调研的经验对于艺术节中所展演的音乐和舞蹈的背景及其表演形式等进行了介绍与深度阐释，将乡土艺术的语境及其涉及的地方性知识鲜活地呈现出来，为观众更好地理解与欣赏乡土艺术提供了源源再生的语库。正如品味的建构需要知识与资本的累积，对于乡土艺术的审美能力的提升亦不例外。

品味是可以重构的，它也将于此重新释放其改变世界的力量。也许我们还无法确信，在不久的将来，乡土艺术是否有可能成为新的"奢侈品"？但在这个众声喧哗与流变的时代，它本身就是"奢侈"的。可以深信的是，中国品味的建构无法离它而去。

乡土艺术作为潜源性的当代品味，仍需在新语境中获得再生的空间。其中，审美元素的叠合与创意是重要的资本化之维。在与比利时（荷语）鲁汶大学彭静莲教授的关于时尚的访谈中，她谈到怀旧与时尚之间的关系以及时尚系统中的跨语境转换问题：

向丽　正如我们所讨论的，时尚的建构基质既可以是新奇的、反叛的，也可以是传统的、自然主义的。当代时尚逻辑具有将原本处于不同等级序列的风格交相杂糅的想象力和分配能力，这恰恰见出了时尚的两副面孔和缜密的双向运作机制。在此意义上，时尚问题就成为时代与社会，情感与想象的最富于魅力的一面镜像。

彭静莲　我曾经尝试着在审美人类学视野下观照中世纪艺术，诸如以天使长圣迈克尔为题材的中世纪艺术。圣迈克尔与以龙形式出现的魔鬼斗争的场景，在基督教的绘画和雕刻中非常多见。我曾看到一个来自法国南方的，约 15 世纪末 16 世纪初的关于圣迈克尔的雕像。在这个由橡木和金属多重叠加的原初雕像中，天使长圣迈克尔右手拿着剑，左手持天平，在他脚下是他正在惩杀的恶魔。他将卷曲的头发盘绕成王冠戴在头上，脸上带着一种极其柔和安详的表情。随着时间的推移，这座雕像已经支离破碎。他失去了一只手、两条腿和右臂，脚下的魔鬼也不见了。随着时间的流逝，这种物质性的丢失导致了图像的"变形"，它走出了宗教性环境，也因此不完全属于宗教对象。在当代一系列社会世俗化的转变中，当纯洁性与真实性成为当代人的审美偏爱时，这缺少了几个身体部位的圣迈克尔，也已幻化为一个自由飘浮在空中的舞者。

向丽　这残损的身体在时空的叠合和转接中呈现出了一种特殊的美感，令我想起法国哲学家雅克·朗西埃在《美感论》中谈到温克尔曼笔下的赫拉克勒斯残躯时所指出，正是这意外造成的残损成就了这个雕像的完美，因为这样的它，就只能用它失去的头部和四肢，衍化出多重新生的身体。这样的身体经由时间与当代人的经验而重塑，观者对于此种重塑的经验所获得的美感是否通达了您所说的"真实"？

彭静莲　是的，正如这个雕像的魅力不仅在于它表情的平静和姿态的优雅，而在于由碎片和时间所形构的多种可能性。它焕发出一种真实的感觉，因为它拥有了"灵魂"。在后现代意义上，"真实性"是由观者而不是制造者/艺术家来调节的。真实性是对于过去的重新诠释，重新循环，以适应当代的情境。因此，拥有真实性的艺术既有历史渊源，同时又从这种历史中生长出了新的开始。换句话说，真实性既是历史的，也是当代的，过去亦即新的开始。

……

向丽　时尚教育类似于我们在美学中经常谈到的审美教育，然而，由于"审美"本身是内在难以描摹的，这个问题长期以来仍然悬置在理论建构的领域，而时尚教育无疑打开了新的探寻之路。在我看来，时尚作为"美"的形塑与聚集，体现出了时代的情感结构和审美趣味，然而时尚是如何形成的，尤其是过去之物如何融入当代时尚的建构之中，其中的符码转换如何构建新的文化意义则更为隐秘而重要，您是如何看待这个问题的？

彭静莲　时尚以物为载体，物在传递过程中会被赋值。具体来讲，当物从一个归属者传给另一个归属者时，它会在这个过程中获得新的价值，并形成关于它自身的新的故事。这实则是时尚系统中的跨语境转换（Transcontextualized in fashion system）问题。另外，时尚也通过机构、文化事件、拍卖等形成，尤其是旧物正是通过这种场域获得转换的可能性，从而最终能够融入当代时尚的营建之中。

向丽　古董或那些历史久远的东西，残损却仍包孕着光韵，其文化意义不能完全被解读，其神性也无法完全被理解和欣赏，而通过您刚才提到的制度性机构和文化事件与行为，通过阐释，更重要的是通过故事激起感知，从而能够使过去之物成为时尚。这是一种隐秘而微妙的时尚运作机制，在审美人类学视野中，我们把这种路向的研究称为审美制度问题研究，其关键就在于这种非正式制度如何能够形构人们关于审美和艺术的观念与行为。①

时尚并非只是新奇和激增的，它在语境的转换中具有将蕴藉着光晕的旧物转化为新生事物的能力，通过向后看而走向未来，这是时尚更具有本源性的逻辑。其根本性的原因在于，"记忆"是审美经验中最为内隐而重要的存在，它与某物何以能够成为艺术品或审美对象紧密相关，同时也以集体选择的方式建构着品味与时尚②。在美学研究的视域中，"美"、艺术、审美经验是谈论最多的对象，与此相关的问题诸如，人类审美的一般规律，审美和艺术的特殊性，审美和艺术的历史效果与价值意义，审美经验和审美与艺术的内在规定性之间的关系等等。在当代叠合性、杂糅性、流动性的语境中，审美和艺术的经验性抑或感性存在，艺

---

① 向丽问/译，彭静莲答：《审美人类学视野下的时尚美学：访彭静莲教授》，《思想战线》2020 年第 1 期。

② See Herbert Blumer, "Fashion：From Class Differentiation to Collective Selection", *The Sociological Quarterly*, Vol, 10, No. 3, 1969, pp. 275-279.

术作为一种特殊审美意识形态的社会实践机制与形态，艺术与感性解放的关系，以及蕴藉于艺术之中审美风尚的嬗变及其与社会发展的关系等问题，也日益对美学的现实性与实践性品格提出了更高的要求。

在审美经验的聚集与形塑中，"记忆"发挥着非常重要的作用。但这并非容易观察到的事实，其原因在于，记忆并非一种完全在场的存在，记忆所折射的文化镜像与事实往往发生在过去。但正是这过去存在之物在与现实土壤的结合中，将弥散出奇幻性的美学效果。这在柏拉图关于回忆是一种哲学知识，马克思关于古希腊神话的永恒魅力以及本雅明关于光晕与仪式和传统之间的关系等论述中可以发掘其异在性的特殊光泽。正是这并非完全在场的记忆形构了一种特殊的审美经验，并以一种流动回旋的方式，融入人的情感结构，从而恢复和激活人的全部感性存在。

关于记忆如何弥合审美经验的残损从而开启新的完满性，德国美学家汉斯·罗伯特·耀斯在阐释普鲁斯特的《追忆逝水年华》关于爱情的两重性经验时指出："审美经验的期待方向改变了审美经验本身：被现实的无可弥补的缺陷所阻滞的期待可以在过去的事件中得到实现。这时回忆的净化力量有可能在追求美的过程中弥补经验中的缺憾。"① 记忆以其远出的形象织入现实的缺憾，这是一种由"此时此地"的独一无二性对于现实的移植，从而延续着历史的力量。不仅如此，法国哲学家雅克·朗西埃在《美感论：艺术审美体制的世纪场景》中谈到温克尔曼笔下的赫拉克勒斯残躯时指出，正是这意外造成的残损成就了这个雕像的完美，因为

---

① ［德］汉斯·罗伯特·耀斯：《审美经验与文学解释学》，顾建光等译，上海译文出版社 2006 年版，第 9 页。

"这样的它，就只能用它失去的头部和四肢，衍化出多重新生的身体。"① 于此，朗西埃实则提出了，过去之物的残损抑或不完满，恰是一种完美，其审美的张力正是源于其表现的悬置性与再生性，正如朗西埃所提出的，"艺术来自可感肌理的变换"②。正是在与当代审美经验的联结中，在现实想象的中断处，过去之物由残损所凝结的光晕才获得其多重新生的身体与肌理。对于此种肌理和可感性的重新分配的研究，是我们在当代触摸时尚体温的重要方式。

也正是在此意义上，德国社会学家、哲学家齐奥尔格·西美尔（Georg Simmel）提出了这样一个问题："一旦较早的时尚已从记忆中被抹去了部分内容，那么，为什么不能允许它重新受到人们的喜爱，重新获得构成时尚本质的差异性魅力？"③ 这对于辨识时尚复杂结构的内核具有关键性的意义。无疑地，时尚之所以成为时尚，在很大程度上正是因为它在与既定体制的反叛中对于异质性、新奇性和变革性的推崇，在跨界的过程中释放着一种源自差异性与运动性的激动与快感。但根据当代社会学和人类学研究，时尚实则具备双重面孔：它既是阶级分野的产物，同时也是社会同化的美学策略；时尚的建构基质既可以是新奇的、反叛的，也可以是传统的、自然主义的。

记忆以其对于物及其蕴藉的情感结构的召唤，并最终又通过创意赋形于物，从而与当代人的审美需要相连接，这样的物与氛围就有可能成为当代人的审美对象。诸如作为记忆承载者的民俗艺术以

---

① ［法］雅克·朗西埃：《美感论：艺术审美体制的世纪场景》，赵子龙译，商务印书馆2016年版，第32页。
② ［法］雅克·朗西埃：《美感论：艺术审美体制的世纪场景》，赵子龙译，商务印书馆2016年版，"序言"。
③ ［德］齐奥尔格·西美尔：《时尚的哲学》，费勇等译，花城出版社2017年版，第121页。

其民间性、传承性、民族性、地域性和变异性等特性见长，在传承与变迁中为当代时尚提供了多元的建构基质与元素，这将为非物质文化遗产传承与保护话题在建设性和开放性意义上重新敞开提供了新的可能性。

云南是我国少数民族最为集中的省份，具有多元文化积淀、交融、互通的特色。其中白族是最具开放性与包容性和善于兼容并蓄的民族之一，主要聚居于云南省大理白族自治州。以笔者所调研的大理白族自治州剑川县为例，作为主要的白族聚居地区，剑川县是全国白族人口比例最高的县，同时以其根植于中国传统文化与当地宗教信仰、社会生活、民俗文化和审美情趣而形成的白族民居建筑、寺庙建筑、木雕、石雕、甲马①、布扎、土陶、泥塑、服饰等名扬中外。根据联合国教科文组织的《保护非物质文化遗产公约》界定："非物质文化遗产（intangible cultural heritage）指被各群体、团体、有时为个人所视为其文化遗产的各种实践、表演、表现形式、知识体系和技能及其有关的工具、实物、工艺品和文化场所。"② 随着剑川县政府和文化馆等机构和民间传统工艺从业者对于国家非物质文化遗产传承与保护政策的贯彻与实践，剑川传统工艺作为一个巨大的物与记忆的库存，也正在绽放其作为"贵重"

---

① "甲马"是中国民间宗教祈福禳灾祭祀活动时用来焚烧的各种各样雕版印刷品的总称。甲马上印刷有众多的各类神祇鬼灵、飞禽走兽、自然山川、建筑交通等丰富多彩的图形，是一份极其珍贵的民间美术遗产，更是研究文化人类学、古代哲学思想、宗教民俗、艺术美学等诸领域的重要文化遗产。这份遗产在我国北方称"神马"，河北地称"神灵马"，南方的江苏、浙江一带称"纸马"，广州地区称"贵人"，云南称"甲马""甲马子（纸）""纸符""纸火"等。——引自杨郁生：《云南甲马》，云南人民出版社2012年版，第8页。

② 《保护非物质文化遗产公约》于2003年10月在联合国教科文组织第32届大会上通过，并于2006年4月生效，旨在保护以传统口头表述、节庆礼仪、手工技能、音乐、舞蹈等为代表的非物质文化遗产。

而仍在"行走"着的生命力。

除了政府和文化界为传承和发展剑川传统手工艺，在交流平台的打造等方面作出的贡献之外，剑川民间工艺从业者也接续传统，利用多媒体融入艺术创意经济之中。笔者主要以剑川董月畅黑陶有限公司董月畅、董志明父子黑陶和"天艺园"剑川木雕传承馆施家三兄弟木雕记忆传承为例，探讨情感记忆与审美经验的关系①。

在马克思主义理论视域中，创新是资本的生产与再生产的重要条件和动力，资本同时也具有无限创新的空间。在当代经济增长的讨论与实践中，跨界融合与资本创新也逐渐成为关键词。但正如前所述，创新的单向度刺激抑或"伪"创新的膨胀也有可能引发自我耗损。审美资本作为一种特殊的资本，由于主要诉诸人的情感结构而形构，创新于此就不再仅仅是形式和机制的创新，而是一种如何将记忆联结并在当代形塑新感性的理念上的创新，它更多关涉到审美/艺术与创意的关系问题。

英国创意产业网络召集人之一贾斯汀·奥康诺（Justin O'Connor）指出，创意已经成为当代最为过度使用的概念之一，它基本上包含两层意思：一种特殊的非线性的甚至非理性的独创能力；一种是生产"象征性"或"审美性"的"未知性"产品。在他看来，艺术是创意产业重要的部分，创意一方面基于一种反精英主义和挑战权威的更加民主化倾向，同时也能够在与艺术的结合中融入产业化的运作机制，而不只是一种纯粹的创意理念。② 暂而悬置阿

---

① 限于篇幅所囿，具体可参见向丽、陈顺尧：《记忆·审美资本·时尚——以云南剑川传统工艺创意为例》，《民族艺术》2019 年第 5 期。

② 参见［英］贾斯汀·奥康诺：《艺术与创意产业》，王斌、张良丛译，中央编译出版社 2013 年版，第 175—202 页。

多诺对于文化产业批判的意义，艺术与创意的结合就审美资本的形成而言，是一种基础性的前提与条件。

创意是由文化、想象、理念、思想、情感等非物质的要素所构成的一种新型的生产力形式，具有无限广阔的发展空间。对于民族地区来说，创意产业的发展通常较大程度地依赖当地的文化资源、植物以及"气候"，传统民族文化可以为创意产业提供丰富的资源、素材与理念。历史悠久、丰富多彩的民族文化遗产是发展文化创意产业的一笔珍贵的财富，历史积淀与现代风貌的完美结合，加上独特的人文与地理环境，为发展文化创意产业准备了条件。

诸如在剑川董月畅黑陶有限公司土陶设计中，形成了一系列以瓦猫意象为创作基质的手工制品，趣味盎然又富于吉祥意味。相对于汉族发达地区，剑川白族地区在驱避魑魅魍魉和沟通人与鬼神的想象和活动中，呈现出日常化、活态性、隐蔽性、多元化等特点。其中，瓦猫、甲马、偷鸡神①等是白族丰富的避邪图像及实物中的极富于特色的部分。瓦猫，一种镇宅避邪神兽，多见于云南传统民居，雄踞于屋脊正中上方，因其高度变形，造型似猫而得名。瓦猫在造型上凸显的两大特征是：嘴张大、牙齿锋利向外开张，表情怪诞，尽显威慑之势；口尾相通，安放时面朝外，背对院落，为吐纳财宝入家，强宅聚气、降脊纳福之用。正是变形与纳福之糅合，使瓦猫怪诞而不失稚拙之天真，被称为云南最萌神兽，也为其通过创意从"膜拜价值"转向"展示价值"提供了诸多可再生的想象

① 偷鸡神是白语 [dao gai shen] 的直译，并非表象的含义。其形象基本上都是以人身禽嘴、三只眼以及嘴叼蛇，双手持双蛇，双脚踩双蛇，背负双翼（有些是羽翼，有的是蝙蝠翼）的造型为主。参见张春继：《白族民居中的避邪文化研究：以云南剑川西湖周边一镇四村为个案》，云南大学出版社 2009 年版，第111 页。

空间。

　　作为一种避邪神兽，瓦猫是民间神话与信仰的聚集，也是集体表象的一种形象呈现。然而，正如马克思所指出的："任何神话都是用想象和借助想象以征服自然力，支配自然力，把自然力加以形象化；因而，随着这些自然力实际上被支配，神话也就消失了……神话……也就是已经通过人民的幻想用一种不自觉的艺术方式加工过的自然和社会形式本身。"① 随着时间的推移和生活美学经验的延伸，这部分"神话叙事"也发生了变化，其相应的承载物在形式上和审美品格上也发生了转变。瓦猫从屋脊神兽走下圣坛，转换为手中可把玩的工艺品，其实用功能的悬置和记忆形式原则的转译，使瓦猫"变形"② 为艺术品。

　　审美变形通过创意重新表达存在，这在剑川木雕的传承和发展中表现得更为富于意味。剑川木雕具有悠久的历史渊源与传统，如滇西北民谣所传唱的："丽江粑粑鹤庆酒，剑川木匠到处有。"剑川木雕艺人的匠心独运和精妙绝伦的雕刻技艺早已闻名于世。③ 1996 年剑川获文化部授予"木雕艺术之乡"的称号，因此木雕产业成为剑川在文化经济时代谋求自身发展的重要之维。

　　尽管剑川享有"木雕艺术之乡"的文化资本，然而，在机械复制时代光晕不断被击碎的时代，随着时代经济的发展和社会转型的逐渐加快，包括木雕在内的剑川白族手工艺也面临着传统的断续、手艺人纷纷转行的断代危机、大众审美偏好的位移以及市场萎

---

① 《马克思恩格斯选集》第 2 卷，人民出版社 1995 年版，第 29 页。
② 关于"变形"作为艺术表现方式和艺术资格授予与罢黜机制，可参见向丽：《艺术中的变形问题研究》，《艺术探索》2016 年第 1 期。
③ 关于剑川木雕的历史、匠心与匠艺、传承与发展状况可参见张笑：《剑川木雕》，云南大学出版社 2006 年版。

缩等问题。但仍然有一部年轻木雕工艺者执着于手艺的记忆与想象，并基于对物与人的重新思考晕染出匠心的情趣与工艺哲学。

在天艺园，我们可以看到剑川木雕的诸种表达形式，其中施志华的写意残荷系列作品以一种残寂之美表达出一种独特的气氛美学。施志华不善言谈，只谈及大概从 2010 年开始做残荷系列。最初因偶然的机会得到一块残损的木料，摆在几案上天天看，有一天感觉它应该是荷花①，就在局部做了一些雕刻。这木质原初的肌理与自己所能"见"的心意相合，恰是一种可遇不可求的艺术创作经验。

人对于美的经验有如对生命的品味与感悟，恰如美国学者克里斯平·萨特韦尔（Crispin Sartwell）指出："英语中的'美'（beauty）已经变成了某种陈词滥调，如果我们想要继续体验世界之美，就需要从语言疲劳中恢复耳目一新的感觉。"② 在他看来，"美"在不同的文化语境中具有不同的审美体验，诸如在英语、希伯来语、梵语、希腊语、日语、那伐鹤语等语言中，"美"主要指欲念之美（beauty）、射放之美（yapha）、神圣之美（sundara）、理念之美（to kalon）、残寂之美（wabi-sabi）、和谐之美（hozho）。不同的民族文化以不同的艺术与精神展现出美的诸个层面，这是西方传统美学所无法涵盖的。诸如这残荷的肌理与伤痕充盈着不可言说的悲与喜，恰如日本漆艺师赤木明登在谈及心魂的解放时指出："在漫长的伤害

① 这种"无目的"的雕刻经验类似于英国艺术人类学家罗伯特·莱顿在《艺术人类学》一书中所引证的，爱德蒙·卡彭特描写了爱斯基摩雕刻者在雕一块象牙时，会问它："你是谁？谁藏在里面？"然后他看到了内部形式："哈，是印章！"于此，雕刻并非一种纯粹的创造，而是释放了它本然所持的存在。参见［英］罗伯特·莱顿：《艺术人类学》，李东晔、王红译，广西师范大学出版社 2009 年版，第 35—36 页。

② ［美］克里斯平·萨特韦尔：《美的六种命名》，郑从容译，南京大学出版社 2017 年版，"前言"。

与自伤的过程中，内侧和外侧的轮廓线上积累重叠起无数的伤痕。这些伤痕就是生命的纹理和质感。藏在内侧的孤独的'我'，在这些纹理和质感中慢慢得到释放和解脱。"① 尽管这是对漆之质感的描摹与感知，但这生命中的伤痕与残寂的累积和释放竟也与这残荷的心魂相通，时光与生命之柔软与韧性于这写意之雕被点染出来。

在此意义上，审美资本同样是传统审美文化得以延伸的重要之维，并且，审美资本的意义于此主要呈现出两方面的意义：一方面，审美和艺术作为一种特殊的资本，主要基于历史记忆与情感结构；另一方面，审美资本必须而且只有在传统与当代的记忆联结与演绎中才能获得自我生产与再生产的能力。因为"美的真谛在于，我们既要敞开心扉去迎接新的美，而非想方设法地逃离或毁灭它们，也要带着新的感受力回到前人已经体验过的美当中去。"② 正是在传统与当代的对话中，在传统艺术的光晕承接之中，美才能以一切可能的形态向我们投来深深的一瞥。无疑地，这是一个相当漫长而奢侈的历程，审美与资本的某种共谋也有可能随时将其中断，然而，审美/艺术作为资本的重新开启，艺术创意以弥合人的感性之在，这似乎才刚刚开始。

在今天我们谈论乌托邦③，它更多地指一个还未存在而即将存

---

① ［日］赤木明登：《造物有灵且美》，雷克译，湖南美术出版社 2015 年版，第 31 页。
② ［美］克里斯平·萨特韦尔：《美的六种命名》，郑从容译，南京大学出版社 2017 年版，第 25 页。
③ "乌托邦"一词出自欧洲文艺复兴时期英国人文主义者托马斯·莫尔写于 1516 年的《关于最完美的国家制度和乌托邦新岛》（简称《乌托邦》）这部不朽的著作。这个词原初并不存在，而是根据古希腊语虚造出来的，指的是"无何有之乡"或"乌有之乡"，亦即一个并不存在的世界。参见［英］托马斯·莫尔：《乌托邦》，戴镏龄译，商务印书馆 2016 年版，"序言"。

在于他处的属于未来的存在，抑或关于未来的构想。无论是柏拉图的《理想国》，还是早期基督教公社的神话式的"共产主义"及其对于莫尔乌托邦构想的影响，甚或在莫尔之后，圣西门、欧文、傅立叶所自居的"科学发现"等等，基本上都指向一个遥远的未来，这也使得乌托邦一直以来与空想性之间保持着某种尴尬的连接。然而，在关于乌托邦的叙事中，我们仍然可以感知一种来自过去的凝视，亦如历史以及现代性对于自身的回望与反思。

　　然而，正是关于如何面对这种来自过去的目光，乌托邦变得更加地歧义重生和富于意义。英国学者齐格蒙特·鲍曼（Zygmunt Bauman）考察了莫尔式的乌托邦在其双重否定后所形成的新形态，他将其称为"逆托邦"（retrotopia）抑或"怀旧的乌托邦"，这种新的审美模式所表征的事实是，与莫尔式的乌托邦是到那尚未诞生的因此也尚不存在的未来中寻找人类的幸福不同的是，"越来越多的人正在从那已失去的、被盗走或被抛弃却未死的过去中寻找各式各样的乌托邦。"[①] 在鲍曼看来，正如记忆政治学是一种对于过去的筛选与过滤，这种"向后看"尽管有其诱惑性与现实溶解力，但正如马克思在《路易·波拿巴的雾月十八日》中所揭示的过去的亡灵和幻象重新游荡的可笑性与可怖性，他对于这种怀旧病的指责也是不遗余力的。

　　但回望过去，抑或向后看，并非都是一种病症。通过向后看而指向未来，这又是一种新的乌托邦。在当代，乌托邦不再是一种实存的未来，而是自反性现代化或审美现代性质询的产物，它更多基于对审美经验的分配与重构的思考。王杰教授指出，乌托邦是社会

①　［英］齐格蒙特·鲍曼：《怀旧的乌托邦》，姚伟等译，中国人民大学出版社2018年版，第8—9页。

现代化过程的一个重要维度，他并且将依托回旋性表达机制而形构的审美形象和理想称之为"乡愁乌托邦"。在他看来，"乡愁乌托邦"作为一种特殊的情感结构，是一种叠合着乡愁的分裂的乌托邦，这种分裂主要基于在社会现代化进程中所出现的物质生产与人性异化之间的断裂。他并且指出："'乡愁'不同于简单的'怀旧'和'怀乡病'，它具有一种将'过去'乌托邦化的强烈的情感色彩……'乡愁'成为中国现代化过程中乌托邦冲动的一种具有悲剧意味的美学形式。"① "乡愁乌托邦"的提出一方面表征出通过回望过去而走向未来的可能性及其机制；另一方面，也暗示了乡愁的重章叠唱所蕴藉的韵味与悲剧性，此悲剧并非消极意义上的，而是指它在与当代社会情境的结合中所可能具有的召唤性意义，或者相当于朗西埃所强调的美学增补的特异性，亦即通过"增补"的方式改变原有的可感性分配。②

在当代社会，乡愁不仅仅是审美现代性叙事的隐性出场者，而且也是审美资本自生产的基源性想象的质料，当代时尚双重逻辑的眩晕之美也正是源于此。具体而言，时尚的建构基质既可以是新奇的、反叛的，也可以是传统的、自然主义的。她既是对于未来的激情想象，也可以掉转头，面向过去，再重新回到当代和指向未来。

时尚的魅力正在于它能够跨越时空的边界，使美的意象在流动中赋形。近些年，艺术乡建成为中国美学界和人类学界共同关注的社会问题。以方李莉研究员为代表的艺术人类学团队对这个问题进

① 王杰：《乡愁乌托邦：乌托邦的中国形式及其审美表达》，《探索与争鸣》2016年第11期。

② 朗西埃从审美经验的角度指出，美学并非关于艺术或美的哲学，它是可感性经验的重构。参见［法］雅克·朗西埃：《美学异托邦》，蒋洪生译，见汪民安、郭晓彦主编：《生产》第8辑，江苏人民出版社2013年版。

行了持续性的考察，并基于对地方性审美经验和乡民艺术特性及其与社会转型关系的探讨，对于艺术如何激活乡村重建，地方感的拟真，遗产资源如何融入乡村重建以及如何构建美丽乡村等问题进行了深入发掘与阐释。其中，张原在对地方感的拟真的考察中指出，"地方感"（place consciousness）是一个超越"乡土性"的概念，它并非一种只属于过去的景观和影子，而是一种再造的场域，"今天的所谓乡愁反而成了一种极其现代性的文化表征，现代化的过程完成得越多，乡愁就会越浓，这个乡愁实际上是现代化，是可以和它画等号的，所以乡土是个无法重建的社会形态。"① 于此，乡愁并非可以直接移植到当代的，乡愁乌托邦恰恰指向乡愁当代价值的再生。

艺术乡建既是艺术从艺术作品到艺术行为到艺术力量转向的显现之维，同时也需要对蕴藉着乡愁的民间艺术有更充分的尊重。乡民艺术有可能成为当代社会新的品味，而围绕着"乡愁乌托邦"而形成的一系列社会审美文化也就有可能形构新的时尚。其中，乡民艺术在当代的转换及其讲故事的能力，正是其作为审美资本的关键之在。它如何以物与记忆的形态保留着多重新生的身体，同时又能够从审美资本主义的旧病复发的焦灼中轻盈撤退，这本身就不是一门纯粹的艺术经济学。记忆正是作为审美经验的基源，凭借着当代审美需要的吁请而形构出新的时尚逻辑："向后看"而非怀旧病，正在消融着关于抽象"进步"的幻觉。于此，新的时尚机制进入现代生活肌理的编织之中。

在此意义上，阿甘本将时尚作为当代性的一个绝佳例子来看待

---

① 方李莉主编：《艺术介入美丽乡村建设：人类学家与艺术家对话录》，文化艺术出版社 2017 年版，第 114 页。

191

是极富于意味的。在他看来，时尚聚集着这种特殊的时代体验，"时尚可以'援引'过去的任何时刻（20 世纪 20 年代，20 世纪 70 年代，以及新古典主义或帝国风格），并通过这种方式使那些时刻变得再度相关与合宜。它因此可以将那些已经被无情分裂开来的事物重新联结起来——召回、唤醒并复兴那已被宣布为死亡了的东西"。① 时尚不再是浮光掠影的瞬间性，而是富于包孕性的那一顷刻。它居于时代椎骨的断裂处，以神圣的招魂术感召那一切还来不及或不曾经验的存在——"对于这种'未曾经验的'或'已死之物'的关注是当代人的生活。在此意义上，要成为当代人意味着要回到我们从未抵达过的当下时态。"②

在依附于审美等级秩序所建构的既定审美制度中，"从未抵达"往往被界定为"已过时的"，这或许是不易觉察的暴力。在时尚作为当代的诠释时，它的逻辑从来就不是直线形的，而是回旋往复的。它挥散怀旧的迷雾，是对曾经过滤掉的"从未抵达"的持续重现。

---

① Giorgio Agamben, "What Is the Contemporary", *What Is An Apparatus*, translated by David Kishik and Stefan Pedatella, Stanford：Stanford University Press, 2009. p. 50.
② Giorgio Agamben, "What Is the Contemporary", *What Is An Apparatus*, translated by David Kishik and Stefan Pedatella, Stanford：Stanford University Press, 2009. p. 51-52.

第五章

审美革命与乌托邦的重构

2016 年是托马斯·莫尔（St. Thomas More）发表《乌托邦》500 周年。乌托邦，一个曾蕴藉着无限倾羡与质询的世界又将以怎样的镜像重新出现在人们面前？甚或，在一个反/敌/后乌托邦的时代我们将如何重提乌托邦？这是当代美学面对的一个极富于挑战性的问题。

在审美和艺术已成为一种特殊资本的时代，无疑地，在关于未来社会的构想与建构中，审美/艺术已不仅仅是上层建筑，而且成为基础。在某种意义上可以说，马克思关于经济基础与上层建筑的空间隐喻在当代有可能获得极致性的诠释。值得期待的是，当社会的变革以审美和艺术的形式发生，乌托邦作为一种尚未存在的存在即将存在。这种即将存在的存在，在很大程度上源自不同审美制度之间的对峙与博弈，也是对于固有审美制度和秩序的重新撬动。

第一节　乌托邦的渊源

乌托邦（Utopia），一种居于幻象与现实之间的令人莫衷一是的存在，正是以其所遭际的毫不吝啬的盛赞和无情的嘲讽而弥漫着其特殊的光泽与气息。在当代，我们又将如何承接其缠绕着历史的尘埃延宕而来的余韵？无疑地，在当代重谈乌托邦，已不再只是一个有关浪漫主义诗篇续写的问题，而是一个富于革命性的政治问题。

"乌托邦"一词出自欧洲文艺复兴时期英国人文主义者托马斯·莫尔写于1516年的《关于最完美的国家制度和乌托邦新岛》（简称《乌托邦》）这部不朽的著作。这个词原初并不存在，而是根据古希腊语虚造出来的，指的是"无何有之乡"或"乌有之乡"，亦即一个并不存在的世界①，实则一个或存在于他处属于未来的世界。莫尔对乌托邦的构想得益于柏拉图的《理想国》以及早期基督教公社的神话式的"共产主义"原型的启发，并结合对当时英国时政与社会问题的批判提出了诸多精辟的见解。莫尔在该书中以极大的热情勾勒出他对于未来完美社会的全部设想，对于财产分配、生产劳动制度、城市规划、卫生健康、学术研究等问题都作出了较为详尽的规定与阐述。其中，莫尔提出的"财产公有"是他所设想的乌托邦的最富于根本性的规定，也是莫尔社会主义思想中最为可贵的部分，苏联学者维·彼·沃尔金（В. П. Волгин）在《〈乌托邦〉的历史意义》一文中评论道："莫尔完全有资格被称作是空想社会主义的鼻祖和空想社会主义的最伟大的代表人物之一。"② 然而，也正是"空想"二字的诠释使乌托邦在其理想的另一端囊括了溢出其自身无法涵盖的意识形态最为激烈的纷争。

在莫尔之后，圣西门、欧文、傅立叶以"科学发现"自居而

① 参见［英］托马斯·莫尔：《乌托邦》，戴镏龄译，商务印书馆2016年版，"序言"。
② ［英］托马斯·莫尔：《乌托邦》，戴镏龄译，商务印书馆2016年版，"附录二"。

避免运用乌托邦指称自己对世界的构想甚或发明，乌托邦已处于科学/空想二元对立的风险地带。然而，在马克思和恩格斯看来，这些所谓的科学构想仍然不可避免地陷入空想而遭致批评。恩格斯在《社会主义从空想到科学的发展》中指出，这"三个伟大的空想主义者"有一个共同点："他们都不是作为当时已经历史地产生的无产阶级的利益的代表出现的。他们和启蒙学者一样，并不是想首先解放某一个阶级，而是想立即解放全人类。"在恩格斯看来，这种激进的跨越以及在此基础上建构的社会制度无异于一种看似令人为之振奋实则毫无根基的幻想，其原因就在于"不成熟的理论，是同不成熟的资本主义生产状况、不成熟的阶级状况相适应的……这种新的社会制度是一开始就注定要成为空想的，它越是制定得详尽周密，就越是要陷入纯粹的幻想"。① 由此可见，乌托邦的空想性已成为乌托邦自身所无法抛却的，这也正是乌托邦难以摆脱的尴尬性。然而，问题的复杂性在于，将乌托邦等同于空想却恰恰是对于乌托邦最大的误解与中伤。

事实上，如我们所熟知的，在某种意义上可以说，马克思主义所执守的正是一种强大的乌托邦精神抑或革命的人类学。正如马克思在《关于费尔巴哈的提纲》中所说的："哲学家们只是用不同的方式解释世界，问题在于改变世界。"② 马克思主义美学的任务也不在于解释"什么是美"，而是如何创造美。纵观马克思一生的理论探索，其所从事的哲学批判、政治经济学批判和人类学批判实则

① ［德］恩格斯：《社会主义从空想到科学的发展》，载《马克思恩格斯选集》第3卷，人民出版社1995年版，第357、721、724页。
② ［德］马克思：《关于费尔巴哈的提纲》，载《马克思恩格斯选集》第1卷，人民出版社1995年版，第57页。

都是基于对颠倒的哲学和颠倒的现实的再次颠倒。在马克思的理论视域中，此种批判与二次颠倒均来自一个更高的存在者，即共产主义。马克思对共产主义的基本规定是，"人的自我异化的积极的扬弃"①。此扬弃并非对过去的完全抛弃，而是在人类以往所有的包括异化在内的历史中生成，并且必须以一种充分的异化为前提。在人的身体被撕裂和肆意膨胀、蔓延的时代里，马克思极富悲剧意味地指出，人必须被归结为绝对贫困，而后才能以一种全面的方式拥有人的全部感性存在，亦即在矛盾发展到顶点时，人的感觉将走向彻底的解放。因此，"历史怎样才能转过来反对它自己？马克思对这个问题的回答是所有可以想象的回答中最为大胆的：通过它的包容性最大的生产，通过忍受它的残酷无情的最生动的标志，历史将被转变。"② 马克思美学的现实性在此表现为要求在重新联结过去与未来两端的"现在"情境中解构审美与实践的对立，亦即在叠合着种种矛盾和塑造未来的可能性力量的现实生活关系中实践一种深刻的悖论：人的自我实现以异化为先决条件——同时也要克服这种异化③。由此可见，马克思将共产主义作为乌托邦的最佳注脚，并且，正是因其立足于乌托邦的"物质基础"抑或最残酷的现实之上，正是在对乌托邦飘零无根的空想性的批判基础之上，乌托邦自身所蕴藉的革命性力量才有可能显现出来。

---

① ［德］马克思：《1844年经济学哲学手稿》，人民出版社2000年版，第81页。
② ［英］特里·伊格尔顿：《审美意识形态》，王杰等译，广西师范大学出版社2001年版，第226页。
③ 马克思在《1844年经济学哲学手稿》中阐释了异化的两种内涵，即构成人与自身及他人关系的前提条件以及作为人的产物却外在于和凌驾于人之上的颠倒现象。马克思在揭露资本主义剥削的秘密时倾向于从否定意义上使用异化理论，但这必须在异化的中性意义上才成为可能。

那么，乌托邦究竟有怎样的力量？乌托邦与社会关系的变革之间存在怎样的关系？乌托邦付诸现实的介质以及实践机制究竟如何？这是我们在当代重提乌托邦所不可逾越的问题。继"经典乌托邦三部曲"（托马斯·莫尔的《乌托邦》（1516）、意大利作家康帕内拉的《太阳城》（1601）、德国作家安德里亚的《基督城》（1619））之后，17 至 19 世纪末的西方文坛持续着乌托邦小说写作的热潮，诸如法国作者塞巴斯蒂恩·默西埃的《2440 年》（1770）、美国作家贝米拉的《回顾》（1888）、美国著名作家杰克·伦敦的幻想小说《铁蹄》（1908）等等，都以异乎寻常的想象与热情憧憬着乌托邦的未来形象。尽管这些小说叙述的语言和风格有其差异性，但其共同点在于，它们都表达了对于现实生活关系的愤懑与批判，以及对于一个不在场的未来理想世界的无限向往与信念。抑或，乌托邦正是那个在一个总体规划的制度中留下的一片抵制的飞地，它居于现实与幻象之间，因此才能在现实与幻象的中断与裂隙处编织出如此奇幻的想象叙事。

由此，乌托邦作为"不在场"的"在场"，其魅力在于，作为一种远出的理想，它不仅仅是一个遥远的他者，而是一种始终触及现实潜流的一种存在。在哲学领域，恩斯特·布洛赫（Ernst Bloch）将乌托邦拓展和提升为一个具有普遍意义的哲学范畴。布洛赫继承了马克思主义的乌托邦精神，并进而指出，乌托邦并非一个不存在的世界，而是一个现在尚未存在或仅部分存在而在未来有可能存在的世界，乌托邦的哲学精神正在于它能够唤起和催生出一个从其潜在状态付诸实现的新的世界。① 布洛赫的乌托邦哲学正是

---

① 参见朱立元、张德兴等：《二十世纪美学》上，见蒋孔阳、朱立元主编：《西方美学通史》，上海文艺出版社 1999 年版，第 780 页。

以"希望"范畴为其核心建构而成，其三大卷巨著《希望的原理》（The Principle of Hope）集中阐释了希望的内容与形式及其对于人与社会发展的规定性。尽管詹姆逊在《马克思主义与形式》一书中评论布洛赫的希望哲学并非真正的马克思主义哲学，而是一种革命的神学，但这种希望的原理所召唤的曙光、光明、欢乐、至善、明朗对于现实的异化、倒退、晦暗等而言，无疑都是一种升腾的喜悦。不仅如此，布洛赫在该书中对于历史上出现了各种乌托邦，诸如社会乌托邦、技术乌托邦、建筑乌托邦、地理乌托邦等等都做了收集与描述，对于乌托邦的历史形式及其现实意义做了一定的发掘与阐释，这对于探讨乌托邦的介质及其实践机制具有积极的参考价值。

如果说，乌托邦的尴尬性在于它对于现实的疏离与远出，那么，如何将乌托邦的想象性与现实重新联接则是寻找乌托邦"物质基础"的首要前提。作为一种批判哲学，与马克思主要立足于经济和政治领域展开对资本主义社会的批判不同，西方马克思主义的批判理论主要在文化和意识形态的层面上展开。西方马克思主义美学强调艺术通过对既有社会生活的反抗和决裂从而实践其对现实的批判和拯救功能，在承认艺术作为意识形态的特殊形式的基础上尤其关注艺术对意识形态的偏离、否定、颠覆和超越，并结合当代社会文化的特征和多种文化思潮的观点，积极探讨这种超越的多种策略及其效果。英国学者佩里·安德森（Perry Anderson）在谈到西方马克思主义美学的弱点时曾指出："谈方法是因为软弱无能，讲艺术是聊以自慰，悲观主义是因为沉寂无为：所有这一切都不难在西方马克思主义的著作中找到。"① 然而，对于西方马克思主义

---

① ［英］佩里·安德森：《西方马克思主义探讨》，高铦等译，人民出版社 1981年版，第 118 页。

美学而言，这种犀利的批评只说明了部分的真理。① 事实上，西方马克思主义批判维度的转向，既是对当代资本主义社会权力争夺的重心从对国家机器的统治逐渐转向意识形态国家机器的领导权这一转变的敏锐感知和回应，同时对一些庸俗马克思主义的简单做法确实起到了重要的反拨作用。作为马克思主义美学当代发展的一个重要组成部分，这种理论工作应当受到足够的重视。

在西方马克思主义阵营中，审美乌托邦正是以审美和艺术作为乌托邦的重要载体和内核而熠熠生辉。诸如卢卡契以一种总体性的"叙事乌托邦"探寻人类总体解放之途，本雅明基于在机械复制时代"灵晕"的消失后重构的"怀旧乌托邦"，马尔库塞提倡"新感性"以恢复乌托邦的否定功能等等。其中，马尔库塞的"审美乌托邦"和反抗美学以一种激进的方式既继承和发展了马克思的审美批判之维，又有所偏离，在很大程度上体现了西方马克思主义美学的革命性和矛盾性，故可稍做探讨。

在马尔库塞看来，艺术作为对现存世界本身的大拒斥和反抗，作为通向自由和解放的途径依赖于幻象所提供的非压抑性，并以此拒绝被现实同化。"正是借助艺术作品中特定历史性天地的这种变化，即借助一种出现在具体内容本身显现中的转化，艺术才为现存

---

① 波林·琼斯指出，即使西方马克思主义转向美学研究，部分地是因为一些失望的左派知识分子精英出于安全考虑从严酷的政治斗争中撤退出来，然而，这并不能成为判断该美学传统意义的直接的和全部真实的折射。毕竟，从总体上言，这种理论在一定程度上探讨了意识形态斗争在实践上的可能性，这也是西方马克思主义对当时伴随着法西斯主义的兴起和工人运动的失败的现实，意识形态成为斗争的新领域这一变化在理论上做出的反应。See Pauline Johnson, *Marxist Aesthetics: The Foundations within EverydayLife for an Emancipated Consciousness*, Loudon, Boston, Melbourne and Henley: Routledge&Kegan Paul, 1984, "Introduction"。

的现实开启了另一维度：可能的解放维度。的确，这是幻象的，但另一种现实正是诞生于这种幻象。而且，只有艺术自己愿意作为幻象，也就是只有当艺术愿意作为一个非现实的世界，而不是既定的世界时，另一种新的现实才会产生……艺术的这种超越，并不在于达到一个虚构和空幻的王国，而在于抵达一个具体可能性的天地。"① 并且，也只有"当美不再表现为现实的幻象而是作为现实本身和现实的快慰而展现时，它将会开掘出一种崭新的内蕴。"②在此，马尔库塞较好地诠释了艺术作为一种幻象与现实的关系：艺术以幻象的极端形式帮助个体打破对现实生活始终处于和谐关系的想象性幻觉，它并且将幻象对现实的"伟大拒绝"置入现实的语境中，从而将幻象与现实两端在新的维度即审美之维重新联结起来，以引起人们对现代文明痼疾给予疗救的注意和实践。然而，马尔库塞同时也看到，艺术的这种绝对的否定性和反抗性在发达资本主义社会中的命运：艺术被贬抑为一种单纯的商品形式，甚至异化为粉饰和强化既定统治秩序的形式。在此过程中，艺术对社会的大拒斥本身也被社会所拒斥了，艺术于此维系着对现实生活的虚假意识和承诺。③ 艺术以反抗的方式蕴含的审美启蒙功能在资本主义缜密的意识形态再生产机制中被消解了，这意味着试图以幻象与激进反抗的方式超越和改造现实的不合理性，只能被证明是个难以逾越的悲剧。然而，对马尔库塞而言，他更为强调的是，艺术的政治潜

---

① ［美］赫伯特·马尔库塞：《审美之维》，李小兵译，广西师范大学出版社 2001年版，第 147 页。

② ［美］赫伯特·马尔库塞：《审美之维》，李小兵译，广西师范大学出版社 2001年版，第 39 页。

③ 参见［美］赫伯特·马尔库塞：《审美之维》，李小兵译，广西师范大学出版社 2001 年版，第 67、113、145 页。

能仍然存在于艺术本身，即在审美形式本身。并且，在现存的社会关系中，这种艺术主要是自律的，艺术正是借此自律性既抗拒着现存的关系，同时又超越它们，只有这样的艺术才可被认为具有革命性。① 因此，当这种反抗的、自律性的、作为幻象的艺术不能承担这种批判和革命的任务时，正如法兰克福学派的其他学者一样，马尔库塞也深深地陷入了浓重的悲观主义情绪之中。

如我们所熟知的，阿多诺曾令人猝不及防地指出，"奥斯威辛之后，写诗是野蛮的"，这也使得阿多诺对于乌托邦保持一种足够审慎的态度。无疑地，当奥斯威辛那无法尘封的野蛮记忆以诸种我们无法预测的形式潜存于现实，就注定了奥斯威辛之后的艺术只能是"反艺术的艺术"或为否定的艺术。于此，艺术将不再允诺幸福或保持一种所谓高贵的沉默，而是展露清醒的痛苦与开启漫长的革命。在"走出乌托邦""乌托邦祭""反乌托邦"等不绝于耳的口号中，乌托邦被蒙上了巨大的难以迈出的阴影，但它终要而且能够凭借着某种力量冲破此种符咒，在"死亡之墙"前"止步"。那么，奥斯威辛之后，写诗如何才不是野蛮的从而重新绽放其诗性呢？审美乌托邦是否是一种完美的制度规划？抑或作为一种未完成的乌托邦，它接下来的路该如何走？这些问题共同聚集出乌托邦的当代镜像：它不再是令人沉醉地跳出现实黑洞的异在世界，而是撕开意识形态精心编织的幻象而后让社会断层重新滑动的不安分的粒子。简言之，乌托邦以反乌托邦的悖论性形态存在着，正是在乌托邦的反观中，艺术自身所蕴藉的政治潜能将使审美乌托邦作为当代乌托邦新的构型，重新迈入其光明圣地。

---

① 参见［美］赫伯特·马尔库塞：《审美之维》，李小兵译，广西师范大学出版社 2001 年版，第 189—191 页。

第二节　审美/艺术的政治潜能：审美乌托邦的构想

在过去，也许我们还执着于追问"美/艺术是什么？"，而今天，这样的问题早已被"美/艺术何为？"所取代。不仅是在美学研究领域出现了这样的转向，而且人类学对于艺术的考察与叙述重心也渐至经历了从物到艺术品，从艺术风格到艺术行为，从艺术本身到艺术力量的转变。尤其在马克思主义理论视域中，审美和艺术是对于异化的否定和扬弃，它不仅仅是为着单纯的感官愉悦，而是作为一种社会变革的力量出现。

人类学研究表明，审美/艺术从来就不是一种孤立的存在，而是与政治/权力/秩序之间存在着多重叠合的关系。诸如，列维-斯特劳斯在《忧郁的热带》和《结构人类学》等著述中论及艺术与社会的关系时曾提出"二等分的表象"以阐释艺术的双重性，即以面部彩绘为主的原始艺术既象征着人类从自然到文明的过渡，也表征出社会内部的等级结构，并以此作为调节社会关系的一种幻觉性形式。不仅如此，斯特劳斯还借鉴语言学关于能指与所指的关系理论提出了"不稳定能指"概念，并指出，神话与艺术创作恰恰根植于"不稳定能指"之中，因为正是在"不稳定能指"中，艺术对于社会关系的想象与象征得以生产与再生产出来。[1] 事实上，"不稳定能指"的多元表征恰恰是意识形态得以建构的重要方式，它暗示出社会关系重构的诸种策略与向度。此外，政治作为社会关系的某种聚集包含着社会的等级性和秩序感，诸如贾克·玛奎分析

---

[1]　参见［法］若斯·吉莱姆·梅吉奥：《列维-斯特劳斯的美学观》，怀宇译，天津人民出版社 2003 版，第 3—48 页。

了政治对于非洲工艺品的制造及其美感的意义，他指出："政治是另外一种使物品展现炫耀性美感的脉络。如酋长的权杖、国王的宝座、当统治者在臣民前出现时随从所持之权威标识、廷臣所著之锦衣华服都是——而且至今仍是——权力的器具（instruments of power）。它们表达并强化着统治者凌驾在臣民之上的事实。在某些情况下，这些物品就是权力：拥有皇冠或皇座并赋予国王合法的地位。……这类权力器具常被赋予高度美感的装饰。"① 于此，政治及其蕴藉的权力通过艺术的形式以其隐秘的运作机制渗透于社会分类框架之中，从而使审美和艺术作为一种特殊的制度形态成为社会关系的微妙刻写方式。

艺术存在于一定的社会网络之中，并且表现出一定的阶层性。托尼·弗洛里斯根据艺术的存在基础及结构将艺术主要区分为：自治群体的艺术；被统治群体的艺术（包括在阶级社会中处于低阶层的群体的艺术、"第四世界"中的艺术、被征服群体的艺术）；统治群体的艺术（包括在阶级社会中处于上层阶级的群体的艺术；大众市场的掌控者的艺术）。并指出，艺术并非存在于一个虚假的非政治的语境中，而是在权力链中占据着特定的位置。② 按布迪厄的见解，艺术正是由于分属于不同的场域从而显现出艺术的区隔性。然而，这仅仅是关于艺术政治性理解的其中一个维度，弗洛里斯进一步指出："各种审美和艺术现象都有其物质基础（material base）。每一种艺术都运用比例原则、比较原则、重复原则等，以形构的方式将它

① ［美］贾克·玛奎：《美感经验——一位人类学者眼中的视觉艺术》，伍珊珊、王慧姬译，台湾雄狮图书股份有限公司 2003 年版，第 101 页。
② 参见 Toni Flores, "The Anthropology of Aesthetics", *Dialectical Anthropology*, vol. 10,（July），1985，p. 34。

的各种成分相结合，存在于文化既定的'语法'之中。在此过程中，艺术被赋予了诸种象征性意义。艺术无论是因着群体还是个体都允许解释和创新，每一种艺术都具有其特定的社会功能，并且都允许革新和变化。"① 可见，艺术有其存在的"物质基础"，然而，艺术并非就此困囿于其所产生的场域，诸如弱势群体艺术的审美抵抗本身就包含着无限的政治潜能。雷蒙德·弗思指出，通过艺术媒介使政治性言论起特定作用已不再是新奇的事。从历史上看，艺术有一种特意诱使人们理解和转变社会秩序的目的。他认为这种"政治艺术"（political art）造成的后果不容易评估，例如苏联现实主义或者中国关于农民斗争的壁画。② 这些研究对于我们探讨艺术的审美抵抗与审美修复等当代美学和艺术学问题具有重要的理论价值和实践意义。

无疑地，探讨审美和艺术如何介入生活，从而不仅仅是作为上层建筑而且作为基础而发挥作用是体现当代美学的现实性与革命性的一个重要方面，同时也是美学发展的一个重要趋势。相应地，当代美学从对美的探讨转向艺术研究和艺术批评，并且相应地产生了美学的社会转向、人类学转向以及政治转向等新的发展动态。诸如尼古拉斯·康普雷迪斯主编的《政治思想中的审美转向》③（The Aesthetic Turn in Political Thought）是一部从多角度探讨现代政治思想中审美转向的表现形态及其影响与意义的论文集。该著述聚集于

---

① Toni Flores, "The Anthropology of Aesthetics", *Dialectical Anthropology*, vol. 10, （July）, 1985, p. 35.
② Raymond Firth, "Art and Anthropology", in Jeremy Coote and Anthony Shelton （eds.）, *Anthropology, Art, and Aesthetics*, Oxford: Clarendon Press, 1992, pp. 35-36.
③ Kompridis Nikolas. *The Aesthetic Turn in Political Thought*, New York: Bloomsbury Academic, 2014.

关于至 18 世纪后期以来，政治如何与美学相互缠绕与浸染，并在此基础上深入揭示出政治美学化与美学政治化的事实。国际著名艺术评论家、媒体理论和哲学家鲍里斯·格罗伊斯（Boris Groys）在《艺术力量》（Art Power）一书指出，为梳理当今艺术的总体使命，洞悉它的未来，应当从"当代艺术"的概念说起。在格罗伊斯看来，在世界上，艺术拥有它自身的力量，并且，它在今天的全球政治的权力游戏中足以成为一种影响力，正如它曾经在冷战政治的竞技场发挥的作用一样。在《艺术力量》中，格罗伊斯根据艺术的意识形态功能探究现代和当代艺术。格罗伊斯在此书中还写道，在现代性的境况下，艺术品可以以两种方式生产并呈现给公众：作为商品的艺术和作为政治宣传工具的艺术。然而，在当代艺术界，鲜有人关注作为政治宣传工具的艺术。格罗伊斯赞同在当代艺术话语中包含具有政治动机的艺术，并且认为，艺术是在极权主义、社会主义以及后共产主义语境中被生产出来的。当代艺术正是通过批判来展示它自身的力量。此外，戴维斯·罗西奥·G.，多萝西娅·费-霍农（Davis Rocío G.，Dorothea Fischer-Hornung）和约翰娜·C.卡多斯（Johanna C. Kardux）在《媒体、音乐与艺术中的审美实践与政治：迁移呈现》①（Aesthetic Practices and Politics in Media，Music，and Art：Performing Migration）一书中指出，媒体文化已经成为 21 世纪社会、政治、文化与日常生活的主要建构介质和驱动力。与此同时，移居/迁移已成为当代世界的一个主要特征。然而这是一个非常重要却并未获得学界充分重视与探讨的研究领域。该著述指出，

---

① Davis Rocío G.，Dorothea Fischer-Hornung，and Johanna C. Kardux. *Aesthetic Practices and Politics in Media，Music，and Art：performing migration*，New York：Taylor & Francis，2011.

媒体、音乐和其他艺术表达形态对于人们迁移的体验及其经验重构具有重要的影响，甚至会在很大程度上影响社会公共政策的制订与社会的变革与发展。尤其是，作者分析了媒体与音乐的创新形式诸如艺术装置、电视广告、摄影、电影、歌曲以及小说影视化等的展演形式及其在当代文化中考察移居/迁移呈现的功能。

可见，审美和艺术绝非现实生活的点缀或附属品，它正是以其对现实生活关系的聚集和重新开启以及重塑人们的情感结构而成为未来生活的某种预演。在马克思看来，不同于政治经济学、宗教、实践精神三种掌握世界的方式，艺术对世界的掌握是以想象、幻想和情感性的方式对世界进行把握，从而暗示出属于未来的可能性力量。而这正是审美乌托邦的全部内涵与意义所在，它旨在通过审美和艺术的方式抵抗社会的种种异化现象，并力图通过改造人的审美意识最终达到改造世界的目的。也正是在此意义上，马尔库塞宣称："美学将会成为一门社会的政治科学。"[1] 于此，审美乌托邦的意义就不在于想象，而在于基于批判基础之上的重构。尤其是在乌托邦想象日益衰落的当代语境，乌托邦叙事的重心将不再是一个出乎意料的结局，而是精妙的修辞学策略。

在经典的马克思主义对于乌托邦虚幻性的批判。以及西方马克思主义在对审美乌托邦寄寓饱满热情却又同时陷入难以拂拭的悲观主义情结之后，詹姆逊的马克思主义文化政治学力图在一个新的高度重新燃起乌托邦的希望。在詹姆逊看来，面对整个新的政治和经济"世界体系"的来临，"老式的马克思主义文化范式已经难善其用。"[2] 亦即，

---

[1] Herbert Marcuse, *An Essay on Liberation*, Boston, Beacon Press, 1969.

[2] ［美］弗雷德里克·詹姆逊：《政治无意识》，王逢振、陈永国译，中国社会科学出版社1999年版，第4页。

在经济基础与上层建筑交互建构的今天，仅仅停留于对意识形态的意识层面的去魅还远远不够，因为"有效的意识形态同时也必然是乌托邦"。① 于此，詹姆逊强调乌托邦与意识形态的协作性，并相信此种协作必然产生真正的政治和战略后果。那么，意识形态如何才是有效的呢？在"意识形态"从其最初作为一门"科学"加以建构到作为"虚假意识"遭致批判，直至能够作为一种能建构的力量而显现②，意识形态始终作为一切文化批判与重构中性质最为诡异却也是最令人着迷的一种魔力而展演其多重棱角。在某种意义上可以说，意识形态的有效性正在于，它能够与既有的意识形态相对视，而后通过一种反利用机制创造出属于自己的新的意识形态。在与此种新的意识形态相协作中，审美乌托邦将真正地立于现实通往幻象的入口处。然而，审美和艺术终归不是一种自由的设定，它一方面编织着现实与未来的经纬，同时也被各种缜密的制度性框架所规定。这只能意味着，审美乌托邦依然是一场漫长的革命。

第三节　审美革命与乌托邦的重构

在当代，审美乌托邦已然作为乌托邦的新型形态日益显现其存在的必要性及其意义，然而，它的实践并非全然是诗意的，相反，

---

① ［美］弗雷德里克·詹姆逊：《政治无意识》，王逢振、陈永国译，中国社会科学出版社 1999 年版，第 273 页。

② 法国思想家特拉希创立和使用"意识形态"这一概念时，是将其作为将人们从愚昧和偏见中解放出来的一门"科学"来建构的。然而，由于马克思是在批判资本主义的基础上提出和发展他的意识形态理论，意识形态不可避免地具有阶级性和虚假性特征，其基本功能是生产和再生产统治阶级赖以生存与存在的社会秩序和权力机制。在此意义上，马克思倾向于在否定的层面上使用意识形态。

在现实与所期许之间始终存在着诸种相互缠绕与争夺的场域，于此，审美革命在激情的释放之后将选择更为审慎的前行方式。

"审美革命"这一术语源于德国浪漫主义，并逐渐演变至 20 世纪的用法，主要指人对于世界的感知方式的深刻变革，从而使美的艺术与生活的艺术重新相融合。① 斯洛文尼亚哲学家阿列西·艾尔雅维奇（Aleš Erjavec）在其所主编的《审美革命与 20 世纪先锋运动》② 中通过讨论意大利的未来主义、俄国建构主义、超现实主义、拉丁美洲墨西哥和尼加拉瓜壁画运动、NSK（新斯洛文尼亚艺术运动）等探讨了审美和革命如何能够作为审美和艺术与现实发生关系的一种重要方式。他极富于睿智地提出，社会现实的变革与未来的建构究其根本是以审美革命的形式发生的，或，审美本质上是政治性的。该著述分析了 20 世纪先锋派艺术与政治革命之间的关系，探讨了 20 世纪先锋派艺术如何通过其特殊的艺术表现手法改造人们感知世界的方式，从而更大程度地促发艺术与政治相融合，并使艺术成为社会变革与重构的先导。事实上，审美革命构想较早地是由席勒在《审美教育书简》中提出来的，面对法国大革命的失败及其携裹的恐怖性，席勒呼吁以审美革命代替政治的革命，亦即，以审美和艺术的完满性弥合被分裂和异化的人性。20 世纪后期，雅克·朗西埃对审美革命的内涵与机制做出了更深入的阐释与延伸。审美革命也是马克思主义美学的一个经典议题，而在当代，审美革命具有更多元化的"物质基础"

---

① 参见［斯洛文尼亚］阿列西·埃尔雅维克：《审美先锋派运动中的审美革命》，张睿靖译，《马克思主义美学研究》2014 年第 2 期。

② Aleš Erjavec, *Aesthetic Revolutions and the Twentieth-Century Avant-Garde Movements*, Durham：Duke University Press，2015.

与发生机制①，这无疑是一场令人兴奋且富于前瞻性的美学革命。

在漫长的艺术发展历程中，艺术先后经历了"不为其自身缘故""为其自身缘故""不再为其自身缘故"的角色与范式转换，在此过程中，审美和艺术的政治介入性日益显现出来，尤其"通过历史上的先锋派运动，艺术中的政治介入地位得到了根本的改变。"② 斯洛文尼亚文化评论家阿列西·迪贝雅克（Aleš Debeljak）指出，历史上发生于 20 世纪 20 年代的先锋派运动（例如超现实主义、达达主义、未来主义、构成主义等）挑战的不仅仅是在艺术的自治制度之内的艺术风格的连续性，还包括艺术自治本身的合法性。它们强烈地质疑艺术与日常生活的分离，并提倡以关于美的乌托邦理想，正义和真理的名义实践一种革命性的社会转变。而出现于 20 世纪中期的后现代艺术，在某种程度上是对于仅仅半数的先锋派方案实际地成为现实这一事实的某种回应。在这一时期，将自治的艺术转变为日常生活并织入其繁复的结构之中确实发生了。与此同时，对艺术的生产、分配和接受的联合控制几乎完全地根除了公共领域与私人空间的分离，这使得博物馆、出版社、美术馆、大学等制度性机构逐渐转变为政治控制的精妙的工具。③ 的确，在审美革命中，先锋派艺术扮演着非常重要的角色。关于此种角色的特

---

① 《审美革命与 20 世纪先锋运动》一书将 20 世纪以来的先锋派艺术划分为三种先锋派类型，一种是以自律性为形式的先锋派，第二种是以"审美革命"为形式，强调艺术与政治密切联系的先锋派，第三种先锋派是"后社会主义国家的先锋派"，阿列西及其合作者以东欧国家的艺术形式讨论了这种形态的先锋派。这三种先锋派形态均蕴藉着丰富的社会变革潜能与力量。

② ［德］彼得·比格尔：《先锋派理论》，高建平译，商务印书馆 2002 年版，第 169 页。

③ See Ales Debeljak, *Reluctant Modernity*: *The Institution of Art and Its Historical Forms*, Lanham: Rowman &Littlefield Publishers, 1998, "introduction".

殊性，阿列西·艾尔雅维奇同意鲍里斯·格罗伊斯所提出的，先锋派艺术区别于其他艺术流派的显著标志，在于要求艺术从描绘世界转向改变世界。① 那么，艺术对于世界的改变究竟如何可能？这也正是马克思主义美学所持续探讨的富于革命性的问题。

仍以先锋派艺术为例，"先锋"一词包含新奇性、激进性、异在性与前沿性等内涵，但究其根本，"先锋"更多地展现为一种否定与反叛的姿态。美国学者马泰·卡林内斯库（Matei Călinescu）指出："先锋派起源于浪漫乌托邦主义及其救世主式的狂热，它所遵循的发展路线本质上类似于比它更早也更广泛的现代性概念。"② 的确，先锋派具有鲜明的现代性色彩，或，它属于现代性修辞星丛中的重要一元，并因与现实的某种对峙与拒绝而生产其政治性。在《先锋派理论》一书中，比格尔充分肯定先锋派对于艺术自律与资产阶级社会中艺术制度的攻击与反叛，但他同时指出："先锋派艺术家们并不仅仅是通过打破和驱除流行风格的背水一战来实现反抗社会……我们应该看到，现代主义艺术家积极地向艺术体制发动进攻。他们并非要使自己孤立起来，而是要将他们自己以及他们的艺术与生活重新结合起来。"③ 于此，审美革命绝非宣泄与释放一种反叛的快感，而是一个关于如何将与生活实践相分离的艺术重新与生活相连接的漫长历程。然而，问题的复杂性恰恰在于，艺术究竟以怎样的角色介入生活？如何处理艺术与现实生活之间的辩证关

---

① 参见［斯洛文尼亚］阿列西·艾尔雅维奇：《"单刀直入"：美学与政治性艺术的特性》，施立峻译，《探索与争鸣》2013 年第 6 期。

② ［美］马泰·卡林内斯库：《先锋派的概念》，见周韵主编：《先锋派理论读本》，南京大学出版社 2014 年版，第 85 页。

③ ［德］彼得·比格尔：《先锋派理论》，高建平译，商务印书馆 2002 年版，第 38 页。

系？具体而言，在现代美学的规划中，艺术与现实生活必要的疏离所包含的政治潜能如何再度融入生活之中？这是一个缠绕着多重关系的难题，故比格尔慨叹："先锋主义者试图将艺术重新与生活过程结合本身就是一个具有深刻矛盾性的努力。"① 事实上，这种矛盾性在阿多诺那里表现得也尤为充分。

在阿多诺看来，艺术是一种社会现实，并且是一种特殊的社会现实。"确切地说，艺术的社会性主要因为它站在社会的对立面。但是，这种具有对立性的艺术只有在它成为自律性的东西时才会出现。"② 于此，反抗性和否定性成为艺术（主要指现代艺术）的本质规定，它凭借着"要成为艺术自身"的冲动和激情而对社会展开批判。伊格尔顿则更明确地指出："从浪漫主义到现代主义，艺术努力地转向自律性，这是商品化状态所迫，以便超越残酷的必然性。……艺术故意转向自身，成为一种抵抗社会秩序的缄默的姿态，用阿多诺的话来说，这是用枪口对着自己的脑袋。审美的自律性成为一种否定性政治。"③ 审美和艺术以自律化的方式制造一种抵抗异化现实及其设立的社会秩序的激进姿态，这种策略试图以此避免艺术被社会占用和制度化。然而，一种绝对的自律性美学从根本上说仍然只是一种美学的乌托邦。面对现实的阿多诺也陷入了愈加冷静的思考，他认识到，在与社会的关联中艺术所处的两难困境："如果艺术抛弃自律性，它就会屈就于既定的秩序；但如果艺术想要固守在其自律性的范围之内，它同样会被同化过去，在其被

---

① ［德］彼得·比格尔：《先锋派理论》，高建平译，商务印书馆 2002 年版，第 121 页。

② ［德］阿多诺：《美学理论》，王柯平译，四川人民出版社 1998 年版，第 386 页。

③ ［英］特里·伊格尔顿：《审美意识形态》，王杰等译，广西师范大学出版社 2001 年版，第 375 页。

指定的位置上无所事事，无所作为。"① 据此，在审美制度批判问题上，阿多诺显示出了出奇的清醒和睿智，他指出："现代主义拒绝交流沟通是艺术摆脱意识形态②的一个必要的、但并非充足的条件。"③ 然而，在此，阿多诺一方面要与传统美学的僵化规范相决裂；另一方面，对于艺术在现代社会中的境遇，他仍然抱有深深的忧虑，这主要源于他对现代科技和大众文化的质疑甚至敌视，于此，他仍然陷入一种救赎的悲哀之中。与阿多诺的艺术救赎的悲哀相比，本雅明则比较乐观，他认为现代技术将成为社会不同群体表达、创造和传播属于自己的亚文化的手段。在此之后，文化研究日渐发展成为目前国际学术界最富于活力和创造性的学术思潮之一。这些研究致力于研究当代大众文化，尤其是被主流文化排斥的边缘文化和亚文化，例如资本主义社会中的工人阶级亚文化、女性文化、被压迫民族在日常生活中表述的文化经验和身份认同以及其中蕴含着的反抗潜能及其表达机制，这些对象如此复杂和难以定位，以至于它必然要求一种跨学科、超学科甚至反学科的态度与研究方法。④ 而在人类学内部，愈来愈成为当代理论探讨和革新的有力尝试的民族志田野调查和实验性写作，无疑为这种研究提供了新生的条件和发展的契机。

在关于艺术的自律性与他律性的辩证思考之后，先锋派艺术在艺术自律与政治展演之间如何打开一个新的审美领域就成为一个富

① ［德］阿多诺：《美学理论》，王柯平译，四川人民出版社1998年版，第406页。
② 需要说明的是，"意识形态"这一术语在阿多诺的思想中是富含贬义的，因而他特别强调真正的艺术与意识形态的对立。
③ ［德］阿多诺：《美学理论》，王柯平译，四川人民出版社1998年版，第406页。
④ 参见罗纲、刘象愚主编：《文化研究读本》，中国社会科学出版社2000年版，"前言"第1页。

于实践性的问题。朗西埃积极探讨了此种审美革命的现实机制，他指出："今天，美学的政治之最终矛盾，可能就在于通过发明审美距离（aesthetic distance）或审美中立（indifference）的新形式，艺术得以促成新的政治的感觉共同体，以此反对共识。"① 在他看来，艺术的政治潜能就在于感知的重新分配（the distribution of the sensible）以及在此基础上重塑新的情感结构和感觉共同体，以歧见的形式抵制同一性幻象背后隐藏的规制性及其暴力。此种方案正是由于强调艺术的自律性与他律性的协商与互渗而渐至显现其作为政治艺术的力量，于此，艺术不是由于站在社会的对立面而成为艺术，而是由于表征出审美乌托邦与现实之间的裂隙及其所蕴藉的政治性而成为艺术。在朗西埃看来，"政治的艺术或批判艺术的主要程序就存在于异质性元素的相遇，以及可能的冲突之展示中"②。因此，此种裂隙就不仅仅存在于现实与未来之间，而且存在于一切时间流中的异质性之间。他并且相信，这些异质性元素的相撞，以及高级艺术与低级艺术，艺术与商品，艺术与非艺术之间的跨界与混合本身就是一种感性政治，它将带来新的感觉的分配与构型。诸如朗西埃列举并分析了《背景噪音》、《看：这就是头脑中的世界》、"移动图片"等展览所展现的冲突辩证法及其所蕴藉的政治美学。

　　无疑地，异质性元素的并置的确能激发一种感性的政治，然而，在意识形态以诸种我们无法预计的形式弥散时，异质性往往被包裹于同一性的幻象中而被消释。比格尔在承认艺术被制度化和意

---

① ［法］雅克·朗西埃：《当代艺术与美学的政治》，谢卓婷译，见《马克思主义美学研究》第 18 卷第 2 期，中央编译出版社 2016 年版。

② ［法］雅克·朗西埃：《当代艺术与美学的政治》，谢卓婷译，见《马克思主义美学研究》第 18 卷第 2 期，中央编译出版社 2016 年版。

识形态化的事实之基础上，从艺术自身的特殊性和必须干预现实生活的观点出发，力图揭示各种制度性因素和机构及其运作机制对现实生活关系的遮蔽以及对艺术的挪用的动机和秘密所在，并高度重视先锋派对艺术制度抨击的价值和意义。然而，他同时也为先锋派的反制度化运动的重新被制度化命运持一种悲观态度。① 这正是先锋派艺术的困境所在，因为，任何反制度化的话语和行为要想有所影响，仍然需要借助既定的社会认同机制，然而，现行体制又往往成为社会认同不可抛开的强大中介和社会过滤器。随着各种制度性机构对"反"艺术的认可、接纳、赞助和宣传，它们便从反抗的角色转变为对既定体制的默认与和解。例如，当杜尚的《泉》被博物馆、美术馆争相收藏、分类、统编、重复展览和标签式的阐释，被后来的艺术实践一再拙劣地模仿，以及在大学课堂上反复宣讲时，它向传统艺术体制所作的挑战姿态也就不再显得真实。并且，正如鲍曼指出的，无论先锋派艺术以何种新的激进主义姿态出现，都将很快地衰落下去，因为市场收容和销售这些激进作品的能力正在迅速地提高。一切带有反抗性的新艺术都将被市场充分利用。② 因此，经过现行体制"过滤"的话语和行为仍然无法逃脱被制度化的命运，最终成为它所反对的体制中的一部分，甚至走向自身的反面。于此，震惊美学将难以持续性地奏效，尤其是当此种震惊在其被体制化中被耗尽时。审美制度批判的困境在此表现为，它既反对某种体制，然而这种反抗又必须依赖于这种体制而存在，它

---

① 参见［德］彼得·比格尔：《先锋派理论》，高建平译，商务印书馆 2002 年版，第 122—124 页。

② 参见［英］齐格蒙·鲍曼：《立法者与阐释者——论现代性、后现代性与知识分子》，洪涛译，上海人民出版社 2000 年版，第 175 页。

必须通过这种体制显现自身。这仅仅是因为，它仍然只是一种体制内的反抗。这一方面意味着，没有能够完全脱离体制的审美和艺术，"美"毕竟是一种被建构的存在；另一方面，如何使"美"同时成为一种能建构的存在，在与既存制度的疏离中谋求审美和艺术以及乌托邦存在的新空间，则是在当代重谈乌托邦所置身的不可回避的真实问题域。

在与制度的对视以及对于意识形态缜密运作机制的解密中，制度批评[1]作为当代美学批评的一种特殊形态应运而生，并且成为关于艺术与意识形态之间的关系以及艺术如何作为一种特殊的意识形态形式的一种富于实践性的解析与建构方式。杰拉尔德·让尼格（Gerald Raunig）和吉尼·雷（Gene Ray）主编的《艺术与当代批评实践：重塑制度批评》[2]（*Art and Contemporary Critical Practice：Reinventing Institutional Critique*）对于 1960 年代末和 1970 年代初基于对博物馆和艺术制度发起挑战而逐渐形成的制度批评进行了深度阐释，并结合人类学和制度学相关理论对于艺术批评与社会运动、社会变革之间的关系进行了深层次的探讨。在某种意义上可以说，制度批评并非仅仅是在让意识形态变得可见的基础上对既定制度的反叛与疏离，而是在新旧审美/艺术制度的冲突中探寻审美/艺术与想象、历史进步的深层联系及其可能性，从而寻找到审美/艺术与社会发展的新向度。审美/艺术制度是关于审美/艺术在观念和行为

---

[1]　"制度批评"这个术语曾用于描述 20 世纪 60 年代末和 70 年代早期的政治化艺术活动，最早出现在梅尔·卡姆斯登（Mel Ramsden）的《论实践》（1975）中。See Alexander Alberro and Blake Stimson（eds）. *Institutional Critique：an anthology of artists' writtings*, Massachusetts：The MIT Press Cambridge，2009，p. 8.

[2]　Gerald Raunig and Gene Ray（eds.），Art and Contemporary Critical Practice：Reinventing Institutional Critique. London：MayFlybooks，2009.

方面的建构与规范，它一方面为审美/艺术提供必要的生存空间和生产、接受的场域，另一方面对于审美/艺术的再生产同时产生一定的限制。正是审美/艺术制度的双重性使得艺术在获得其真实表达形态时仍然需要与其所存在的制度性场域保持应有的距离。正如比格尔指出的，资产阶级艺术体制的有机整体性会使艺术在干预现实方面显得屡弱无力，"如果艺术家创造非封闭的、向着补充性反应开放的艺术断片的话，那么艺术就有重新融入社会实践的机会。"① 于此，艺术的"非封闭性"和"断片性"是要划破意识形态整一性的幻象，在乌托邦所指与能指之间的不确定性及其滑动中找到社会变革的新契机。

综上，在当代，审美和艺术不再作为一种仪式性的存在以弥散那不可复制的光晕，而是作为一种富于诗性的可再生产的政治学与经济学，这也正是当代审美和艺术的新构型与新形式。在现实与乌托邦之间，中断与缝隙依然存在，然而，在审美和艺术与意识形态的对视中，在其能够作为一种特殊的意识形态形式显现时，审美革命已悄然发生。因此，乌托邦的两面性，亦即幻想性和真理性在当代获得其实践的"物质基础"。在当代，乌托邦不仅仅是一种远出的理想，而是能够因着审美和艺术的中介性与现实重新相链接，在艺术对于现实的疏离与弥合中，乌托邦的异在性将因其重构而折射出特殊的光芒。

---

① ［德］彼得·比格尔：《先锋派理论》，高建平译，商务印书馆 2002 年版，第43 页。

第六章

审美治理与感知之在

　　法国哲学家阿尔贝·加缪在《反叛者》中写道："何谓反叛者？一个说'不'的人。然而，这种拒绝并不意味着放弃：他也是一个在其反抗之初就说'是'的人。一个奴隶，终其一生都听命于人，突然决定不再接受任何新的命令。那么，这'不'字的含义是什么？"①

　　这"不"字，也许只是意味着，曾经存在着一种界限，以后仍有。

　　无可否认，当我们谈论治理时，也只是在这条界限上跳舞。在将"治理"与"统治"比照之余，我们会不自觉地过滤"治理"所可能裹挟的某种"意识形态凝视"之暴力，但仍需敢于面对其发端，才有可能继续前行。恰如米歇尔·福柯在《规训与惩罚》开篇就展示了历史上出现的两种有意味的惩罚模式：1757 年 3 月 2 日，刺杀路易十五的达米安的血淋淋的行刑，以及 80 年后列昂·福歇制定的"巴黎少年犯监管所"规章。人类历史上的惩罚模式

---

① Albert Camus, *The Rebel*, translated by Anthony Bower, London：Vintage, 1991, p. 13.

已悄然转变，即由一种血淋淋的对肉体的酷刑折磨，转向一种看似温和的对身体的精妙规训，这种广义上的规训抑或微观权力技术的兴起同时勾勒了治理的雏形。

尽管这是一种不那么令人愉悦的联系，但正是在光与影的边界，置身于苦难与阳光之间，我们或许能够被引领到可安歇的水边，仰望着最高的存在与智慧，除却僭妄与幻象，让"自由"开启"治理"新的向度。在当代世界，治理以超出我们想象的精密迹象出现在文化的诸多缝隙与联结处，它渗透于从国家到社会到个人、从机构到身体到心灵的各个领域，成为人们不可规避的社会网络。与此相应的是，如何接受治理？如何自我治理？如何治理他人？什么才是真正的治理？治理将我们引向何处？这些问题是任何一个国家和社会，以及个人都将直面的。①

治理不同于管理和管制，它并不完全依赖于正式制度，而是在国家、社会和个人三个叠合的层面，通过各种元素进行编织和调适，旨在引向"善治"。因此，如何立足于历史与现实，纵深发掘和开拓当代治理的系统性与创新性，则是当代社会发展的一个重要之维。

第一节　从社会治理到审美治理

"治理"和"治理术"是福柯在法兰西学院授课中重点讨论的问题，是关于权力形态的纵深发掘和阐释。自此以后，对于治理问题的研究在西方学界形成了广泛的风潮，并逐渐渗入政治学、经济学、法学、教育学等学科的诸多领域。令人惊叹的是，在漫长的历

---

① 参见向丽：《审美制度与自由治理》，《马克思主义美学研究》第 18 卷第 1 期，中央编译出版社 2015 年版。

史演进过程中，审美和艺术在治理实践中发挥着一种特殊的功能。或者可以说，治理是一门巧妙地斡旋于审美和政治之间的艺术，但这并非一件容易被观察到的事实。诚如托尼·本尼特所言，"我们就有必要考虑，构成审美的原初决定性特质的无用性之特质是如何被重新界定的，以便它能够被用作治理的一件工具"。① 不难发现，本尼特在此仍然是在尝试着对康德的审美无功利说进行重新配置，审美自律与他律的辩证法又被重新提了出来。

关于这个问题，本尼特的睿智之处在于，他是在制度性的社会关系中考察艺术的自律如何可能，从而，巧妙地将艺术自律与他律之间的二元对立格局化解。但这并非本尼特的独特贡献，艺术不是自为地纯粹性存在，而是被社会地制度化了。比格尔在观照卢卡契和阿多诺的美学理论时就已强调了这一点，他能体会到阿多诺在释放一种"美学的不安全感"时，对于"艺术正是站在社会的对立面才成其为艺术"与"自律的艺术如何能够介入社会生活"之间内在矛盾的焦虑和两难处境。而本尼特同样能够感知到，比格尔在如何协调艺术的自律，以及因制度化而自律的艺术被用于布道工具之间的关系时所面临的剧烈冲突，并且发现，比格尔在强调艺术作为布道被证明恰是其自律观念的必然要求时，这种冲突似乎以一种和解的方式完美收场。比格尔在这种化解中找到了一个较为合宜的载体与机制——审美教育，亦即，正是因为艺术的自律性，它才有可能成为审美教育的工具。这在逻辑上似乎非常精妙，使得这项宏大的工程与计划仍然符合审美主义的原初旨趣。但正如比格尔在对先锋派艺术的激进力量充满期待的同时，也无法无视于先锋派的反

① ［英］托尼·本尼特：《文化、治理与社会》，王杰、强东红等译，东方出版中心 2016 年版，第 493 页。

制度化的"重新被制度化",抑或,尽管艺术自律被制度化了,它仍然身不由己地嵌入意识形态的氤氲之中。于此,比格尔保持了某种富于意味的"沉默"。

艺术遭遇了危机,归根结底是表征的危机,终其原因也是人在触及社会肌肤时感到了内心的惶惑与恐惧。然而,即使是在"幸福的允诺"被悬置甚或放逐时,人们对于审美和艺术所可能发挥的力量的渴慕从未停歇,它们的角色只是被不断重新调配。在美学史上,关于艺术的界说不胜枚举,诸如艺术即模仿、认识、品味的对象、可传递的快感、理想、救赎、症候、情感交流、表现、经验、真理、神迹的启示、灵晕、自由、习俗、美感制作、假扮、文本、恋物、虚拟等等,这是一个巨大的可以无限延展的艺术之熵,它们揭橥了"艺术"的多义性、叠合性与流动性。艺术不属于任何一个固定的体系,而首先是对社会关系的某种反应。

审美和艺术不仅是马克思空间隐喻中被经济基础所决定的意识形态形式,而且具有"基础性"的意义。这种基础性只能源于,艺术究其本质不是"物",也不是"存在者",而只是"存在"本身,它从不孑然独处,却也只在人的感觉结构被撬动时发生,因此不再是缄默。雅克·朗西埃在雷蒙·威廉斯提出"情感结构"① 作

---

① "情感结构"是由英国文化理论家雷蒙德·威廉斯在其文化唯物主义理论建构中提出来的一个重要概念,该概念最早出现于《电影导言》一文中,用于指人们对于生活的整体感受,之后在其《漫长的革命》《文化与社会》《马克思主义与文学》等文本中获得更充分的阐释。总体而言,在威廉斯看来,情感结构是一种在历史发展中不断被形塑和始终处于溶解状态的社会经验,它基于特定的日常生活经验,能够成为考察特定群体的心理结构和意识结构的重要介质。在此理论视域中,文化与艺术都具有很强的再生产性,它与特定群体的意识形态想象与诉求之间具有紧密的联系。参见〔英〕雷蒙德·威廉斯:《文化与社会》,吴松江、张文定译,北京大学出版社1991年版;〔英〕雷蒙德·威廉斯:《漫长的革命》,倪伟译,上海人民出版社2013年版。

为经验世界溶解与形塑的基质与产物，在特里·伊格尔顿提出"美学是作为有关身体的话语而诞生的"① 之外，以"歧感""可感性的重新分配""审美平等"等理念，专注于从"感知"的角度阐释何为"美学的革命"，从而暗示了这种特殊的存在②。而本尼特对布迪厄富于创见的"区隔"理论的二次区分，显现了他与朗西埃的某种一致性。

作为一种意识形态，审美治理的"物质基础"也会获得某种盛大的彰显，亦即，审美治理以一种仪典的展演而显现其特殊的存在与价值。诸如格尔兹的《尼加拉：十九世纪巴厘剧场国家》抑或尼加拉③人类学/政治学无疑提供了一种关于权力诗学的非凡存在："它（巴厘国家的展示性本质）走向了一种排场，走向了庆典，走向了主宰着巴厘文化的迷狂精神的公共戏剧化：社会不平等与地位炫耀。它是一个剧场国家，国王和王公们乃是主持人，祭司乃是导演，而农民则是支持表演的演员、跑龙套者和观众。规模惊

---

① ［英］特里·伊格尔顿：《美学意识形态》（修订版），王杰、付德根、麦永雄译，中央编译出版社 2013 年版，第 1 页。

② 参见雅克·朗西埃的《歧义：政治与哲学》（西北大学出版社 2015 年版）、《美感论：艺术审美体制的世纪场景》（商务印书馆 2016 年版）、《政治的边缘》（上海译文出版社 2007 年版）。

③ 尼加拉，又作 nagare, nagari, negeri，系一梵语借词，其本义为"城镇"，而当运用于印度尼西亚语中并与原义多少类似且可互换时，其义为"宫殿""首都""国家""领土"，当然亦是"城镇"。与其恰好相对的德萨（desa）——亦是一个梵语借词——具有同样的指称灵活性，其义为"乡村""地方"甚或"属地"或"被统治地区"，在其最广泛意义上，这个词汇描述的是，在群岛不同地区以多种形式组织起来，如由乡村居民、农民、佃户、政治国民、人民组成的世界。在以对立方式彼此定义的尼加拉和德萨两极之间，古代政权得以形成，并在一种外来的印式宇宙观的共同情境中确立了其风格鲜明、更不用说是特异的形式。参见 ［美］克利福德·格尔兹：《尼加拉：十九世纪巴厘剧场国家》，赵丙祥译，王铭铭校，上海人民出版社 1999 年版，第 2 页。

人的火葬、锉牙、庙祭、进香和血祭，都动员了数百人甚至数千人以及数量庞大的财富，这并非意味着它们要制造出什么政治结果：它们即是结果本身，它们就正是国家的目的。"① 尼加拉，作为通过建构"典范中心"形塑国家与社会的制度形态，其特殊性在于，不是通过命令和法制，而主要通过仪典展示和累积声望资本，以群体性审美和集体欢腾发酵情感认同，从而最终以荣耀和辉度建构权威，并满足民众对于秩序的想象与再生产。

格尔兹将尼加拉作为一种剧场国加以细描，其显赫的意义在于同时也将文化视为剧场及剧场修辞，其夺目之处正在于一种显现了不同以往关于"国家"及治理的理解。在《尼加拉：十九艺术巴厘剧场国家》中，格尔兹列举了传统政治学视域中的四种主要的国家理论：（1）从霍布斯的利维坦到德·菇弗内尔（de Jouvenel）的弥诺陶洛斯，强调国家权力的威慑性特征，旨在将恐惧情感强行塞进人们的头脑之中；（2）左派马克思主义和右派帕累托主义，强调少数精英从地位低下的人民那里抽取剩余价值并据为己有的能力，而其政治意识形态乃是阶级的矫饰面具；（3）国家民粹主义，国家被视为共同体精神的延化，政府则是实现民族意愿的工具；（4）在多元主义理论中，国家诈术是打着道德的合法性旗号掩盖既定统治程序的诸种手段。② 而格尔兹对于尼加拉政治学的细描与研究则提供了这四种政治形态之外的特殊机制，亦即，国家除了在位置、级别、等级、状况等意义上，表示"地位"——即等级，

① ［美］克利福德·格尔兹：《尼加拉：十九世纪巴厘剧场国家》，赵丙祥译，王铭铭校，上海人民出版社 1999 年版，第 12 页。
② 参见［美］克利福德·格尔兹：《尼加拉：十九世纪巴厘剧场国家》，赵丙祥译，王铭铭校，上海人民出版社 1999 年版，第 147 页。

以及在执政、体制、支配、控制等意义上，表示治理——即国家技术之外，国家还具有在显赫（splendor）、夸示（display）、尊严（dignity）、风采（presence）等意义上，表示"荣耀"（pomp）与"辉度"（stateliness）。① 换言之，"荣耀"与"辉度"本身是"国家"的词源学的应有之义，但在长期的政治学研究中，这一特殊的意义并没有获得应有的重视与探讨。于此，"尼加拉"制度则彰显了审美治理在"国家"权威建构中的重要性与最为华丽的现身。如果说，尼加拉是仪典与戏剧性展演的极致聚集，审美治理在其他的文化形态中则以更为温和的形态而存在。

这种温和，主要体现为审美治理"物质基础"的弥散性与微妙性，并且，艺术的诸形式为此种弥散提供了诸种可能。从审美治理的微观政治学来看，中国礼乐制度提供了这种弥散性的范本。礼乐制度中的"礼"作为对身份与等级的划分，"乐"则以情的融通性弥合社会矛盾与冲突，亦即《乐论》中所言，"乐合同，礼别异"。于此，"礼"为制度性框架，"乐"为其情感内核，"乐"以"礼"为范型，同时提供精妙的容纳与形塑"礼"存在的空间，于此又软化其僵硬的边界。概言之，"乐是经，礼（制度文物）是纬，欲求大效，两者必兼"②。礼乐相济，正是中国审美治理的内在运作机制与表达。正如治理的跨文化和时代/民族差异性，礼乐制度作为中国审美治理的基础，其表达方式从西周至今已发生了重大的嬗变，这与审美治理的"物质基础"的微妙性与叠合性有着紧密的关系。

---

① 参见［美］克利福德·格尔兹：《尼加拉：十九世纪巴厘剧场国家》，赵丙祥译，王铭铭校，上海人民出版社1999年版，第145页。
② 李安宅：《〈仪礼〉与〈礼记〉之社会学的研究》，上海人民出版社2005年版，第31页。

第二节　审美治理的"物质基础"

审美治理既是社会治理、文化治理的组成部分，同时又具有其特殊性。简言之，审美治理将审美和艺术作为一种智性活动，织入"治理"隐秘而精妙的机制之中。从治理的传统与演化来看，这种编织主要涵盖自上而下的编织以及多元纵横式编织，但都无疑需要其坚实的"物质基础"。从治理与统治的渊源看，审美治理包括对声望之物的控制以及权力/力量的聚集与分配。

诸如，根据考古学的研究发现，中国新石器时代向青铜器时代的过渡是中国政治实体聚合形成的关键时期，这与精英集团的运作策略有着重要的联系。其中，在从新石器时代晚期的龙山文化到青铜时代早期的二里头文化的几种发展轨迹中，祖先崇拜仪式和声望商品生产居于政治经济策略的核心。对青铜合金的追求显然是二里头政权领土扩张的推动力，特别是青铜礼器，被用作构成社会等级、财富和权力的地位象征，并被用作祭祖仪式的媒介，它们宣告了精英阶层的政治合法性。这与龙山文化所采用的政治策略截然不同，龙山偏重于"合作策略"（corporate strategies），注重群体团结，社区成员之间没有明显的垂直社会分层，相比之下，新的二里头社会体系更倾向于"网络战略"（network straategies），强调社会等级、个人地位、财富积累、对声望之物的控制以及精英阶层的远程贸易。亦即，二里头文化的意识形态以祖先祭礼为中心，使用特定类型的礼器并实现仪式盛宴。[1]　正是通过掌控和垄断礼器尤其是

---

[1]　See Li Liu and Xingcan Chen, Sociopolitical Change from Neolithic to Bronze Age China, in Miriam T. stark ed, *Archaeology of Asia*, Backwell Publishing Ltd, 2006, p. 150, 167, 168.

作为"重器"的礼器的生产与分配从而构建金字塔式的政治格局，奠定了中国礼制的传统与政治空间。而它又不仅限于中国的政治布局，根据布兰顿（Blanton 1996）和法因曼（Feinman 1995）等学者的研究表明，政治策略通常可以分为两种主要类型：网络与合作，但是，它们之间并不是相互排斥的。① 等级区分与群体合作是政治并行合一的治理之道，而"物"的象征性使用与权威控制则是施行治理的"物质基础"。当作为地位、财富、权威于一体的某物成为"美感所在"② 时，审美治理就以其彰显的仪式开始了。例如玛奎所分析的 13 世纪的西欧，大教堂建筑，教堂家具、礼拜仪式的服饰、雕像和绘画等所聚集合构的基督教仪式是社会的美感所在，16 世纪的日本，包括庭园造景、茶室和其室内装饰、陶器与漆器用具，织品图案和合宜的礼服衣料等共同建构的茶道是美感所在，等等，都表明了特权与精英阶层在治理中的金字塔尖的位置以

---

① Richard E. Blanton, Gary M. Feinman, Stephen A. Kowalewski and Peter N. Peregrine, "A Dual-Processual Theory for the Evolution of Mesoamerican Civilization", *Current Anthropology*, Vol. 37, No. 1, 1996, pp. 1–14. Gary M. Feinman, "The Emergence of Inequality: A Focus on Strategies and Processes", in Doug and Gary M. Feinman (eds.), *Foundations of Social Inequality*, New York: Plenum Press, 1995, pp. 255–279. See Li Liu and Xingcan Chen, "Sociopolitical Change from Neolithic to Broze Age China", in Miriam T. Stark (ed.), *Archaeology of Asia*, Oxford: Blackwell Publishing Ltd, 2006, p. 150.

② "美感所在"（aesthetic locus）即审美感知和关注的聚集，作为审美制度历史形态的某种显在表征，是时代权力建构的一种特殊产物。贾克·玛奎指出，那些能够获得美感所在事物（aesthetic locus object）的人是富有的个人或那些控制着集体资源的人，这种情况引起了三个重要的后果：首先，美感所在事物与同一社会中的其他商品相比往往是"贵重的"，它要求非常高的天赋和才能，需要长期的培训，其卓越性比其价格更重要；第二，美感所在事物必须获得赞助人的认可，赞助人的品味和偏好应当直接或间接地被考虑到；第三，因为审美对象仅仅被高层少数群体所拥有或独占，它们主要为这些人所欣赏，因此它们变成了精英成员的标志并被他们所购买。See Jacques Maquet, *Introduction to Aesthetic Anthropology*, Malibu: Undena Publications, 1979, pp. 73–74。

及对"物"的使用与控制如何融入到精妙的可再生产的审美治理秩序之中。

治理是一种编织活动，也是一种选择性编织。正如福柯以理性的方式对善意的牧羊术逻辑所潜藏的悖论进行质询后所提出的，政治艺术正是将"好的要素"编织起来，从而将人民引向至高的幸福。这与福柯对批判的界定——"批判就是不被统治到那种程度的艺术"① 相契合。在福柯看来，"如何统治"是 15 或 16 世纪的基本问题之一，在当时，各种各样的统治艺术包括儿童教育的艺术、政治的艺术、经济的艺术等，以及所有的统治机构都是对这个基本问题的回应。用福柯的话来解释，审美启蒙影响下的治理应是这样一种生活方式，它宣布的要求并不是我们不应该被统治，而是我们不应该像那样被统治——无论"那样"碰巧是什么。② 虽则都是在界限上跳舞，但不那样被统治，则意味着，治理只是提供了一种场域，它允许在其所安排的秩序中发声，借着知觉与情感，宣示一种可能的政治。

在当代社会中，审美治理具有多重"物质基础"，诸如作为机构的博物馆、剧院、音乐厅、美术馆、画廊；作为艺术展演与象征的音乐、电影、舞蹈、绘画、雕刻；作为记忆承载的节庆与仪式等。这些分设的机构与门类，都可以作为治理的场域与氛围，不仅如此，当人的情感与它们发生联结时，治理就已经开始运作了，尽管这种联系与运动非常隐秘。

① ［法］米歇尔·福柯：《什么是批判?》，载［美］詹姆斯·施密特编：《启蒙运动与现代性：18 世纪与 20 世纪的对话》，徐向东、卢华萍译，上海人民出版社 2005 年版，第 390 页。
② 参见［英］托尼·本尼特著，姚建彬译：《审美·治理·自由》，《南京大学学报》（哲学·人文科学·社会学版）2009 年第 5 期，第 59 页。

　　法国政治经济学家贾克·阿达利（Jacques Attali）在论及噪音与政治的内在关系时谈道，音乐并非无辜的，正如希特勒在 1938年的《德国广播手册》中所写的，"如果没有扩音器，我们是不可能征服德国的"①。希特勒通过扩音器不断播放瓦格纳的音乐，以鼓动大众的情绪。瓦格纳的《尼伯龙根的指环》激发了希特勒构想"国家社会主义"的蓝图，他们之间的这种"热恋"，使得这位音乐巨擘与纳粹主义捆绑在了一起。也许这并非瓦格纳的"七宗罪"，但这种噪音无疑具有某种肉体性与先兆性，秩序被侵犯，秩序也在重新被无边地创造。于此，音乐成为宗教和政治的表征。阿达利强调，无论是让大众遗忘、相信还是沉寂，在这三种情形中，音乐都是权力的工具："当用来使大众忘却暴力的恐惧时，它是仪式权力的工具；当用来使大众相信秩序与和谐时，它是再现权力的工具；当用来消灭反对的声音时，它是官僚权力的工具……音乐使人们听到这些噪音。"② 可见，正是在音乐的多重奏中，人的感知结构不断被糅化、形塑、整合。此外，在亚里士多德关于音乐的"伦理的""行动的""涤净的"三种形式，以及音乐如何能够引导公民过上最高最完善的生活的讨论中，在斯宾格勒从绘画和音乐的角度探讨"阿波罗文化"和"浮士德文化"所蕴藉的美学精神的探讨中，在从古希腊始对于所谓靡乱之音的禁绝及禁而不绝的漫长革命中，我们都可以清楚地感知到音乐在控制、诱惑、规范抑或引导中，对于社会边界与秩序的触犯与安抚。因此，依凭着音乐而

---

① 转引自［法］贾克·阿达利：《噪音：音乐的政治经济学》，宁素凤、翁桂堂译，河南大学出版社 2017 年版，第 190 页。
② ［法］贾克·阿达利：《噪音：音乐的政治经济学》，宁素凤、翁桂堂译，河南大学出版社 2017 年版，第 47 页。

形成的治理与审美治理之间仍有质的区分，这种区分同样发生于其他"物质基础"的治理实践中，尽管这也是不易察觉的事实。

如果说音乐是一种关于时间的政治与治理，那么，电影则是在时间与空间的交错与叠合中，创造着一种新的情感绵延与想象，成为即将到来的新的感性形式和政治的寓言。在噪音的纷扰中，阿兰·巴迪欧（Alain Badiou）似乎在接着说，"电影能够再现世界的噪音，也能发明新的寂静"。① 电影正是在断裂处创造一种新的综合，它展示着一种"观看的眩晕"。在朗西埃看来，这正是电影艺术令人心醉的地方，亦即，"一门艺术从来都不是一门简单的艺术，同时也是对世界的一个建议。其形式的进程通常会成为乌托邦的剩余物，瞄准的不仅是观众的快感和集体感性经验形式的重新分配"。② 此"剩余物"源于现实的芜杂与艺术的"不纯粹"，正是在艺术所表征的罅隙与分裂中，电影不再许诺一种抽象的幸福，而是愿意迎来那宽忍的灰色黎明，它起初并不是为了让人们欢喜，反而令人觉出一种真实的苦涩。

在《反怀旧》这篇福柯与《电影手册》的访谈录中，福柯讨论了历史与记录的问题。在他看来，从真实的历史到诉诸"文本"形成的记录之间，必然要经过"过滤"与"筛选"，而作为历史内核的"记忆"，则成为此种斗争的重大因素。正是在此意义上，描述第一次世界大战至第二次世界大战期间的所谓"怀旧片"反讽

---

① ［法］阿兰·巴迪欧：《电影作为哲学实验》，载 ［法］ 米歇尔·福柯等著，李洋选编：《宽忍的灰色黎明——法国哲学家论电影》，李洋等译，河南大学出版社 2014 年版，第 50 页。

② ［法］雅克·朗西埃：《电影的眩晕》，载 ［法］ 米歇尔·福柯等著，李洋选编：《宽忍的灰色黎明——法国哲学家论电影》，李洋等译，河南大学出版社 2014 年版，第 95—96 页。

式地走向了其对立面：对过去历史的抹除。福柯指出，"大众记忆"比历史更鲜活，但它不能自我书写。较之大众文学、畅销文学等记忆装置而言，电影是对大众记忆再编码更为有效的方式。编码亦即编织，电影艺术无疑是一种精妙的治理术，李洋将之概括为"记忆治理"，它包括涂抹历史的"除忆诅咒"或"强迫性遗忘"，以及污染记忆素材的"奥威尔式治理"和"斯大林式治理"。① 于此，电影的记忆治理是一种关于记忆的占有、规训、删除与再造术，但这仅是电影的局部。事实上，艺术是有所作为的，电影既是此种记忆治理的展演者，同时也是其冷峻的质询者，这正是对生命政治的尊重，而并非与权力相龃龉。尽管福柯因深谙于权力的无所不在与隐秘，对电影能否让历史出场、能否反映现实有所怀疑，但他对于电影能够展示事件，而事件的偶然部分能够提供审美张力则抱有某种痴迷。于此，电影作为一种事件，本身就是治理发生的场域。

而将"记忆"作为治理的对象，博物馆无疑也是一个重要的场域。尤其是，"记忆"是审美经验中最为内隐而重要的一部分。博物馆所展示的物与秩序，是"过去"在"现在"的遗存，并向"未来"发出征召。博物馆作为一种意识形态国家机器，它不只是物的载体，而是诗学与政治学的制度性文本，因此备受批判性的关注。在博物馆中，除了通过电子触媒对过去的想象与再现之外，由于对物的触摸是基本被禁止的，"看"就成为人们进入该场域被公开允许并被精妙设计的活动。然而，正是"看"抑或"凝视"，描述了一种与眼睛和视觉相关的权力形式，博物馆的治理性也蕴藉其

① 李洋：《福柯与电影的记忆治理》，《文艺理论研究》2015 年第 6 期。

中。古希腊人很早就已经意识到视觉的虚幻性，也因此对那些建基于视觉经验之上的真实产生怀疑甚至恐惧，恰如忒瑞西阿斯对俄狄浦斯的预言，以及俄狄浦斯最后摆脱对光的依赖和镜像的诱惑。这仍然只是一种"看"作为一种意识形态凝视的寓言。当我们关注博物馆的治理性时，并非是对于"看"的弃绝，而正是要承接着审美人类学研究的一个基本任务，即"考察来自不同文化语境中的人们如何'看'世界"。① 目前，博物馆问题研究已渐渐走向其成熟阶段，新博物馆学研究的重要趋势在于，探讨博物馆和它的展览怎样以各种各样的方式被感知，尤其是被那些参观者感知。在此研究过程中，新博物馆学倾向于将公众理解为相异的、复数的、能动的，而不是同质的和被动的群体。② 与此同时，博物馆的主体也不仅是承载历史的物，而是收藏、考古、展览、公共教育、文化交流等文化机制。尤其是在作用于人的感知方面的设计上，博物馆对于物之展演的艺术性本身提出了更高的要求，探寻文化资本如何能够转变为审美资本，从而为"感性文化"提供一种扩大的、跨阶层的运作范式和空间，已逐渐成为新博物馆治理的重要向度。

尽管如此，博物馆在很大程度上仍然为规训和区分大众的机构。正如本尼特指出的，"博物馆既是看的地方，同样也是被看的地方"。③ 在他看来，博物馆明确地将大众身体当作改革的对象，通过对参观者声音、服装、肢体行为等的规制，力图促成一种优美

① Jeremy Coote and Anthony Shelton (eds.), *Anthropology, Art, and Aesthetics*, Oxford: Clarendon Press, 1992, p. 9.
② See Sharon Macdonald (ed.), *A Companion to Museum Studies*, Oxford: Blackwell Publishing Ltd, 2006, pp. 23-34.
③ ［英］托尼·本尼特：《文化、治理与社会》，王杰、强东红等译，东方出版中心 2016 年版，第 298 页。

的克制。这实质上正是审美制度使然，同时也是统治的另一种表达，因为它决定了什么行为和话语是可以让人看见和听到的。然而，这正是令人生疑的地方，也许批判的姿态从来就不缺乏，其关键只是，真正的审美治理应当如何回应此种统治的逻辑。事实上，如何构建博物馆、展品与公众之间的新型关系，从而调适政府与公众的政治话语空间，正是在"看"与"被看"之间寻找一种流动的对视。

艺术不仅仅作为物的存在，而且是人的情感的重新编织与形塑。诸如"依据疗愈观点重新规划的美术馆。艺术作品不需要改变，只需要改变作品的排列与展示方式。每一间展览室的分类重点不是日期与收藏历史，而是哪些作品能够引发使我们重新获得平衡的重要情感。"① 人们与艺术邂逅的不同经验，与制度性秩序的安排与再安排及其所引发的感知方式和经验的差别之间具有紧密的关系。于此，审美治理真正的对象正是人的感知之在。

第三节　审美治理与感知之在

审美是关于身体的话语，治理则在国家与个体的两个轴心上运行，这使得审美治理变得异常复杂与柔韧，它与审美启蒙、审美共同体、审美制度、审美平等、感觉结构、习性、歧感等问题息息相关。

审美治理作为一种斡旋于国家、社会、个人三个基本层面的活动，其内在的肌理在于主体自身的革命。也正是在此意义上，本尼

---

① ［英］阿兰·德波顿、［澳］约翰·阿姆斯特朗：《艺术的慰藉》，陈信宏译，华中科技大学出版社 2019 年版，第 90 页。

特将审美视为塑造主体的技术，其独特性在于，它给予人们重新"看"和"感觉"的方式，从而刺破意识形态的矫揉与阴郁。然而，主体又如何被塑造？这正是谈论的关键，同时也是美学、社会学、政治学、人类学由来已久的一个辩题。

朗西埃曾言，"当统治的自然秩序被无分者之分的出现而打断时，政治便存在了"。① "打断"本身是一种对所谓不证自明的"自然秩序"的质询与反抗，但反抗本身也有可能成为一种集体的幻象，诸如朗西埃所引证的关于西西亚奴隶反叛故事的寓言：在矛与弓的激怒下，奴隶的反叛是难以阻挡的，然而，在鞭子面前，他们会拔腿就逃，根本没有战斗。在此，当差异与罅隙成为一种区隔强化的标志时，人的感知结构和习性会回到其原先被分配好的固有位置，这正是审美革命偃旗息鼓之因。

因此，在朗西埃看来，"不平等从根本上说是一个关于感知（perception）的问题"。② 感性的分享同时也是感性的区分，而"解放"这个永恒的话题也远不止于诉诸国家机器的革命行动，它更根本的在于对此种区分的警惕与反观，使感知的重新分配能够持续性地变得可能，从而激活与实现政治的潜能。朗西埃对于五月风暴的反思，与自己的老师阿尔都塞尴尬地决裂，为"来自下层历史"和"不可见的"书写与发声，对传统精英启蒙者权威的挑衅等，都是在对审美感知的重新塑造中提出了平等和解放的问题。

作为温柔专制的异质性存在，感知是一种流动的状态，在特定

---

① ［法］雅克·朗西埃：《歧义：政治与哲学》，刘纪蕙等译，西北大学出版社2015年版，第25页。

② ［法］让-菲利普·德兰蒂编：《朗西埃：关键概念》，李三达译，重庆大学出版社2018年版，第14页。

的情境下，它往往主要聚合为"感觉结构"和"习性"。雷蒙·威廉斯探讨文化与社会结构之间的复杂关系，强调文化的经验性、整体性，并且在此基础上以"感觉结构"作为社会变革的一种表征。而"习性"则在审美治理中占据着更异乎寻常的位置，这与"习性"本身的特殊性相关。"习性"（habit）与"习性"（habitus）之间尽管存在诸多相近之处，但却有不同的偏重点。其中，"习性"偏重于个体的心理结构，"习性"则偏重于个体受到意识形态制约和影响下形成的无意识行为，它倾向于被界说为一种标举阶级（层）或群体差异的存在，类似于布迪厄的做法。本尼特则强调习性尽管同样是社会建构的产物，但它同时也是兼具个体性与群体性的特殊心理结构。习性通过人的感觉结构而形成和显现，因而更有可能通过培养、改造而具有自我形塑的能力，从而能够以新的方式向自由治理敞开。

习性是个体对于自身的形塑，因而与自我治理紧密关联。正是在此意义上，本尼特赞同人类学家布鲁诺·拉图尔（Bruno Latour）的以下看法：习性是一种机制，它使个人能够积累经验教训，以发展新的能力，通过重复，这些能力反过来又成为新的习性。不仅如此，习性应当被视为一种祝福（Blessing），因为它有能力将我们从由选择的需要所引发的无休无止的焦虑中解放出来。否则，每天每时每刻我们都会过着一种过度紧张的日常生活。然而，同样地，如果我们任凭习性的影响力肆意蔓延，那么这种祝福也会变成诅咒，它会重复滑入一种"自动的和惯常的"机制之中，从而退化为"机械的姿态"。① 因此，随着感知结构的溶解与习性的变迁，治理

---

① See Tony Bennett, "Mind the Gap: Toward a Political History of Habit", *The Comparatist*, Vol. 40, 2016, pp. 28-55.

在改变人的机械性和本能性中真正运转起来，它旨在给予一种新的审美配方，重构人的感知结构，从而搅拌出一个新的感觉共同体。在此意义上，审美不再局囿于艺术作品及其活动，它只是一种不断生成的感知经验。借此，无论是阿多诺所焦虑的艺术自律的孤地，抑或比格尔面对先锋艺术的重新被制度化的沉默，在"让"人的感知作为经验而流动时，问题将变得些许明朗。

最后，让我们回到关于牧羊人的著名悖论，这是关于如何接受治理与自我治理的隐喻。《圣经》路加福音第十五章中记载，当法利赛人和文士私下议论耶稣接待罪人时，耶稣就用比喻说："你们中间谁有一百只羊失去一只，不把这九十九只撇在旷野，去找那失去的羊，直到找着呢？……我告诉你们：一个罪人悔改，在天上也要这样为他欢喜，较比为九十九个不用悔改的义人欢喜更大。"①在福柯看来，这是牧羊人伦理和宗教悖论的核心问题：为了全体牺牲一个，为了一个牺牲全体。这是一种从逻辑角度看似乎成立的悖论，但恰如福柯也承认的，摩西自己为了寻找一只迷途的母羊，抛弃了整个羊群，当他把那只迷失的羊带回来时，发现那些被他抛弃的羊群也被拯救了，这是一种象征性的获救。作为近代国家治理术来源的基督教牧领权力自身是善的，牧羊人为羊群制定法律，并以最高的善与智慧引领着羊群，治理术正是诞生于羊圈中。②

抛开关于部分与整体关系的执着争辩，这实质上是关于灵魂治理与自我救赎的寓言，人始终需要最高的爱与智慧的引领，即使如

---

① 《圣经》（和合本），上海中国基督教两会出版部发行组 2007 年印制，"新约"第 137 页。

② 参见［法］米歇尔·福柯：《安全、领土与人口——法兰西学院演讲系列：1977—1978》，钱翰、陈晓径译，上海人民出版社 2010 年版，第 111—121 页。

柏拉图提出的政治是一种编织，仍需将通过教育形成的好的要素——诸如多种形式的美德联结起来。因此，人的感知经验和习性的流动需要引领与自我编织，这引领者不是任何被制度化的权威抑或介于神与动物之间的人，它只是最高的存在。在力图通达这最高存在的艺术中，人的感知经验与结构得以形塑，但它们从未困囿于此。

治理是一种在时间之中的存在和形构方式，而时间更多的是在经验中被真切地感知。正是在感知中，时间甚至会显现出两副面孔。木心先生在《从前慢》中写道："从前的日色变得慢/车、马、邮件都慢/……从前的锁也好看/钥匙精美有样子……"① 法国哲学家保罗·维利里奥（Paul Virilio）在写于 20 世纪 80 年代的随笔《消失的美学》② 中，则谈到了一种叫作"速度污染"的时代焦虑，揭橥了在时光疾驰中，人在"失神癖"中所陷入的感知逻辑的黏稠与混乱。时光缱绻抑或罅隙倥偬，对于时间的经验是人的审美感知中最为刻骨铭心的。

审美治理终归是对人感知结构的撬动与整饬，但没有单一的配方。

---

① 木心：《云雀叫了一整天》，广西师范大学出版社 2009 年版，第 74—75 页。
② 参见［法］保罗·维利里奥：《消失的美学》，杨凯麟译，河南大学出版社2018 年版。

结　语
审美制度批判与美学批评的当代性

　　在今天，"批评"在各个学科中已然成为日常范式的关键词，但为何要重提批评？美学批评的当代性是什么？审美制度批判何以能够居于诸批评叠合的隐秘内核？这些问题是我们在当代语境中思考人文学科实践及其意义所不可逾越的。

　　审美制度批判作为一种对于制度边界的审视与重构实践，它首先源于对制度双重建构的"识别"，亦即探讨政治、经济、文化等制度性因素和机构对于审美观念和行为的规范，以及主体对于此种制度的内化及其反凝视。其次，审美制度批判远非静态的文本式批评，对于审美意识嬗变及其深层原因的发掘与阐释，实则也是在制度性的网络中对于"美的规律"的发见与引领，而这正是审美制度批判的实践之维。在当代多重语境叠合中，审美制度批判旨在重新分配人的情感结构并使其获致"物质基础"，从而真实显现"美"的能建构之维。

　　在艺术制度研究中，"框架""边界""候选资格""授予""艺术界""变形""语境""场域""习性""区隔""重新分配"等作为关键词，提示了审美和艺术经验的制度性与流动性。与传统的文学和艺术批评不同的是，审美制度批判不只是对于艺术批评的讨论，而且是对于审美重构的开启。诸如，审美革命如何可能；什么才有可能成为审美资本；审美治理的特殊机制及其意义；等等，都是对于政治学、经济学、社会学和人类学当代性的重新发问，而制度性规训的暴力与审美解放的可能则居于这些问题的核心。

在人类学领域，尽管他者的一瞥潜藏着无所逃遁的人类学暴力，但人类学批评恰恰又是其自身的解毒剂。审美制度批判一方面在于揭橥艺术变形的法则，从而使那些在既定审美等级秩序中被压抑的边缘群体审美经验及其特殊的表征方式变得可以被看见；另一方面，又以审美变形的方式召唤艺术的本真与光晕。20 世纪 50 年代法国文艺评论家安德烈·马尔罗（André Malraux）所谓的"审美革命"主要指将以前民族学上的手工品转变为西方公众眼中的艺术品。① 于此，审美革命其内核正在于人感知世界和美的方式以及审美制度的深刻变革，艺术资格授予与"变形"是审美制度建构与重构的表征。

在经济学领域，审美资本是资本的美学化，从而带来美学图景的繁盛。然而，在审美资本主义的逻辑中，权力与资本的合谋对于审美经验的挪用与劫夺也在同时发生。因此，如何在审美资本与审美资本主义的区分中寻找批判的向度，这是在释放审美和艺术的"经济基础"性力量的同时，对于审美与资本之熵的洞见，从而为正在扩张开去的危机丛生的审美资本主义按下暂停键。

在政治学领域，审美制度批判与审美革命息息相关，同时也在

---

① 转引自［斯洛文尼亚］阿列西·艾尔雅维奇著，胡漫编：《批判美学与当代艺术》，东方出版中心 2019 年版，"前言"第 11 页。

革命与激进的乌托邦中寻找一种平衡的状态。雅克·朗西埃对于源自专属位置的统治逻辑的质询以及对于歧感的召唤，阿列西·艾尔雅维奇对于社会现实的变革与未来的建构究其根本是以审美革命的形式发生的强调①等都在延续着审美和艺术自治与他治的辩证法。审美革命是马克思主义美学的一个经典议题，而在当代，审美革命具有更为多元化的"物质基础"与发生机制。

在社会学领域，审美制度批判显现出一种建构性的力量。当审美和艺术作为社会治理的微妙方式，它同时也是对于审美和艺术本然存在的"政治"如其所是的显现，从国家、社会以及作为身体和情感的个体等领域形构新的歧感性存在和感性共同体。诸如中国近年兴起的艺术乡建就是一种涵盖政治、经济、文化等各个领域的社会实践。从审美治理的微观政治学来看，中国礼乐制度提供了富于中国经验的治理机制。礼乐制度中的"礼"作为对身份与等级的划分，"乐"则以情的融通性弥合社会矛盾与冲突，亦即《乐论》中所言，"乐合同，礼别异"。于此，"礼"为制度性框架，"乐"为其情感内核，"乐"以"礼"为范型，同时提供精妙的容纳与形塑"礼"存在的空间，于此又软化其僵硬的边界。概言之，"乐是经，礼（制度文物）是纬，欲求大效，两者必兼。"② 礼乐相济，是内在于中国乡土中国的弥散型的制度形态，并天然地具有浓厚的审美意味。在当代，诸如戏台、寺庙、祠堂、广场等乡村典

---

① 阿列西·艾尔雅维奇的这一判断受到朗西埃关于"审美革命是社会革命之母"的影响，参见［斯洛文尼亚］阿列西·埃尔雅维克：《审美先锋派运动中的审美革命》，张睿靖译，《马克思主义美学研究》第 17 卷第 2 期，中央编译出版社 2015 年版。

② 李安宅：《〈仪礼〉与〈礼记〉之社会学的研究》，上海人民出版社 2005 年版，第 31 页。

型的公共空间，乡村谱系、乡约村规、传统节庆、地方戏曲、民间
文学、神话、手工民艺、书院等乡村隐性治理资源，以及乡村博物
馆、美术馆、乡村艺术节等当代乡村构建都将成为乡村治理的基质
与机制，在传统与现代、原生与创意、记忆与重构的多元叠合中形
构新的更富于生机的乡村空间与时尚感知结构。

　　制度批评是辩证的，"它的目的是批判性地干预事物的现有秩
序，期待这些干预会在权力关系中产生实际的变化，并导致真正的
和解。除了否定，它还寻求一种综合性时刻的可能。制度批评，至
少在其最初的发展中，它坚持要求理想的艺术制度而不肯妥协。它
坚守着自己的诺言，但并非停留在否定的那一刻，似乎这本身就是
真理。"① 与此相应，审美制度批判不是对于边界的完全消解，而
是在对既定审美和艺术边界的重新解封之后探讨其新的存在形态及
基础。这为审美革命的自我规定性与意义的在场提供了更为审慎的
方式。亦即，即便反抗既定秩序和制度的作品形式再新异，一旦审
美经验困囿于艺术形式并被取消了对新生活的投射，审美革命将被
废止，形式甚至成为审美革命的颠倒影像。"只有当艺术不只是艺
术，也就是说，它同时还是一种信仰或生活方式时，艺术才生存
着。"② 也正因为此，在艺术变革这激动人心的当口，法国美学家
让·克莱尔（Jean Clair）显现出一种出奇的冷静与反思精神，他
提出了"艺术家应该承担怎样的政治责任"的问题，要求艺术家
要对自己的作品负责，并且指摘了先锋派艺术的三宗罪：不明辨是

---

① Alexander Alberro and Blake Stimson（eds.），*Institutional Critique*：*an anthology of artists' writtings*，Massachusetts：The MIT Press Cambridge，2009，pp. 3-4.
② ［法］雅克·朗西埃：《审美革命及其后果》，赵文、郑冬梅译，见汪民安、郭晓彦主编：《生产》第 8 辑，江苏人民出版社 2013 年版。

非、与权力勾结；破坏多样性、抹杀差异；越来越没有规则和章法以及对于"美"的标准的放弃。① 这对于避免美学变革的激进性，从而建构一种更加富于平衡感的美学观念，无疑是更为合宜的。

概言之，审美制度批判包括对艺术的批评，同时涵盖对艺术机构以及赋予艺术以资格的意识形态的批评。此种批评使审美和艺术本然存在的边缘性、地方性、特殊性、异质性和多样性及其可沟通性获得前所未有的重视。批判美学唯有采纳多重而平等的视角，才能对于正在不断生成的审美经验和审美新质作出解释。尤其是，当艺术不再是形而上的抽象存在，而是具有社会的和政治的使命。作为事件，艺术处于既定的制度边界之外，是流动的。于此，当代美学的问题也不再是形式和尘封光晕的真理问题，而是关于意义及其建构的问题，亦即，这是一个始终流动着的审美革命与感觉赋值的问题。

从革命与解构的角度看，审美制度批判是对于美学品味中的权力关系与"社会秘文"的揭橥，即使它所面对的是一个从其开始就标榜的如画风景的美学景观。诸如温迪·J. 达比（Darby，W. J）的《风景与认同：英国民族与阶级地理》一书就以福柯式的风景考古学，从多种视角考察英国牧歌传统与浪漫主义叙事下的作为英国民族认同与"阿卡狄亚美学"范式的风景，是如何在特定精英集团对风景进行劫掠与占有的剧场文化中形成的。尤其是，自18世纪以来，"无人风景"成为英国文化精英们共有的一个想象共同体，这种特定的美学在19世纪继而发展成为阶级划分的道德手段。然而，当土地遭受了奢侈的背叛之后，这种将空间殖民化的

① 参见［法］让·克莱尔：《艺术家的责任——恐怖与理性之间的先锋派》，赵苓岑、曹丹红译，华东师范大学出版社2015年版，"导读"。

"美学清场"所隐匿的人类学暴力又如何被识别，从而必然面对持续不断的抗议与斗争——所谓"低等阶级"闯入原本属于他们的"无人风景"区。① 这其中所展演的人类学与美学批评，恰恰是对于看似无限温情的风景剧场美学的呈现，使其多重的戏剧仪式不断经历审美制度批判的拆解与重构。

　　从赋值与建构的意义看，审美制度批判是对人的感知结构及其所形构的审美经验的重新配置。感知结构与人的审美习性息息相关，因此，习性的政治史如何存在并重构，在某种意义上就居于审美制度批判问题的核心。正是在此意义上，本尼特"尤其关注自19 世纪中期以来渐至形成的对'行为的引导'进行干预的各种战略是如何假定了一种间隙或空隙，从而使得后天习得或继承的习性的力量会暂时停止。也正是此种间隙，通过为自由和自主的实践提供了空间，打开了重新塑造习性的可能性，也因此避免了将习性理解为一种自动重复行为的形式，从而摆脱了习性的约束"。他在此基础上进而提出，"构成现代'习性系统'的机制通过间隙或间隔而运作，而间隙或间隔则产生于作为重复的习性的力量戛然而止的那一刻"。② 在本尼特看来，间隙的政治史也会以悠久而多样的方式存在，并且被一系列认识论、道德和美学权威所解释并变得可行，在作为重复的习性的力量暂时中止时，能够指导行为应当如何被重塑。正是间隙在很大程度上给予治理的能动性，从而具有改变世界的潜能。

---

① 参见［英］温迪·J. 达比：《风景与认同：英国民族与阶级地理》，张箭飞、赵红英译，译林出版社 2011 年版。

② Tony Bennett, "Mind the Gap: Toward a Political History of Habit", *The Comparatist*, Vol. 40, 2016, pp. 28-55.

这种间隙正是审美制度批判的力量与基础所在，它能够转变制度由重复所由产生的某种坚硬性与惰性，使习性的政治史重新敞开与多变。与此同时，在制度的间离中，审美制度批判又不为批判之缘故，而只是使"美"能够如其所是地显现，这种如其所是，是在活态的语境中为着顺应人的本真存在结构与社会价值构建而显现，必然也包括对本然状态的复归。

不仅如此，审美制度批判还包括对于那曾经被过滤掉的"从未抵达"的持续重现，也是在人类所经历的过去与将要迎来的未来共同叠合的现时的经验性建构。本雅明在《历史哲学论纲》一文中对于瑞士画家保罗·克利（Paul Klee）一幅名为《新天使》的解读可谓一个重要的美学事件，它是关于历史唯物主义和审美革命的弥散亚式隐喻，在历史的变革与发展中持续萦绕其回响："一个仿佛要从某种他正凝神审视的东西转身离去的天使。他展开翅膀，张着嘴，目光凝视。历史天使就可以描绘成这个样子。他回头看着过去，在我们看来是一连串事件的地方，他看到的只是一整场灾难。这场灾难不断把新的废墟堆到旧的废墟上，然后把这一切抛在他的脚下……大风势不可挡，推送他飞向他背朝着的未来……这大风是我们称之为进步的力量。"① 这种倒着跃入未来的辩证意象，在本雅明看来，与马克思对待革命的态度是相契合的。历史的卜卦人从不将过去和未来的时间看成是均质的和空洞的，而现在则应当包孕着人类的最为富足的历史。② 无疑地，人类社会所经历的所有

① ［德］瓦尔特·本雅明：《本雅明文选》，陈永国、马海良译，中国社会科学出版社1999年版，第408页。
② 参见［德］瓦尔特·本雅明：《本雅明文选》，陈永国，马海良译，中国社会科学出版社1999年版，第412—415页。

事件都在这样的时间场域中，也必然包含着承载于时间之中的螺旋
上升。

　　审美革命和审美制度重构的动力并非现成给予的。恰如马克思
在重申黑格尔关于一切伟大的世界历史事变和人物第一次是作为悲
剧出现，而第二次是作为笑剧而出现的判断，在对于法国雾月十八
日事变召唤亡灵的闹剧的尖锐批判基础上指出的，"人们自己创造
自己的历史，但是他们并不是随心所欲地创造，并不是在他们自己
选定的条件下创造，而是在直接碰到的、既定的、从过去承继下来
的条件下创造。"① 社会关系的重构在于对历史及其废墟的凝视而
后返身跃入未来，而非直线性的对乌托邦的激进想象与规划。

　　这正是对于悲剧美学的致敬与尊重。"悲剧在当今是个过时的
话题，而这正是讨论它的一个很好理由。"② 其之所以显得过时，
往往是因为它被有意遗忘或避讳。但悲剧不是苦难的重复，而是对
于悲剧性观念的品嚼，其所包蕴的痛苦是高贵的，同时成为激进乌
托邦的暂停装置，并从其曾经的废墟中给人以新的力量。马克思关
于如何跨越卡夫丁峡谷的思考，本雅明关于历史的天使倒退着跃入
未来的意象，以及朗西埃慨叹温克尔曼笔下的赫拉克勒斯残躯之美
正在于，"它只能用它失去的头部和四肢，衍化出多重新生的身
体"③，都是以悲剧美学的方式对于我们应当如何面对历史的废墟，
以及如何在激进的倦怠社会走过荆棘而后超越苦难的预演。

① ［德］马克思：《路易·波拿巴的雾月十八日》，人民出版社 2001 年版，第 8—
　　9 页。
② ［英］特里·伊格尔顿：《甜蜜的暴力——悲剧的观念》，方杰、方宸译，南京
　　大学出版社 2007 年版，第 1 页。
③ ［法］雅克·朗西埃：《美感论：艺术审美体制的世纪场景》，赵子龙译，商务
　　印书馆 2016 年版，第 32 页。

在某种意义上可以说，美学是一种感性学，美学批评则是对于感性如何被挪用和禁锢的揭橥以及感性如何解放的建构。亦即，美学批评终归是对于人的感知方式的深刻革命。当西方传统美学中的"美"和"艺术"所被设定的形而上边界在不断地被打破，审美和艺术在社会演化过程中所未被充分发掘的角色与功能将获得新的呈现，这对于我们重新思考与实践美学批评的当代转向具有重要的开启意义。

美学与社会意识形态和人类感知经验紧密联系在一起，尤其是，意识形态具有历史的维度并持续以多元叠合的方式形成当代最为复杂的文化景观，人类的感知经验在这种宏大纷繁的景观中获得前所未有释放的快感，但也有可能被更深地囚禁于审美经验自治之外的诸种他律性存在共同编织的嵌合体之中。关于当代艺术批评的形态，詹姆斯·艾金斯（James Elkins）在《一种对当代艺术批评的批评》一文中以美术批评为例指出，当前的美术批评可以形象化为一条七头怪蛇，它们分别是由商业性画廊委托撰写的展览图录论文，引用各种含混的哲学与文化研究概念的学术论文，泛文化论的文化批评，大谈特谈艺术何为的保守派宏论，追究艺术是否忠实哲学观念的哲学家文章，鼓励读者接近他们或许本不想看的作品的描述性批评，诗意的美术批评。① 批评界出现的奇美拉②现象也是

---

① ［美］詹姆斯·艾金斯著，陈蕾编译：《一种对当代艺术批评的批评》，《东方艺术》2009 年第 11 期。

② 奇美拉是希腊神话中狮头、羊身、蛇尾的吐火怪兽。日本学者菅丰在对中国近年古镇修复和再生的考察与研究中指出，在同一个空间中，具有不同根源的各种各样的"遗传基因"的文化"细胞"互为混合，从而呈现出一种嵌合体（Chimera）化的状态。参见［日］菅丰：《"古镇化"现象与民俗学研究》，北京师范大学 2012 年"中国民俗学研究与新时期国家文化建设"暑校讲座。

一种常态，尤其是在当代多重文化叠合的语境中，并没有任何一种批评可以成为毫无争议的主导性力量。然而，美学批评终归是有其内在规定性的，从而能够使美学坚守其恢复人的感性存在的最初允诺。按朗西埃的政治美学视域来看，对感性的恢复正在于对人的感性的重新分配，这也正是马克思主义美学的现实性与革命性的重要体现。

审美制度批判既是对于不可见的非正式制度的彰显，同时也是对于能够"让"美如其所是显现的制度性保障获得重建的尝试，它是对于审美和艺术动态建构的持续性参与。以审美制度批判为其隐秘内核的当代美学批评，尽管在诸种批评流派和形态纷呈的格局中表现为开放性，仍然大致会体现出如下几个基本特征和批判之维。

首先，当代美学批评本身具有一种跨学科的性质，它强调在审美和艺术与政治、经济、社会意识形态之间持续发生的交流互动中理解和阐释审美艺术的复杂性与特殊性。在马克思关于经济基础与上层建筑的空间隐喻中，当审美和艺术不仅作为上层建筑而存在，同时也作为某种"经济基础"而发生作用时，审美和艺术及其所蕴藉的品味、趣味、阶层等的关系就被政治、经济、社会诸元素所同时编织与转化。因此，在美学与人类学、政治学、经济学、社会学、伦理学等学科的交叉互渗中形成的批评话语与实践，是"美"的当代显现所需要的前提条件。恰如伊格尔顿所指出的，马克思主义批评史迄今展示的四种基本模式：人类学批评、政治批评、意识形态批评和经济批评，正是对于美学批评的跨学科性质的理论概括。

其次，当代美学批评从文本批评、观念批评和社会批评渐至聚集于以当代大众情感结构分析为基础的身体情感性话语批评。马克思关于身体与需要的理论，威廉斯关于情感结构的提出与阐释，伊格尔顿关于"美学作为有关身体的话语而诞生"的强调，布迪厄关于"惯习是场域的身体性产物"的判断，朗西埃关于"可感性的重新分配"的政治美学，从福柯对于身体进行精妙规训的社会治理到本尼特关于审美和艺术作为基于人的情感的智性审美治理方式的研究，以及在人类学研究领域中不断被展演出的，关于种族话语和进化主义以及由此形成的审美等级秩序如何根深蒂固地根植于人的身体，同时这种被有意公开颂扬的暴力美学又如何遭遇源自人类身体经验的最具反讽性与颠覆性的反抗等等，都不再只是对于美学情感话语研究的含蓄性暗示。美学作为感性学的存在，本身是对于这种隐秘而又最富于变革性的社会性力量的持续召唤。

再次，当代美学批评是一种同时兼具观念性变革与社会实践性的批评，意识形态批评与日常生活批评是其同时并置的两翼。亦即，美学批评在揭示审美意识形态的物质基础及其缜密的运作机制的同时，探讨人们的身体与情感如何在日常生活中为审美意识形态所形塑与斡旋的方式，从而使深默、失语抑或冷却的持存在当代获得新的表达方式。在此种叠合性的双重批评之维中，无论是曾经被驱逐和压制的审美边缘性存在，还是美学与资本的共谋后的刺激性繁荣景观，都将重新获致一种更具平衡感的状态。

最后，当代美学批评如何真正体现其"当代性"，这是一个最富有活力与复杂性的话题，它既是敞开的，同时也对喧闹的批评表象提出最深刻的质询。关于何为"当代性"，是非常难以界定的，我们大致可以从当代性的特征以及当代性精神两个向度进行把握。

从美学的当代性特征来看，"多元性""叠合性""杂糅性"

"流动性"等是我们把握当代审美艺术现象和美学批评的重要维度。审美和艺术不是孤立的绝缘性存在，而是因着具体而微的"物质基础"与意识形态的共生呈现出多元化的存在形态。作为文化接触与交流的产物，其多元叠合而形成的审美新质及其所仍然可能蕴藉的本真性和根性，是当代美学批评真正所应面对的对象。任何来自单一维度的视野都无法涵盖和解析这种现象，因为审美和艺术在承接着历史的光晕同时又始终处于流动之中的当代语境中，都将持续地形成新的审美生产以及政治意义。

从当代性精神的视角看，当代，是悲剧美学的在场，因为它居于过去与未来之间，是对于在废墟中弥存的"美"的哀悼与复现，更是对于"从未抵达"的召唤与迎接。"要在现时的黑暗中觉察这种努力驶向我们但又无法抵达我们的光明——这意味着要成为当代人。因此，当代人其实是非常稀少的。要成为当代人，首先以及最为重要的是关于勇气的问题。因为它不仅意味着能够坚守对于时代之黑暗的凝视，而且也意味着能够在这种黑暗中觉察出一种距离我们无限遥远的，却一直在驶向我们的光明。"[1] 审美制度批判正是这样一种稀缺的工作，它冷静地审视当代众声喧哗的美学图景，但又不是墙壁上的壁虎。它无法抽身而去，而是在诸多"震惊"姿态被消解后，力图仍然能够为"美"的持续性本真显现提供希望与可能性。

---

[1]　Giorgio Agamben, "What Is the Contemporary", *What Is An Apparatus*, translated by David Kishik and Stefan Pedatella, Stanford: Stanford University Press, 2009, p. 46.

参 考 文 献

一、中文参考文献

（一）哲学·美学

1．《马克思恩格斯选集》，人民出版社 1995 年版。

2．［德］马克思：《资本论》，人民出版社 1975 年版。

3．［德］马克思：《1844 年经济学哲学手稿》，人民出版社 2000 年版。

4．［德］马克思：《路易·波拿巴的雾月十八日》，人民出版社 2001 年版。

5．陆梅林编：《西方马克思主义美学文选》，漓江出版社 1988 年版。

6．季广茂：《意识形态》，广西师范大学出版社 2005 年版。

7．［法］路易·阿尔都塞：《意识形态与意识形态国家机器》，［斯洛文尼亚］斯拉沃热·齐泽克、泰奥德·阿尔多诺：《图绘意识形态》，方杰译，南京大学出版社 2002 年版。

8．［英］佩里·安德森：《西方马克思主义探讨》，高铦等译，人民出版社 1981 年版。

9．［美］赫伯特·马尔库塞：《审美之维》，李小兵译，广西师范大学出版社 2001 年版。

10．［德］阿多诺：《美学理论》，王柯平译，四川人民出版社 1998 年版。

11．［德］马克斯·霍克海默、西奥多·阿道尔诺：《启蒙辩证法——哲学断片》，渠敬东、曹卫东译，上海人民出版社 2003 年版。

12．［英］特里·伊格尔顿：《美学意识形态》（修订版），王杰、付德根、麦永雄译，中央编译出版社 2013 年版。

13．［英］特里·伊格尔顿：《甜蜜的暴力——悲剧的观念》，方杰、方宸译，南京大学出版社 2007 年版。

14．〔英〕特里·伊格尔顿：《历史中的政治、哲学、爱欲》，马海良译，中国社会科学出版社 1999 年版。

15．〔英〕特雷·伊格尔顿：《二十世纪西方文学理论》，伍晓明译，北京大学出版社 2007 年版。

16．〔英〕泰瑞·伊格顿：《理论之后——文化理论的当下与未来》，李尚远译，台湾商周出版社 2005 年版。

17．〔美〕弗雷德里克·詹姆逊：《单一的现代性》，王逢振、王丽亚译，天津人民出版社 2005 年版。

18．〔德〕瓦尔特·本雅明：《本雅明文选》，陈永国、马海良译，中国社会科学出版社 1999 年版。

19．〔美〕弗雷德里克·詹姆逊：《政治无意识》，王逢振、陈永国译，中国社会科学出版社 1999 年版。

20．〔英〕雷蒙·威廉斯：《关键词：文化与社会的词汇》，刘建基译，生活·读书·新知三联书店 2005 年版。

21．〔英〕雷蒙德·威廉斯：《乡村与城市》，韩子满等译，商务印书馆 2013 年版。

22．〔英〕雷蒙德·威廉斯：《文化与社会》，吴松江、张文定译，北京大学出版社 1991 年版

23．〔英〕雷蒙德·威廉斯：《漫长的革命》，倪伟译，上海人民出版社 2013 年版。

24．〔法〕路易·阿尔都塞、艾蒂安·巴里巴尔：《读〈资本论〉》，李其庆、冯文光译，中央编译出版社 2001 年版。

25．〔俄〕普列汉诺夫：《没有地址的信 艺术与社会生活》，曹葆华等译，人民文学出版社 1962 年版。

26．〔美〕阿瑟·丹托：《艺术的终结》，欧阳英译，江苏人民出版社 2005 年版。

27．〔美〕阿瑟·C. 丹托：《艺术的终结之后：当代艺术与历史的界限》，王春辰译，江苏人民出版社 2007 年版。

28．〔美〕阿瑟·丹托：《寻常物的嬗变——一种关于艺术的哲学》，陈岸瑛译，江苏人民出版社 2012 年版。

29．〔美〕阿瑟·丹托：《美的滥用：美学与艺术的概念》，王春辰译，江苏人民出版社 2007 年版。

30．〔法〕皮埃尔·布尔迪厄、〔美〕华康德：《实践与反思——反思社会学导引》，李猛、李康译，中央编译出版社 1998 年版。

31．〔法〕福柯等：《激进的美学锋芒》，周宪译，中国人民大学出版社2003年版。

32．〔美〕戴维·斯沃茨：《文化与权力：布尔迪厄的社会学》，陶东风译，上海译文出版社2006年版。

33．〔法〕皮埃尔·布尔迪厄：《实践感》，蒋梓骅译，译林出版社2012年版。

34．〔法〕皮埃尔·布尔迪厄：《区分：判断力的社会批判》，刘晖译，商务印书馆2015年版。

35．〔法〕皮埃尔·布尔迪厄：《艺术的法则：文学场的生成和结构》，刘晖译，中央编译出版社2001年版。

36．〔美〕霍华德·S.贝克尔：《艺术界》，卢文超译，译林出版社2014年版。

37．〔美〕霍华德·S.贝克尔：《局外人：越轨的社会学研究》，南京大学出版社2011年版。

38．〔德〕彼得·比格尔：《先锋派理论》，高建平译，商务印书馆2002年版。

39．〔法〕雅克·朗西埃：《美学中的不满》，蓝江、李三达译，南京大学出版社2019年版。

40．〔法〕雅克·朗西埃：《美感论：艺术审美体制的世纪场景》，赵子龙译，商务印书馆2016年版。

41．〔法〕雅克·朗西埃：《歧义：政治与哲学》，刘纪蕙等译，西北大学出版社2015年版。

42．〔法〕雅克·朗西埃：《政治的边缘》，姜宇辉译，上海译文出版社2007年版。

43．〔法〕让-菲利普·德兰蒂编：《朗西埃：关键概念》，李三达译，重庆大学出版社2018年版。

44．薛晓源、曹荣湘主编：《全球化与文化资本》，社会科学文献出版社2005年版。

45．薛晓源、陈家刚主编：《全球化与新制度主义》，社会科学文献出版社2004年版。

46．韦森：《经济学与哲学：制度分析的哲学基础》，上海人民出版社2005年版。

47．辛鸣：《制度论——关于制度哲学的理论建构》，人民出版社2005年版。

48．［德］维尔纳·桑巴特：《奢侈与资本主义》，王燕平、侯小河、刘北成译，上海人民出版社 2000 年版。

49．［法］奥利维耶·阿苏利：《审美资本主义：品味的工业化》，黄琰译，华东师范大学出版社 2013 年版。

50．［英］安东尼·吉登斯：《资本主义与现代社会理论：对马克思、涂尔干和韦伯著作的分析》，郭忠华、潘华凌译，上海译文出版社 2018 年版。

51．［德］马克斯·韦伯：《新教伦理与资本主义精神》，康乐、简惠美译，上海三联书店 2019 年版。

52．［美］约瑟夫·熊彼特：《资本主义、社会主义与民主》，吴良健译，商务印书馆 1999 年版。

53．［美］熊彼特：《熊彼特经济学全集》，李慧泉、刘霈译，台海出版社 2018 年版。

54．［美］凡勃伦：《有闲阶级论》，中央编译出版社 2012 年版。

55．［法］乔治·巴塔耶：《被诅咒的部分》，刘云虹、胡陈尧译，南京大学出版社 2019 年版。

56．［英］贾斯汀·奥康诺：《艺术与创意产业》，王斌、张良丛译，中央编译出版社 2013 年版。

57．［法］米歇尔·福柯：《安全、领土与人口——法兰西学院演讲系列：1977—1978》，钱翰、陈晓径译，上海人民出版社 2010 年版。

58．［英］托尼·本尼特：《文化与社会》，王杰、强东红等译，广西师范大学出版社 2007 年版。

59．［英］托尼·本尼特：《文化、治理与社会》，王杰、强东红等译，东方出版中心 2016 年版。

60．［英］约翰·伯格：《看》，刘惠媛译，广西师范大学出版社 2005 年版。

61．［美］诺埃尔·卡罗尔编著：《今日艺术理论》，殷曼楟、郑从容译，南京大学出版社 2010 年版。

62．刘悦笛主编：《美学国际：当代国际美学家访谈录》，中国社会科学出版社 2010 年版。

63．汪民安、郭晓彦主编：《生产》第 8 辑，江苏人民出版社 2013 年版。

64．［英］奥斯汀·哈灵顿：《艺术与社会理论——美学中的社会学论争》，周计武、周雪娉译，南京大学出版社 2010 年版。

65．［德］沃尔夫冈·韦尔施：《重构美学》，陆扬、张岩冰译，上海译文出版社 2002 年版。

66．［法］丹纳：《艺术哲学》，傅雷译，安徽文艺出版社 1998 年版。

67．彭富春：《哲学与美学问题》，武汉大学出版社 2005 年版。

68．王杰、廖国伟等：《艺术与审美的当代形态》，人民文学出版社 2002 年版。

69．王杰主编：《美学》第 2 版，高等教育出版社 2008 年版。

70．［美］克里斯平·萨特韦尔：《美的六种命名》，郑从容译，南京大学出版社 2017 年版。

71．［德］汉斯·罗伯特·耀斯：《审美经验与文学解释学》，顾建光等译，上海译文出版社 2006 年版。

72．［日］赤木明登：《造物有灵且美》，蕾克译，湖南美术出版社 2015 年版。

73．［英］托马斯·莫尔：《乌托邦》，戴镏龄译，商务印书馆 2016 年版。

74．［英］齐格蒙特·鲍曼：《怀旧的乌托邦》，姚伟等译，中国人民大学出版社 2018 年版。

75．方李莉主编：《艺术介入美丽乡村建设：人类学家与艺术家对话录》，文化艺术出版社 2017 年版。

76．蒋孔阳、朱立元主编：《西方美学通史》，上海文艺出版社 1999 年版。

77．李泽厚：《美的历程》，广西师范大学出版社 2000 年版。

78．［法］若斯·吉莱姆·梅吉奥：《列维－斯特劳斯的美学观》，怀宇译，天津人民出版社 2003 版。

79．［美］埃伦·迪萨纳亚克：《审美的人：艺术来自何处及原因何在》，户晓辉译，商务印书馆 2004 年版。

80．［荷兰］范丹姆：《审美人类学：视野与方法》，李修建、向丽译，中国文联出版社 2015 年版。

81．王杰：《审美幻象与审美人类学》，广西师范大学出版社 2002 年版。

82．王杰：《马克思主义与现代美学问题》，人民文学出版社 2000 年版。

83．向丽：《审美制度问题研究——关于"美"的审美人类学阐释》，中国社会科学出版社 2010 年版。

84．周韵主编：《先锋派理论读本》，南京大学出版社 2014 年版。

85．罗纲、刘象愚主编：《文化研究读本》，中国社会科学出版社 2000 年版。

86．［英］齐格蒙·鲍曼：《立法者与阐释者——论现代性、后现代性与知识分子》，洪涛译，上海人民出版社 2000 年版。

87．［美］詹姆斯·施密特编：《启蒙运动与现代性：18 世纪与 20 世纪的对话》，徐向东、卢华萍译，上海人民出版社 2005 年版。

88．［法］贾克·阿达利：《噪音：音乐的政治经济学》，宁素凤、翁桂堂译，河南大学出版社 2017 年版。

89．［法］米歇尔·福柯等著，李洋选编：《宽忍的灰色黎明——法国哲学家论电影》，李洋等译，河南大学出版社 2014 年版。

90．［英］阿兰·德波顿、［澳］约翰·阿姆斯特朗：《艺术的慰藉》，陈信宏译，华中科技大学出版社 2019 年版。

91．［斯洛文尼亚］阿列西·艾尔雅维奇著，胡漫编：《批判美学与当代艺术》，东方出版中心 2019 年版。

92．［法］让·克莱尔：《艺术家的责任——恐怖与理性之间的先锋派》，赵苓岑、曹丹红译，华东师范大学出版社 2015 年版。

93．［英］］温迪·J. 达比：《风景与认同：英国民族与阶级地理》，张箭飞、赵红英译，译林出版社 2011 年版。

94．向丽主编：《审美治理与当代社会》，上海人民出版社 2020 年版。

（二）人类学

1．［英］B. 马林诺夫斯基：《科学的文化理论》，黄剑波译，中央民族大学出版社 1999 年版。

2．［英］布劳尼斯娄·马林诺夫斯基：《自由与文明》，张帆译，世界图书出版公司 2009 年版。

3．［美］弗朗兹·博厄斯：《原始艺术》，金辉译，贵州人民出版社 2004 年版。

4．［美］乔治·E. 马尔库斯、米开尔·M. J. 费彻尔：《作为文化批评的人类学：一个人文学科的实验时代》，王铭铭、蓝达居译，生活·读书·新知三联书店 1998 年版。

5．［美］詹姆斯·克利福德，乔治·E. 马库斯编：《写文化——民族志的诗学与政治学》，高丙中等译，商务印书馆 2006 年版。

6．［美］麦克尔·赫兹菲尔德：《什么是人类常识——社会和文化领域中的人类学理论实践》，刘珩等译，华夏出版社 2005 年版。

7．［美］贾克·玛奎：《美感经验——一位人类学者眼中的视觉艺术》，伍珊珊、王慧姬译，台湾雄狮图书股份有限公司 2003 年版。

8．［英］罗伯特·莱顿：《艺术人类学》，李东晔、王红译，广西师范大学出版社 2009 年版。

9．［美］乔治·E. 马尔库斯、弗雷德·R. 迈尔斯主编：《文化交流：重塑艺术和人类学》，阿嘎佐诗、梁永佳译，王建民校，广西师范大学出版社2010年版。

10. 方李莉、李修建：《艺术人类学》，生活·读书·新知三联书店2013年版。

11. 李修建编选：《国外艺术人类学读本》，中国文联出版社2016年版。

12. ［英］大卫·帕金：《身处当代世界的人类学》，王铭铭编，北京大学出版社2017年版。

13. ［英］爱德华·泰勒：《原始文化：神话、哲学、宗教、语言、艺术和习俗发展之研究》，连树声译，广西师范大学出版社2005年版。

14. 朱狄：《原始文化研究——对审美发生问题的思考》，生活·读书·新知三联书店1988年版。

15. ［法］克洛德·莱维-斯特劳斯：《结构人类学》第二卷，俞宣孟等译，上海译文出版社1999年版。

16. ［德］格罗塞：《艺术的起源》，蔡慕晖译，商务印书馆1984年版。

17. ［美］克利福德·吉尔兹：《地方性知识》，王海龙、张家瑄译，中央编译出版社2004年版。

18. ［美］简·布洛克：《原始艺术哲学》，沈波等译，上海人民出版社1991年版。

19. ［法］列维-布留尔：《原始思维》，丁由译，商务印书馆1997年版。

20. 牛克诚：《原始美术》，中国人民大学出版社2004年版。

21. ［英］米歇尔·康佩·奥利雷：《非西方艺术》，彭海姣、宋婷婷译，广西师范大学出版社2004年版。

22. 万建中：《禁忌与中国文化》，人民出版社2001年版。

23. 费孝通：《乡土中国》，人民出版社2008年版。

24. ［美］克利福德·格尔兹：《尼加拉：十九世纪巴厘剧场国家》，赵丙祥译、王铭铭校，上海人民出版社1999年版。

25. ［美］马歇尔·萨林斯：《甜蜜的悲哀》，王铭铭、胡宗泽译，生活·读书·新知三联书店2000年版。

26. 李安宅：《〈仪礼〉与〈礼记〉之社会学的研究》，上海人民出版社2005年版。

二、外文参考文献

1. Arnd Schneider and Christopher Wright, *Contemporary Art and Anthropology*, New York：Berg publishers，2005.

2. Ales Debeljak, *Reluctant Modernity: The Institution of Art and Its Historical Forms*, Lanham: Rowman &Littlefield Publishers, 1998.

3. Alfred Gell, *Art and Agency: An Anthropological Theory*, New York: Oxford University Press, 1998.

4. Arthur Danto, "The Artworld", *The Journal of Philosophy*, Vol. 61, No. 19, October 1964.

5. Alexander Alberro and Blake Stimson (eds.), *Institutional Critique: An Anthology of Artists' Writtings*, Massachusetts: MIT Press, 2009.

6. Ale Erjavec, Aesthetic Revolutions and the Twentieth-Century Avant-Garde Movements. Durham: Duke University Press, 2015.

7. Albert Camus, *The Rebel*, translated by Anthony Bower, Vintage, 1991.

8. Boris Wiseman, *Lévi-Strauss, Anthropology and Aesthetics*, Cambridge: Cambridge University Press, 2009.

9. Brain Moeran, *Folk Art Potters of Japan: beyond and Anthropology of Aesthetics*, London: Routledge Press, 1997.

10. Christoph Menke, *Force: A Fundamental Concept of Aesthetic Anthropology*, New York: Fordham University Press, 2013.

11. Diamond, *In Search of the Primitive: A Critique of Civilization*, New Brunswich, New Jersey: Transaction Books, 1974.

12. Daniel P Biebuyck, "The Decline of Lega Sculptural Art", in Graburn, N. H. (ed.), *Ethnic and Tourist Arts*, Berkeley, Los Angeles, London: University of California Press, 1976.

13. Davis Rocío G., Dorothea Fischer-Hornung, and Johanna C. Kardux. *Aesthetic Practices and Politics in Media, Music, and Art: performing migration*. New York: Taylor & Francis, 2011.

14. Ellen Dissanayake, *Homo Aestheticus: Where Art Comes from and Why*, Seattle: University of Washington Press, 1992.

15. Ellen Dissanayake, *What is Art For?* Seattle: University of Washington Press, 1988.

16. Ellen Dissanayake, *Art and Intimacy: How the Arts Began*, Seattle: University of Washington Press, 2012.

17. Evelyn Payne Hatcher, *Art as Culture: An Introduction to the Anthropology of Art*, London: Bergin & Garvey, 1991.

18. Fry, T. and Willis, A. M., "Aboriginal Art: Symptom or Success?" *Art*

in America, Vol. 77, No. 7, 1989.

19. Gernot BÖhme, *Critique of Aesthetic Capitalism*, translation by Edmund Jephcott, Suhrkamp Verlag Berlin: Suhrkamp Verlag, 2016.

20. Giorgio Agamben, "What Is the Contemporary", *What Is An Apparatus*, translated by David Kishik and Stefan Pedatella, Stanford: Stanford University Press, 2009.

21. George Dickie, *Art and the Aesthetic: An Institutional Analysis*, Ithaca&London: Cornell University Press, 1974.

22. George Dickie, *Art and Value*, Mass: Blackwell Publishers, 2001.

23. Gerald Raunig and Gene Ray, eds., *Art and Contemporary Critical Practice: Reinventing Institutional Critique*, London: MayFlybooks, 2009.

24. Howard Morphy and Morgan Perkins, *The Anthropology of Art: A Reader*, Oxford: Blachwell Publishing Ltd, 2006.

25. Herbert Blumer, Fashion: From Class Differentiation to Collective Selection, *The Sociological Quarterly*, Vol, 10, No. 3, 1969.

26. Herbert Marcuse, An Essay on Liberation, Boston: Beacon Press, 1969.

27. Jacques Maquet, *Introduction to Aesthetic Anthropology*, Malibu: Undena Publications, 1979.

28. Jacques Maquet, "Art by Metamorphosis", *African Arts*, Vol. 12, No. 4, (Aug), 1979.

29. Jeremy Coote, Anthony Shelton, *Anthropology, Art and Aesthetics*, Oxford: Clarendon Press, 1992.

30. Jopling, C. F. (ed.), *Art and Aesthetics in Primitive Societies*, New York: E. P. Dutton, 1971.

31. Kompridis Nikolas, *The Aesthetic Turn in Political Thought*, New York: Bloomsbury Academic, 2014.

32. Labov, William, *Language in the Inner City: Studies in the Black English Vernacular*, Philadelphia: University of Pennsylvania Press, 1972.

33. Luc Ferry, *Homo Aestheticus: The Invention of Taste in the Democratic Age*, Chicago: University of Chicago Press, 1993.

34. Nikolas Kompridis, (ed.) *The Aesthetic Turn in Political Thought*, Bloomsbury, 2014.

35. Peter Murphy, Eduardo de la Fuente. (eds.) *Aesthetic Capitalism*, Leiden: Brill, 2014.

36. Paul Radin, *Primitive Man as Philosopher*, New York: Dover Publications, 1957.

37. Pierre Bourdieu, "The Historical Genesis of a Pure Aesthetic", *The Journal of Aesthetics and Art Criticism*, Vol. 46, 1987.

38. Pauline Johnson, *Marxist Aesthetics: The Foundations within EverydayLife for an Emancipated Consciousness*, Loudon, Boston, Melbourne and Henley: Routledge&Kegan Paul, 1984.

39. Richard L. Anderson, *American Muse: Anthropological Excursions into Art and Aesthetics*, New Jersey: Prentice Hall, 2000.

40. Robin Clarke, Ceofferey Hindley, *The Challenge of the Primitives*, London: Jonathan Cape, 1750.

41. Robert Layton, *The Anthropology of Art*, Cambridge: Cambridge University Press, 1991.

42. Robert Layton and Luo Yifei, *Contemporary Anthropologies of the Arts in China*, Newcastle: Cambridge Scholars Publishing, 2019.

43. Robert Farris Thompson, *Black Gods and Kings. Yoruba Art at UCLA*, Berkeley, London: University of California Press, 1971. .

44. Stoller, Paul. *The Taste of Ethnographic Things: The Senses in Anthropology*. Philadelphia: University of Pennsylvania Press, 1989.

45. Sharon Macdonald (ed.), *A Companion to Museum Studies*, Oxford: Blackwell Publishing Ltd, 2006.

46. Toni Flores, "The Anthropology of Aesthetics", *Dialectical Anthropology*, vol. 10 (July), 1985.

47. Tony Bennett, "Mind the Gap: Toward a Political History of Habit", *The Comparatist*, Vol. 40, 2016.

48. *The Oxford Compact English Dictionary*, New York: Oxford University Press, 1996.

49. Vergo, Peter. T*he New Museology*, London: Reaktion Books, 1989.

50. Wilfried Van Damme, *Beauty in Context: Towards an Anthropological Approach to Aesthetics*, Leiden, New York&Köln: Brill, 1996.

后　记

　　伊格尔顿曾在《甜蜜的暴力》中说:"悲剧在当今是个过时的话题,而这正是讨论它的很好的理由。"这种所谓的"过时"多基于人们在只愿意拥抱欢腾的日子里,对它的有意遗忘和避讳。但这种遗忘和避讳到底是孱弱和空洞的,因为它无法回应历史的叩问。而马克思关于如何跨越卡夫丁峡谷的思考,本雅明对于新天使倒退着跃入未来的深情回眸,朗西埃对于赫拉克勒斯残躯如何衍生出新生的多重身体的细描等等,则都向悲剧美学致以了最高的敬意。

　　然而,这毕竟是一场漫长的审美革命,它从时光的褶皱和罅隙里,在边缘的粗粝处慢慢地释放出星丛般的光辉。在美学与人类学的契合与边界处,人类学以其对繁复细碎的地方性知识的毫无急躁的从容描摹,在最为日常甚或表面的点滴中捡拾最为细腻的"美"的常识,这是傲慢的传统美学抑或关于进步的抽象神话所无法涵盖和想象的。审美制度批判正是从那些习焉不察的审美等级秩序中抽身而出,把捉当代叠合的、杂糅的、流动着的审美新质,它们虽如米粒之珠,吐光不大,但其汇聚之处,将为这个既欢腾同时暗含焦灼的美学图景持续地提供新的审美配方与疗愈之道。

　　此书系浙江大学王杰教授主持的国家社会科学基金重大项目"当代美学的基本问题及批评形态研究"中的第三子课题阶段性成果。在项目研究开展期间，第三子课题研究成员还共同推出了另外两个成果：《审美治理与当代社会》（向丽主编，上海人民出版社2020年版）；《审美人类学：理论与实践》（向丽、赵威编，文化艺术出版社2022年版》，与本书形成了某种声音蒙太奇式的对话关系。

　　本书虽微薄，但它汇聚着我无法——悉数的回忆与感谢。感谢浙江大学王杰教授、华南师范大学段吉方教授、兰州大学王大桥教授、浙江传媒学院肖琼教授、广西民族大学范秀娟教授、上海交通大学尹庆红副教授、山东大学曹成竹教授、温州理工学院强东红教授、长江师范学院张良丛教授、温州大学石甜博士、陕西科技大学孙文刚副教授等专家和学者，以及云南大学社科处、文学院领导与同事，云南大学文学院审美人类学研究所全体成员，他们为此书的写作提供了诸多珍贵的资料与思想上的启发，以及相关研究工作的保障与鼓励。西南林业大学张毿博士，云南大学文学院博士研究生韦肖梅、门磊同学为此书的资料查阅与核校付出了辛勤的工作，人民出版社安新文女士在本书编辑和出版方面给予了热忱支持与帮助。本书部分章节分别以论文的形式刊发于《文艺研究》、《国外社会科学》、《光明日报》（理论版）、《思想战线》、《马克思主义美学研究》、《学术界》、《艺术探索》等刊物上。在此谨向诸位老师和学友以及各刊物表示最诚挚的感谢！

　　有一天，我瞥见春分的夕阳，一半暮沉黑夜，一半翘首黎明。旧事已逝，新事又潆潆升起。荆棘丛生与深深的黑暗，或许也是一种力量，它的另一面是阳光的回暖与韧性。如同当代美学必须拒绝某种"安全感",人的一生也总需离开自己的舒适之地,才能获得某种必然的成长。这种成长不必倚赖于理论的暴虐抑或诗意的田野,它只是在亲历或同感于人类丰盈而微妙的情感,诸如喜悦、痛苦、焦虑、恐惧、羡慕、嫉妒、恨、狂喜、爱恋、不忍心等情感的形构与嬗变中触摸"美"的隐秘存在,而后重新升腾起欢愉。无人敢轻言不曾有过这样的情绪,因为它们是灵魂尚存的见证。

是为后记。

向　丽

2024 年 7 月 4 日于昆明呈贡

责任编辑:安新文

封面设计:薛　宇

图书在版编目(CIP)数据

审美制度与当代美学批评/向　丽　著. —北京:人民出版社,2024.12
(当代美学与批评理论丛书)
ISBN 978－7－01－026361－8

Ⅰ.①审…　Ⅱ.①向…　Ⅲ.①美学-研究　Ⅳ.①B83

中国国家版本馆 CIP 数据核字(2024)第 057305 号

审美制度与当代美学批评

SHENMEI ZHIDU YU DANGDAI MEIXUE PIPING

向　丽　著

人民出版社 出版发行

(100706　北京市东城区隆福寺街 99 号)

北京中科印刷有限公司印刷　新华书店经销

2024 年 12 月第 1 版　2024 年 12 月北京第 1 次印刷
开本:710 毫米×1000 毫米 1/16　印张:17
字数:195 千字

ISBN 978－7－01－026361－8　定价:78.00 元

邮购地址 100706　北京市东城区隆福寺街 99 号
人民东方图书销售中心　电话 (010)65250042　65289539

版权所有·侵权必究
凡购买本社图书,如有印制质量问题,我社负责调换。
服务电话:(010)65250042

内容简介

审美制度问题研究是美学当代转向的重要标志之一,它打破西方传统美学关于"美"的纯粹凝视,以对"美"如何作为一种被建构与能建构之存在的探讨,揭橥审美和艺术的复杂性、特殊性及其深层社会成因,并在此基础上探索美的创生机制。本书主要从人类学批评、审美资本主义批判、审美革命与审美治理四个方面接衍审美制度的被建构与能建构之维,力图在当代多重文化叠合的语境中,基于"美"的叠合性、杂糅性、流动性、嬗变性和再生性等特征,发掘"美"的建构机制以及美学介入社会的力量。

作者简介

向丽,广西桂林人,云南大学教授、文艺学专业博士生导师,2020 年度英国杜伦大学人类学系访问学者,主要从事审美人类学和马克思主义美学研究。专著《审美人类学:理论与视野》获云南省社会科学奖一等奖、论文《艺术人类学视野下的艺术制度问题研究》获费孝通艺术人类学奖一等奖;入选云南省"高层次人才培养支持计划"青年拔尖人才(2018)、中宣部 2019 年"宣传思想文化青年英才"、云南省"兴滇英才支持计划"文体人才(2023)。